真木悠介の誕生

人間解放の比較＝歴史社会学

佐藤健二 著

弘文堂

真木悠介の誕生 人間解放の比較＝歴史社会学◎目次

序の章　主題としてのテクスト空間——読者の読み解く力によせて

この一冊は、「見田宗介＝真木悠介」のテクスト空間(1)の研究である。

この等号でむすばれた二つの名前の持主は、私が社会学の考え方や方法を学んだ「先生」である。その意味では「後生」の教え子が、まだお元気で現役の学者である学問上の師を論ずるというのだから、いささか向こう見ずでもあろう。私はたしかに師を敬愛しているが、敬意がたんなる思い出だけの仲間受けのオマージュにとどまるなら空しい。ことば尻をあげつらうだけの批判なら、わざわざ書く意味がない。そして、門弟が師の説をよく理解しているとはかぎらない。だ

1　「テクスト空間」という概念を、私自身が意識的に使ったのは、民博の共同研究「テクスト学」の成果報告集の論文においてだった［「テクスト空間論の構想：日本近代における出版を素材に」齋藤晃編『テクストと人文学』人文書院、二〇〇九：一五三―一七一頁］。そこでは、使用の文脈がいささか限定的であった。すでに分野として確立したかのように論じられている「出版流通論」の枠組みを、メディア論の視野において拡張することに限られていたからである。

このリアルであるとともに、じつはバーチャルでもある空間の概念が指ししめすのは、印刷という複製技術（グーテンベルク・テクノロジー）が生みだした、テクストの新たな存在形態そのものである。その拡張は、歴史社会学が論じるべき大きな課題であるように思えた。読者が書物を読むことが消費であるとして、その消費は新たなテクストの「生産」や、著者の生成に結びつき、自己組織的に拡張していく。そうした知の場のとらえかたは、私自身の一九八七年の最初の著書のタイトルの「読書空間」という概念の原点にさかのぼり、『歴史社会学の作法』［岩波書店、二〇〇一］のあとがきにおける「資料空間」という用語ともつながっている。

からといって「誤解する権利」をむやみにふりまわすのは、私の好みではない。

ただ、私にはそこで学問にであったという驚きと、多くを新たに学んだ楽しい記憶がある。知る歓びに導かれて探しだして読んだ作品も多く、そこでの発見はあとから学ぼうとする者の参考にもなるだろう。そう信じるがゆえにふりかえって、試みてみようと思う。

*

いくつかの思いがけない機縁が、この試みをあと押しするにいたった。

大きなきっかけは、二〇一六年一月臨時増刊の『現代思想』〔青土社、二〇一五年一二月二五日発行〕の「見田宗介＝真木悠介」特集である。

そこで私は「柳田国男と見田宗介」という主題での寄稿をもとめられた。最初の直観は、それならば書けそうだし、書くべきこともそれとなく思い浮かんでいた。しかし書くなかで、あとで触れる全一四巻の著作集に、論考を一覧できる書誌が収録されていないことに不便と不満とを感じた。求められた主題まわりのことは、学生時代に読んだ作品が書棚にあったし、限られた時期だけのものではあったが論考リストを即席に編製してみたので、論文ひとつをまとめるには足りた。けれども、だれかがきちんとした全著作目録をつくってくれないだろうかと思っていた。ほんのすこし調べただけだったが、知らなかった文章が多いのに驚いたからである。

二〇一七年になって、奥村隆・出口剛司らが企画した「作田啓一 vs. 見田宗介」の連続シンポジウムの一回に、教え子世代の研究者として招かれた。(2) その当時、大学の管理職で忙殺されていたので、「特別講演」の名にふさわしい内容が準備できたとはいえない。せめてもの補償として、先の論文を書いたときにまとめたリストを増補し、つくりかけの書誌をレジュメにつけて配布した。その過程も、いろいろと知らないことを教えてくれた。

＊

二年間の学部長のお務めを終えたとき、見田先生とも旧知の弘文堂の編集者の中村憲生さんから、書誌の完成も含めて、ご自分の見田宗介＝真木悠介論をまとめるべきではないですか、とうながされた。ほとんど書き下ろしにならざるをえないのですこし躊躇したが、書誌を基盤とした、きわめて私的で自由な解題を軸としてなら、私にも可能なように思った。

その意味では、この本の本体は、改訂増補して付載した、全著作目録稿の書誌篇なのかもしれない。しかし、無味乾燥のリストでは、味わいにとぼしい。

ともあれ、そんなふうにして、この一冊の基礎ができあがった。

▼一九七五年秋・駒場キャンパス

思い出してみると、私が見田宗介先生と出会ったのは一九七五年である。

2　奥村隆編『作田啓一 vs. 見田宗介』〔弘文堂、二〇一六〕の刊行を受けて、二〇一七年に京都（三月一〇日）と東京（七月一五日）の二個所で、執筆者参加の書評セッションを中心としたシンポジウムが開かれた。「スペシャル・トーク」という位置づけで、京都では作田啓一の教え子である井上俊さんが、東京では私が講演者として登壇し、おなじく教え子世代の大澤真幸が、見田とはまったく接点のない世代が書いた論文や報告のコメンテーターとして参加した。

東京大学に入学した年の秋、駒場の教養学部で見田先生を講師とする「全学一般教養ゼミナール」が開講された。ちょうどメキシコ赴任から帰ってきたばかりで、のちに『気流の鳴る音』として『展望』に発表されていく仕事を、先生は二〇人ばかりの演習で講じはじめた。

地方の県立高校から東京の大学に出てきたばかりの私は、都会の進学校の物知り訳知りで早熟な学生たちとちがって、見田宗介や真木悠介の名を聞いたこともなかった。ゼミナールに参加したのも、だから偶然としかいいようがない。

ただそこではじまった講義はおどろくほど新鮮で、ノートを取るのが楽しかった。

それ以来、勝手に「門人」を任じてきた。当時のゼミナールに集ったわれわれはたわむれに、自分たちのことをマルキスト（Marxist）ならぬ、マキ（真木）ストと称して私淑してきた。

「私淑」を、私のように大学の演習や講義で直接に教えを受けた者が使うのは、国語としては正しくないといわれるにちがいない。(3) けれども見田宗介という師との関係を、そんなふうに感じている教え子たちは、じつは多いのではないかとも思う。同門の一体性と奥義の相伝を暗示する「師事」や、親しく接して感化されるという意味での「親炙」より、それぞれが著作をつうじて傾倒し、一人ひとり「ひそかに師と仰ぐ」〔『日本国語大辞典』小学館〕という距離感のほうがしっくりとくる。

なによりも師自身の好みが「ひとりで旅をするということ」〔「方法としての旅」定本真木集Ⅳ：一六三頁〕(4) の自由にあったからだと思うが、おそらくそればかりではない。声の近接性とは異なる、「文」の距離ともいうべき感覚が作用しているように思う。

この思想家は、思考を文につむぎ、本に編むことによって、より深く他者たちとかかわってきた。その論理のことばの積み上げは、明晰さだけでなく格調のたかさを感じさせる。そうした文体をもつ社会科学者は数多いとはいえない。そのなかでもこのひとほど、動きと響きに満ちた文章の情趣で、異なる領域のさまざまな読者に影響をあたえてきた論者はまれである。

私も直接に対話を共有しえた演習の時間よりもながく、書かれたことばの向こうに響きさんざめく、見田宗介＝真木悠介の「静寂の声」(5)に耳をすませてきたように思う。

▼テクスト空間のエスノグラフィー

あらかじめ注釈しておきたいのは、この本の性格である。

---

3 「直接に教えを受けてはいないが、その人を慕い、その言動を模範として学ぶこと」と『広辞苑』にある。私（ひそか）に淑（よ）しとする意だ、という。『現代思想』の特集号の寄稿でも、吉川浩満や三浦展などの何人かが、このことばを使っている。

4 本稿では見田の著作にかんして、『定本見田宗介著作集』（全一〇巻）を「定本見田集」、『定本真木悠介著作集』（全四巻）を「定本真木集」と略して、引用においては巻数をローマ数字でくわえ、引用頁をつけて出典表記することにしたい。文中の引用表示は、書誌篇の「著作論文目録」に掲載している刊行年月日と対応させ、アラビア数字8ケタでの記号表示［YYYY（西暦年）MM（月）DD（日）］を基本に表示した。刊行日の記載がなかったり確認できなかったりで、不明なばあいは00を使用している。また新聞掲載の書評や記事など、頁数の表示を省いた例もある。テキストを一元化するのは本意でないので、意識して複数を参照した。できるかぎり利用しやすい定本との対応は「↓」等を使ってしめすよう心がけ、必要に応じてタイトルや単行本の情報も補ったが、わかりやすさを損なわない範囲で「前掲」等を省略しているばあいもある。
　なお引用文中の「・」の傍点はもともと原文に付されていたものであり、本文等の「、」の傍点は私がくわえたものである。原文の書体を変えての強調等については、正確には再現しなかった。改題等の情報も文中では省略した部分があるが、出典表示をたどることで確かめられるよう配慮してある。

これは「社会学者＝思想家」の評伝ではない。

この本での私の考察は、なるほどたしかに具体的な人物に光をあてているように見える。見田宗介という卓越した社会学者と、真木悠介という明晰な思想家である。しかも、その作品の時系列や年代的な位置を意識しつつ、解読し分析している。若き社会心理学者の戦後も、質的なデータの役割をめぐる方法論者の苦悩も、大学紛争の学生たちが教員につきつけた問題のインパクトも、人間解放の理論や存立構造論がなぜ構想されたかも、比較社会学の旅が浮かびあがらせる転回も、人類史的な現代社会論への回帰も、さらには「真木悠介」の誕生も散開も、たしかにこの人物にまつわる、さまざまなドラマのひとつである。

だから、読みようによっては、人生をたどった評伝のようにもみえる。

しかしながら、私が描きたかったのは、著者の固有名詞の人生ではなかった。その探究は、私の才覚がおよばない領域にあって、この書物の関心ともズレている。この本に年譜がないのは、それゆえである。私の本の行間に浮かびあがるのは、むしろこのテクスト空間と向かいあってきた読者の学びであり、社会学者としての私が受容した方法的態度の教えである。

「個人」の達成や個性の研究であるというより、テクスト空間のフィールドワークであり、ひとつのエスノグラフィーであるというほうが、適切であろう。その中心にあるのは、テクスト空間を歩きまわる、読み手の読書経験である。それは同時に、私自身がなぞったひとつの社会学[6]の理念であり、想像力の方法である。

だから、「見田宗介＝真木悠介」の、広大で起伏に富むテクスト空間そのものの拡がりを旅してもらうことこそが、この本の本願であり本領なのかもしれない。自分で訪ねて、自分で味わってみてほしいとも思う。そのためにこそ、地図の役割を果たす書誌篇がある。拙速の集成だが、志を共有するだれかにとってはさらなる充実の出発点となるだろう。

その地図の未完成も含めて、このテクスト空間は読者が訪れるかぎり、生きているのである。(7)

▼定本著作集のインパクト

さて、二〇一一年一一月から二〇一三年三月にかけて、岩波書店から全一〇巻の『定本見田宗

5 「静寂の声」はミヒャエル・エンデ『はてしない物語』〔岩波書店、一九八二：一四三―一五八頁〕に出てくる、黙読のメタファーである。鍵なしの門の向こうにある、秘められた宮殿に住む見えない存在「ウユララ」の別名で、「わたしの体は　響きと音、／耳に聞こえる　ただそれだけ。／この声こそが　わたしの存在」と語り、「ウユララは答。おたずねなさい！／問われなければ　答えられない！」と問いかける。響きと音を実体とする声は、「ことば」というメディアの本質そのものであり、問われなければ答えないという構造は、どこかで読書という行為の本質をあらわしている。そこにあえて「静寂の」という固有の形容があることによって、読者の黙読においてたちあらわれる、テクストの意味のメタファーであるように、私は感じた。

6 見田宗介は柳田国男の『明治大正史世相篇』の東洋文庫復刻版の書評［19680212］において、この本の方法論を技術として学ぼうとしても、その抽出はむずかしいと論ずる。なにより「柳田の方法そのものを踏襲して事足れり」という考えそれ自体が、継承の趣旨に反している。むしろ「方法論そのものを選び編みだす方法論――メタ方法論の次元」をとらえることにこそ、柳田研究の本領がひそんでいると説いた。その読みにインスパイアされ、愚直に受けとめたのが私の『読書空間の近代』〔弘文堂、一九八七〕であり、『柳田国男の歴史社会学』〔せりか書房、二〇一五〕である。私のこのテクスト空間のフィールドワークも、見田宗介や真木悠介がそのテクストにこめた方法そのものを踏襲するためにではなく、メタ方法論をとらえるという意識にささえられている。

介著作集』と全四巻の『定本真木悠介著作集』が刊行された。これは、題名のとおり、見田宗介と真木悠介の編みあげた「テクスト空間」の拡がりの概要をひとつのパースペクティブのもとにしめす、はじめての集成である。

四冊ほどでた頃だろう、見田はPR誌の『図書』に次のように書いた。

「大学を定年退職して自由になった時に、最初にやりたいと思ったことは、生を卒業する前に、若いときからの自分の仕事の全体を、生涯をかけたモチーフの一貫性が明確となるような仕方で、一篇の「全体小説」のような全集として編集しておくということだった。この時の夢は「定本著作集」全一四巻（岩波書店）という形で、初めて実現することができた。」〔「書くことと編集すること」20120201：一頁〕

ここでいう「全体小説」のイメージは、特に意外なものではない。見田は、次のように説く。全体小説では、たとえばナポレオン戦争のような大きなできごとについて、語り手はその「全体」を俯瞰しながらも、一方において「思春期の少女の小さな日常」や「哲学青年の問答」などのさまざまな「挿話」〔同前〕を配置し、その構成を編みあげていく。著作集もまた、そうした構成作業の結果としてつくられる、長編の物語のようなものだ、という。

この著作集の刊行が始まったときの朝日新聞のインタビューでも、「一編の長編小説のように読んでもらえる著作集にしたつもりです」〔20111123〕と述べている。全体がひとつの「小説」(8)であるとの提示は、一貫した自覚なのだろう。

おそらく『週刊文春』の「著者は語る」〔20120119〕での説明が、その思いの奥行きをもっとも直接的に解説している。見田はその著作活動において、自分はじつに多様な分野をその時々のおもしろさにひかれて、ある意味では「わがまま」に追究してきたところがあるのだ、と回顧する。その勝手自在の自負は自負として、読者からみると「それぞれの議論が一見バラバラで、どう繋がっているか分かりにくいのでは、という思い」〔「著者は語る」前掲：二六頁〕がいつもどこかにあった。しかしながら、自分としては「すべて一貫したモチーフ——現代社会はどこに向かうのか——に基づいてきた」〔同頁〕、と思っている。だから、あらためてバラバラにみえた問題を、ひとつの全体として提示したい。そのために、自分で編集し、他の仕事との関連を解題にくわえるこ

7　その構造は、まさしくエンデの『はてしない物語』のしかけとおなじである。「すでに絶えて久しく、人間はファンタージェンにこないのです。かれらももはや道を知らず、われらがほんとうにいるのを忘れ、信じなくなってしまったのです」〔『はてしない物語』前掲、一五五頁〕と、読者が訪れなくなったテクストの世界の「虚無の侵蝕」〔同前：五三頁〕が語られている。

たぶん、私のこの一冊の分析それ自体が、見田宗介＝真木悠介によって編まれたテクストの森が生みだす『はてしない物語』に迷いこみ、そこに根づいて芽吹いた孫生え（蘖）にすぎない。「比較＝歴史社会学」というものものしい名称にも、それほど大きくこだわる必要はない。あらたなディシプリンの領域にたてられた旗というよりは、さしあたり、テクスト空間を読み解こうとする者が用意すべき想像力を、指ししめし輪郭づけるための覚悟として提示されている。したがって、これもまた、悟りをめぐる禅僧たちの教えを借りるならば、月を指さす指にすぎない。「月の子（モンデンキント）！今ゆきます！」というテクストの創造主への呼びかけとともに、『はてしない物語』の主人公は、既成の物語をくりかえすだけになってしまった書物の閉じられた殻を破り、テクスト空間のなかに読者として飛び込んで、というか吸い込まれていく〔同前：二六八頁〕。

とにした、という。

つまり、この著作集は二〇一〇年前後のそうした思いにもとづいた、新たな著作である。いい意味でも悪い意味でも、といってしまうとひどく平板になるが、要するに新たな時代に編集されなおしたテクストである。いまの若いひとびとに読んで考えて欲しいと思うものが、つながりのわかりやすさと、現代社会と向かいあうというモチーフの一貫性とから選ばれ、編集された。その意味において、「定本」である。

そして、それゆえにこそ、私自身がフィールドと考えている「見田宗介＝真木悠介」のテクスト空間そのものの拡がりからすると、ひとつの部分集合にとどまる。その集成への依存が、いささか限定された視角をもたらすことも、あらためて指摘しておかなければならない。

▼定本と「テクスト空間」のあいだ

ここでの「定本」は、「著者が手をいれた決定版」という、ごく辞書的な意味[9]である。われわれが意識すべき「定本」の特質のひとつは、選ばれていない作品群があるというこという限定性である。しかし、それだけではない。もうひとつ、初出から単行本収録の段階での編集など、見えにくくなった書きかえのプロセスが存在する。

「定本」という語にふれて、私がすぐに思い出すのは、『定本柳田国男集』である。あらためての自己紹介となるが、私自身は、柳田国男の研究者としても知られている。

大学に入学して見田宗介の比較社会学のゼミナールに参加するころから、それまではどちらか

8 「小説」の比喩は、小学生のときに「シェイクスピアみたいな文学者に」なりたいと、「将来の夢」を書いたことに、どこかでつながっている［「人生の贈りもの（3）」20160120］。

この夢の記憶は、一九六七年の高校生の職業観の分析でも呼び出され、「こどものころ、クラス担当の先生が「わたしの夢」という題で、将来何になりたいか作文を書かせたときに、シェイクスピアのような大文豪になりたい、と大まじめで書いた酸っぱい思い出がある。そのころ私は、家のまえから学校まで毎朝一つの石をけりながら、幾人もの王たちやその一族が興亡する華麗なるロマンの構想に恍惚と酔いしれていた」［「高校生の現代職業観」19670401：一九八頁］と書く。

定本著作集が刊行されはじめる二年ほど前、見田は「シェイクスピア空間」［20100204］という暗示的な題名の小文を書いている。そこで「戦災で焼け残った少しだけの塊の中にシェイクスピア全集があって、九歳から十歳にかけて片っ端から夢中になって読んだ」と回想している。内容は、大人になるまでにその大部分を忘れてしまったが、「あのシェイクスピア的世界の活力と「輝度」の感覚みたいなもの」はいまものこっている。すなわち「主役だけでなく、悪役も脇役も、どんな端役も一人ひとりの固有の「真実」を持って息づき、立ち渉っている」重層的な世界が、そこにあった。それはまた「情動と論理、ニヒリズムと素朴、体制派と革命派と超越派、近代主義と反近代主義、矛盾するさまざまの自己がそれぞれの真実をもって立ち上がり、闘争し、呼応し、互いに包摂することになる劇場空間みたいなものとして、わたしを構成してくれた」［定本見田集X：一七八頁］と解説している。すなわち、「わたし」は劇場空間である。さまざまな主題を含む、長編の叙事の物語がそこで演じられているというイメージが提示される。見田における「小説」もそのような拡がりでとらえられるべきだろう。また「詩を書こうなどと思ったことはない」［『野帖から』19820101：七頁］という、矜持ともつりあう。

なお、シェイクスピアについては、『週刊読売』に書いた「私の古典」として前述の焼け残りの全集を位置づけた「霧のシェークスピア」［19791014］もおもしろい。また『価値意識の理論』では、文学を分析のデータとして取りあつかう議論の素材として、シェイクスピアの『ヘンリー八世』第四幕第二場での「ウォルゼイ枢機卿」の欠点と美点の描写を引用している［19660805：三六二頁］。

9 『広辞苑』がかかげる語義でいえば、第二の定義にあたる。もっとも辞典がかかげる第一の語義は、古典の研究において伝来の多くの異本を比較校訂し、失われた原本のオリジナルな内容や標準とすべき形に定められた本文のことであって、すこし位相が異なる。第二の語義では、第一の語義における原典を推定復元することの価値がそれほどには問題にならず、むしろ背景にしりぞく。第二の定義の「決定版」は、最終的なテクストの決定権を著者ひとりにゆだねたところにおいて成立するからである。

というよくわからなくて苦手だった柳田国男の著作を、社会学を学ぶ学生としてあらためて読むようになった。四〇代からは新しい全集の編集に、さまざまな行きがかりがあって、深く関与してきた。その柳田国男に、一九六二年の生前に刊行が始まった『定本柳田国男集』〔全三一巻別巻五冊〕という大きな集成がある。この定本は、ひとり民俗学に限定されない多様な領域の読者を生みだす役割を果たし、学術の分野の壁をこえた柳田再評価の契機となった。

しかし同時に、この定本は読者の読みを、暗黙のうちに拘束する装置としても機能した。一九九〇年代末に始まった新しい『柳田国男全集』〔全三六巻予定、一九九七年―刊行中〕の編集が変えようとしたのも、半世紀にわたって読者を方向づけた読みの常識であり、それをささえたテクスト空間のあり方であった(10)。

そうした観点から考えると、見田宗介の二つの定本著作集の整備をまずは歓迎しつつも、ここで用意された便利が、どのような新たな読者に、いかなる構想力をもたらすことになるのか。そこが気にかかる。

そのイマジネーションの運動の、意図せざる方向性の統御のためにも、「見田宗介＝真木悠介」のテクスト空間のなかでの「定本」集の位置が、意識的に測量されていなければならない、と思う。なるほど新しい定本著作集では、『近代化日本の精神構造』〔定本見田集Ⅲ〕や、『現代社会の比較社会学』〔定本見田集Ⅱ〕、『未来展望の社会学』〔定本見田集Ⅶ〕のように、これまで一冊のまとまりをもたなかった論考群や、既存の単行本の再編成にあらたなタイトルと相貌があたえられた。

しかしその一方で、一冊のかたちが流動化され再構築されたがゆえに、その存在意義と同時代的な意味が見えにくくなったものもある。

次章から検討する『現代日本の精神構造』も元来の姿を解かれた、そのひとつである。最初の評論集であった『現代日本の心情と論理』[11]は一冊のかたちをまったく失ってしまった。別な章でとりあげる予定の『人間解放の理論のために』は、一つの論考だけが定本集に入れられたものの、この一冊まるごとの構成に投入された、その時代の情熱の流れはたどりにくくなっていると思う。いくつかの単行本の編集時に付けられた、「序」や「あとがき」という明確な日付をもつとともに、〈私〉の主体性を前面に出したテクストが、その固有の位置を失った[12]。いい意味でも悪い意味でも、という平板な決まり文句をくりかえすのは芸がないが、テクスト空間の全域を意識した書誌が編まれ、読者のフィールドワークが必要な所以である[13]。

▼定本著作集に入れられなかった単行本

個々の細かな論点への深入りは、この一冊のさまざまな章で行われるべきことだが、著作集の

10　この『柳田國男全集』の編集については、佐藤健二『柳田国男の歴史社会学：続 方法としての柳田国男』[せりか書房、二〇一五]の第一章その他に詳しく述べている。

11　主要な論考だけが、定本の別々な巻に分配されている。一九七一年にまとめられたこの一冊は、「精神構造」をトータルに描き出すという「全体」志向よりも、「挿話」に位置づけられる断片から「心情」と、そのなかに生成しつつある「論理」を読み解こうとした集成であった。

著者が定本集を編集するにあたって、なにを外したか、それはなぜか。

その点について、自身が語っていることは予備考察として押さえておきたい。

見田は一九九八年三月に東京大学を退職するから、その二年ほど前である。このあたりから、すでに定本著作集の構築という構想が動きだしていたのだろう。[14]『アエラムック』の社会学を紹介する一冊に寄稿された「越境する知」[19960210／20040310]という一篇[15]で、自分のそれまでの単行本での著作を見渡して、一定の評価を下している。

見田はここで、自分の卒論の失敗をふりかえりつつ、その後の主題選びにおいて、「絶対に自分の「原問題」を手放すまい」と思ったという研究者としての原点を回想し[16]、そうした思いで修士論文に取り組んだ、と書いている。[17]しかし、その修論をもとにした『価値意識の理論』は、オ

12　逆に、定本著作集において「解題」というテクストが付けられることにおいて、関係についての情報が著者自身の解説において加わった。たとえば、多くの研究者に影響をあたえた論考である「「質的」なデータ分析の方法論的な諸問題」[定本見田集Ⅷ：収録]の解題が、この問題提起をめぐる安田三郎との重要な論争を考えるうえで不可欠の『社会学評論』の「付記」[19700630]の存在に言及していることを発見するだろう。このことは、4章で論じようと思う。おなじように内容については、別な章で論ずる予定だが、代表作のひとつとして名高い「まなざしの地獄」の初出に付けられていた「後記」は、この論考をささえる「Ⅰ家郷論／Ⅱ都市論／Ⅲ階級論／Ⅳ国家論（＝犯罪論）／Ⅴ言語論／Ⅵ革命論／Ⅶ被害者論／Ⅷ「第三者」論／Ⅸ歴史構造論」という、モノグラフとしての全体化の枠組みを、そこで論ずる予定の項目とともに提示していた。あとでふれるが、このたいへんに重要な補注が、『現代社会の社会意識』[弘文堂、一九七九]での再録や、アンソロジーとしての『文化と社会意識』[東京大学出版会、一九八五]への抄録では省略されていた。そのことを惜しく思っていたから、自らの解題のなかではあるが今回の定本で再録されたことは慶賀すべきだと思った。であればこそ、定本の新しい読者は、整った本文だけでなく、解題まできちんと目を配るべきであろう。

13　興味深いことに、『定本柳田国男集』もその「二五巻別巻三冊」の最初の構想のときには、書誌を載せるつもりがなかった。そこから見田宗介と柳田国男の類似を論ずるのは悪のりの領域だが、もし見田宗介＝真木悠介の定本であとからでもいいから著作目録を補遺してくれるのであれば、数々の対談や鼎談も視野に入れ、網羅しておくことを『柳田国男全集』の編集委員として提言しておく。本書に載せた著作目録稿は、その増補修訂拡充にむけた基礎作業である。できることなら年譜と組み合わせて編んでほしいとも個人的には思うが、私自身にはその用意がない。

14　見田の定本著作集の構想は、時期として考えると、『岩波講座現代社会学』［一九九五—一九九七］の企画編集の実現と、どこかで呼応していると位置づけてよいだろう。一九九五年の一一月から刊行が開始され、翌年にその大部分の巻が出版された。この講座は、現代社会学の新しい視野と実践とを「越境する知」の横断的な動員において描きだそうとした点で特徴的であった。その試みが、伝統的な社会学講座をイメージしていた世代の反発を呼んだ、といううわさを当時聞いたことを思い出す。しかしながら、このテーマの拡がりとならびの新鮮さは、見田宗介の個性と影響力をつよく感じさせるものであった。

15　「越境する知」［定本見田集Ⅷ］は、初出とタイトルはおなじであるが、定本版が底本にする『社会学入門』［20060420］の段階で、すでに初出［19960207］からかなり「全面的に手を入れ」られていて、ほとんど別稿というべき変化を含むことになっている。一般論にはなるが、著作によっては、初出の論考から単行本収録時に省略された部分などに、そのときどきの思いの揺れや構想の運動ともいうべき動きがあらわれているばあいもあって、そのあたりを読み落とすのはもったいないと思う。

16　「わたしは実は、卒論を失敗したのです。ほんとうにつまらない、「紙くず」としかいいようのない卒論を書いてしまった。マス・コミュニケーションの理論について書いたのですが、なぜ失敗したかというと、優秀な論文を書こうとしたから失敗したのです。自分にとって切実な問題だからではなく、優秀な論文としてまとめられそうなテーマだから選んだ。だから、成績はよかったかもしれないけれど、血の通っていない論文、生きていない論文になった。しかもこのことの原因が、自分自身の「不純な動機」（優秀な論文を書こうという）にあることに気がついたので、二重に落ちこんだ」［「越境する知」19960210：七頁］と告白している。見田の卒業論文の題名は「マス・コミュニケーション論序説」であった。内容の一部は、「コミュニケーション諸技術の効率比較表」［19600501］というタイトルで、日本放送出版協会から出ていた『放送文化』（一五巻五号）に掲載されている。

17　見田は「わが著書を語る『価値意識の理論』」［19660901］において、「子供のころに読んだ童話に、西洋の一人の騎士が、その生命を捧げて悔いない主君を求めて遍歴する話があった。学生時代の私は、その青春を賭けて悔いない学問の主題を求めてさまよっていた。その結果、自分に課したテーマは、人間の生き甲斐・幸福・理想像といった、いわば人間科学の根本的な問題を、経験科学的な方法によって、体系的に解明しつくすという途方もない課題だった」と、この本の主題の背後にある思いを位置づける。そして、関係する諸分野から「少しでも役立ちそうな仮説や図式や方法を」集め、批判し、精錬するという基礎作業を行ったという。

リジナリティが薄く、諸理論を整理しただけのものにとどまってしまった、と位置づけられている。そして社会学の古典がいつまでも色あせないのに、たかだか二〇年くらいで古いものになってしまったのは、力の足りなさゆえだ、と自己批判する。

それを含め、いま自分で読んでみて納得できない作品を、次のように挙げている。

「『価値意識の理論』の場合、凝集力がなく、思想としても論理としても、透徹し切っていない。だから文体も、ごく一部の他は弛緩している。次の『人間解放の理論のために』は、こういう欠点は反省されているが、逆に「気負い過ぎ」で、情熱がナマのまま露出している。思想と論理の内容は基本的に正しいと思うが、文体として、今では気恥ずかしくて、読むに耐えない。『現代社会の存立構造』は、これも思想と論理の内容は基本的に正しいと思っているが、今度は情熱を抑えることに専念した結果、抽象的な、イメージの豊かさというもののない文体で、今の若い世代には、読んでもらえない仕事だと思う」[18]〔「越境する知」19960210：八頁〕

これらの単行本がいずれも、結果としてみると定本への集成にはほぼ取られず、あるいは一冊のかたちをほとんど失っているのは、ひとつの決断だろう。そうした経緯から浮かびあがってくるのが、「文体」の重要性である。定本著作集には、内容としての思想や論理以上に、「文体」という視点からの取捨選択がある。

反対に「納得できる仕事」として、「越境する知」〔前掲〕は、以下の六つをあげている。『気流の鳴る音』、『時間の比較社会学』、『宮沢賢治』、『自我の起源』、『旅のノートから』、『現代社会の理論』である。それらが、ほとんど一冊そのままの形で定本著作集に位置づけられているのも、たんなる偶然ではない。おそらく定本の発想において、構成の大黒柱となった著作だからだ。もちろん、注意が必要である。定本著作集に入れられた／入れられなかったという線引きを、ひとつの原理にもとづくものと措定し、拡大解釈してはならない。

事態はもっと複合的で歴史的である。

すなわち、定本の編集における著者の選択権や決定権を、むやみに大きく意味づけるのはバランスを欠く[19]。著作集の構成には、内在的・外在的なさまざまな理由があるのが普通だからだ。単純な収録量の限定、出版社が想定している巻数の問題という、外枠ともいうべき条件も大きい。また、その文章の内容の評価にいたる以前に、そもそも、そのテクストの存在それ自体を編者や

18　おなじことを、別ないくつかの論考でも言及している。『人間解放の理論のために』については、二〇一五年の加藤典洋との対談でも「今では読まれないほうがいいのですが」〔「現代社会論／比較社会学を再照射する」20151225：一一頁〕とコメントしている。また朝日新聞のインタビューでも「内容は正しいが、アドレナリンが高すぎて、今は読まれたくない」〔20160122〕と語っている。『現代社会の存立構造』についても、加藤典洋に対して、「読もうと思ってくれた方はわかるように、非常に抽象的で難解で面白くない」し「誰にも読まれないだろう」〔前掲、二五頁〕から、定本から外したという理由をくりかえしている。

19　柳田国男の定本において、こうした拡大解釈がテクストそのものの扱いにまで及び、後の時代の研究までもしばる結果となったのが、「先生のつよい御意向」問題である。くわしい解説については、拙著『柳田国男の歴史社会学』〔前掲〕の第一章を参照のこと。

著者が忘れていたりして、知らなかったから入れられなかったというシンプルな理由もある。それゆえに、結果として存在している選択を過剰に重視し、意味づけてはいけない。

この本の著作目録で、単行本や著作集への所収情報をくわえるなどの工夫をしているのは、まず見通しをよくするためである。単に「未収録」に大きな意味をもたせるためではない。

▼見田宗介と真木悠介

序章の最後に、多くのひとびとがその区分を気にしている、[20]見田宗介と真木悠介の二つの名の使い分けについて、このテクスト空間の固有の特質にかかわる問題として、触れておこう。

いうまでもなく真木悠介は、見田宗介が一九六九年に生みだした筆名である。

作家がペンネームを使うのとは違って、研究者が二つの筆名を、ほぼ重なりあう著作のジャンルにおいて積極的に使うのはまれだろう。文学研究の領域でも、雅号俳名の風流はさておき、ほぼおなじ領域での著作活動で、あえて二つの主体格を独立したものとしてとらえること自体がすこし異例で、あまり聞かないかもしれない。しかしながら、この二つの名の分立と交流と融合とを論ずることは、このテクスト空間を考えるときに、不可欠のプロセスであると、私は思う。

たぶん、これもめずらしいことなのだろうと思うが、読売新聞は「覆面をぬいだ真木悠介氏」というニュースを、「レシーバー」というコラムにかかげた。

「雑誌『展望』を中心に一昨年から「人間的欲求の理論」「未来構想の理論」「コミューンと最適社会」など精密でユニークな論文を発表してきた真木悠介氏は、肩書きを社会学者とだけしるしていたが、このほど刊行された見田宗介氏（東大助教授・社会学）の評論集『現代日本の心情と論理』（筑摩書房）のあとがきに「真木悠介の筆名の論文はべつにまとめる」旨がしるされているところから、真木悠介は見田氏のペンネームであることが明らかになった」［読売新聞、一九七一年六月一二日］

記事のなかの見田自身は、別に隠すつもりはなかったと語っているが、それまで出版関係者などの一部にしか知られていなかったことは事実である。記事は「新聞の「論壇時評」で真木論文[21]がとりあげられていても、筆者の写真は掲載されずに覆面的な扱いを受けていた」［同前］ことを紹介している。

20　私などよりはかなり後になって、見田の著作に親しみはじめた次世代に属する北田暁大は、同世代の研究者たちが酒席でよく出す話題のひとつに「見田宗介と真木悠介の使い分けの論理とはなにか」という問いがあったと語っている［北田暁大「見田宗介『近代日本の心情の歴史』を読む（上）」現代思想、四三巻一九号、二〇一五：一二四頁］。また、『現代思想』のおなじ号に掲載された加藤典洋との対談で、加藤が「真木悠介と見田宗介の両者が、見田さんのなかでどのような関係になっているのか。真木悠介はどこから出てきたのか」［20151225：一二頁］を問うている。若林幹夫も「大学一年の講義の最終回で、見田先生が受講生からの質問に答える時間があって、「見田宗介と真木悠介はどう違うのですか?」という質問に、「見田宗介は正規軍で、真木悠介はゲリラです」と答えていた（すごいな。軍隊なんだ）」［若林幹夫『社会学入門一歩前』ＮＴＴ出版、二〇〇七：二四一頁］と書く。

ここにおいて、たしかに、なぜ真木悠介の筆名が使われたのかという問いが生まれるだろう。見田自身が語る、使い分けの論理をすこしラフではあるが整理すると、以下のようになる。

真木悠介↓「理論面での基幹的な仕事を真木の名前で書いている」「ゲリラ」「真木の名前でライフワークをめざす」〔読売新聞、一九七一年六月一二日〕「締め切りがない仕事」「締め切りがなくて、書きたいものを書けばいいというもの」「誰にも読んでもらわなくてもいいから自分のノートみたいなものとして書こうと思ったもの」「家出」[22]「自分を純化して解放する方法」〔20151225：二五頁〕

見田宗介↓「本名で書くものは、当然、生活者であることとか、職業人であること、などの自分が出てくる」「正規軍」〔読売新聞、前掲〕「締め切りがある仕事」「テーマが決まっていたり、どこの出版社で出すかなどが決まっていたりして拘束がある」「見田の名前だと、過去に書いたイメージなどが世間にあったりするから、それに縛られる」〔20151225：二五頁〕

この説明はイメージとして、自分がほんとうに書きたいことを、読者がだれもいないとしても、締め切りの制約もなく自由にということに中心が置かれている。

その点で、自己解放論のおもむきがあり、自我論的である。

しかしながら、テクスト空間を私自身がたどった印象では、「真木悠介」の役割にはもっと実践的で社会的な側面がつよい。他者の存在形態や、研究者のあり方をめぐる時代的情況が、深くかかわっているのである。それは「対話」への切実な必要から生みだされていると思う。つまり、他者とつながるためのもう一人の自己だととらえるべきだろう。

この論点にかんしては、『人間解放の理論のために』を論ずる別な章であらためてとりあげることにしたい。

▼真木悠介の領分

ただ真木悠介の領分に、微妙な交錯というか揺れがあった実態もまた、事実として指摘してお

21　具体的には、朝日新聞の論壇時評のことではないかと思う。河野健二が担当していた一九六九年の一〇月に真木の「人間的欲求の理論」が取り上げられ〔朝日新聞夕刊、一九六九年一〇月二四日〕、坂本義和が担当した期間に二回、「未来構想の理論」〔同、一九七〇年五月二六日〕と「コミューンと最適社会」〔同、一九七一年一月二六日〕が取り上げられたが、いずれも著者の写真は、通常の扱いとは異なり紙面に出なかった。坂本は、前者について「やや難解だが、思想の柔軟さが印象に残る」と評し、後者はその明晰な論旨をかなり長く紹介しつつ、「やや問題を整序しすぎている感」はあるが「今月の白眉である」と賞賛した。

22　真木のペンネームがひとつの「家出」であることを、寺山修司はすぐにわかってくれたという。この家出という論点については、のちにあらためて論ずることになるが、「真木の筆名を使ったときにいち早く共感してくれたのが、寺山修司でした。真木の名前を使ってすぐに「僕は非常によく分かります。好きなことをやりたくなったのでしょう」と言われた（笑）。それはある意味でずばり当たっていました」〔20151225：二四頁〕という。真木の筆名は、一九六九年に使いはじめられるが、そのとき、永山則夫をめぐっても寺山とのあいだに交流があった。

かなければならない。そして、締め切りや書きたいテーマの提示のような、外在的で形式的な条件においていつも明確であったかというと、そこも先に指摘したとおり、単一の原理で割り切るわけにはいかないようにも思う。

これも、たとえばの一例である。

「ファシズム断章：われらの内なる〈自警団〉」〔19700112〕という文章は、「真木悠介」名で公表された。掲載された『週刊アンポ』から、テーマの依頼や締め切りがあったかどうかはわからない。真木悠介名での論考を書きはじめてから、すでに半年ほどが経っているので、その筆名のもとでの依頼があったとしても不思議ではない。内容もまた、自らの内なる潜在的ファシズムを直視するとともに、いかにそこからの解放を構想することができるかという主題を論じていて、真木悠介の領分である。やや微妙なのは、この論考が見田宗介の『現代日本の心情と論理』に収められていることである。たぶん別にまとめる予定の一連の論考とは、すこし文脈が異なる小篇だったからだろう。この交錯は、真木悠介の名前の役割が、最初からいつも明確明瞭に分けられていたとはいえないことを暗示している。

逆に、見田宗介の名前で新聞に書いた「時間のない大陸」〔19740301〕、「骨とまぼろし」〔19751003〕、「ファベーラの薔薇」〔19760517〕という旅のノートは、真木悠介の『気流の鳴る音』に入れられている。それらの再録を含む『旅のノートから』〔19940607→定本真木集Ⅳ〕になると、著者は真木悠介だが、かなり見田宗介名の文章が混ざる。

同様の交錯は『宮沢賢治』という作品の周辺にもある。

この一冊は、見田自身が真木悠介の著作であってもよかったと認めるものでありながら、見田宗介の著書として出され、しかも社会学ではないと位置づけられることになる。出版社に依頼されたという外形的な事実を重視した振り分けだったのかどうかは確認しにくいが、同書の「第三部第二節の骨格」〔『宮沢賢治』1984O229：二七六頁〕である「自我の口笛」〔19840201〕が、『現代詩手帖』に載せられたときに、真木悠介の名であることには、やはり微妙な揺らぎを感じる。またおなじ宮沢賢治について述べた、山尾三省の『野の道：宮沢賢治随想』に寄せた序文〔19831122〕は、真木悠介の名で書かれる。

こうした筆名の区分線を、いかなる論理において引くか。私自身は、正直なところそれほど関心がない。その区分に多少のゆれが含まれていても驚かないし、テクストの機能的特質から明確な役割分担の境界線が引き出せるとも思わないからである。

しかしながら、この二つの名の立ちあげが、実際にこのテクスト空間を豊かなものにしたしかけとして機能したことを、私は疑っていない。真木悠介の誕生に一定の経緯があったことについては、のちに述べるように、あらためて論じたいと思う。

一九九〇年代の後半、新しい柳田国男全集の編集にくわわるにあたり、その覚悟として私は「複数の柳田国男」という論点をかなり意識的に押しだし、また方法論的な主張をこめてかかげた。

その要諦は、読者が発見する複数性だけではない。

柳田国男自身も知らない、「柳田国男」の可能性までが含まれている。

このテクスト空間のフィールドワークにおいても、「複数の見田宗介」の解読はひとつの課題となるだろう。[23]真木悠介は、その複数のなかで、もっとも明確に、重要な役割を果たしたひとつである。著者自身が自覚的に構成したもうひとつの人格であり、読者としての私にとってもその存在が無視できない、もうひとりの思想家なのである。

そろそろ、やや長くなりすぎた序論を閉じ、フィールドワークに出発する時間である。

23　こうした個人の「複数性」というか、あるいは虚数も入れた形での「複素数性」ともいうべき特質を前面に出して私が論じたのは、柳田国男だけではなかった。石井研堂について書いた「もう一つの『明治事物起原』」[『歴史社会学の作法』岩波書店、二〇〇一]も、そのひとつである。

1章 「純粋戦后派の意識構造」［19600423］

――戦争はいかなる意味をもったか

見田宗介の一九六〇年代前半の仕事の基礎にあったのは、明確な「戦後」の意識である、ということを論証するのが、この章の役割である。

最初の単行本である『現代日本の精神構造』は、弘文堂から一九六五年四月に刊行された。自ら「試論のアンソロジー」［19650411：一頁］と性格づけ、また「青春の記念碑」(24)［同：三頁］でもあると位置づける一冊で、新進気鋭の若さと力量とを、あざやかに印象づけるものであった(25)。

しかし、一九四五年から七〇年以上たったいま振りかえって読むと、『戦後日本の精神構造』と名づけてもよかったのではないか、と思う。そう感じられるほど、意外にも深く「戦後」という時代との向きあい方が刻みこまれている。

この本のまえがきは、「本書を世に出すために努力して下さった弘文堂編集部長田村勝夫氏」

24　あまりこの決まり文句を大まじめに受けとめるのは無粋だが、記念碑が終わった季節のために建てられるものかどうかは疑問である。見田自身が「こんどの旅の成果の核心は、自分の青春が十分に終わったのだということを、ひとつの充足感として確認することができたということだ」［19800214］と書き「思えば青春とはひとつの病であったような気がする」とつぶやいたのは、一九八〇年であった。

に謝辞をささげている。田村勝夫は、じつは見田が汐見小学校の五・六年生だったときの担任で、その熱血と純情は、生徒に深い印象を残した。一九四九年から五〇年にかけての教員に対する「レッドパージでクビになった」〔「先生を返えせ」19650920〕のだが、見田たち生徒は後任の教師の授業を拒否したという。田村とのあいだの少年時代の思い出(26)が、この本が一冊の形をなす、ひとつの触媒になっているのかもしれない。

そうした時代としての「戦後」から、この第一章をはじめよう。

▼「純粋戦后派の意識構造」

さて、若き日の見田宗介の、論文の「デビュー作」(27)はなにか。

私が見いだせた範囲でいうと、それは一九六〇年四月の『思想の科学研究会会報』に掲載された「純粋戦后派の意識構造」〔19600423〕である。「一九六〇年一月十三日 戦后史グループでの報告

25　見田のこの本をいちはやく書評したのは、当時まだ京都大学の大学院生だった井上俊である。一九三八年生まれで、見田の一歳年下になる。井上は、ジャーナリスティックとみなされがちな「変格」の日常的題材を多く扱いながら、本格の風格をたもち、「試論」のアンソロジーでありながら、作品としての統一性を備えた理論図式と一貫した問題意識を感じさせると、その出来映えを高く評価している〔「見田宗介著『現代日本の精神構造』」社会学評論、一六巻三号、一九六六：一四九―五二頁〕。
その評価は、「硬化した伝統的アカデミズム」の批判という点で、見田の新たな領域開拓への同世代の共鳴を示すものだ。「わが国の学界は、逸脱に対してあまり寛容であるとはいえない。デヴィアントな要素を含んでいるというだけで、あるいはデヴィアントなテーマを扱っているというだけで、その仕事への蔑視や不信を投げつける傾向がある。（中略）本書は、こうした傾向の是正・払拭という点に関しても、少なからぬ貢献をなすに違いない」〔同前：一五二頁〕と期待している。

こうした当時のアカデミズムの不寛容さについて、雑誌ジャーナリズムもまた意識していた。そのことは、たとえば同書に収録された「貧困のなかの繁栄」[19631201] という身上相談の分析や「イメージの近代史」[19640701] のNTVテレポール調査の初出の『現代の眼』での報告の肩書にも、微妙にうかがえる。「東京大学大学院・社会学」でも「思想の科学研究会員」でもなく、あえて「評論家」となっているからである。

アカデミズムのなかにもこうした不幸で中途はんぱな関係をめぐる、同様の不安があった。折原浩の次のような回顧に、当時の状況がうかがえる。「わたくしが、「高橋［徹］先生ほど多才な人は、日高先生のような評論家になってしまわれるのだろうか、それとも学者にとどまられるだろうか」と戸惑いを隠しませんと、見田君が確か、「両方」と答え、「いまの日本には、両方が必要で、自分は二足の草鞋をはいて見せる」と自信のほどを示す、それにわたくしが、「見田君ほどの力量があれば大丈夫かもしれないが、エピゴーネンが出てきて、清水幾太郎―日高六郎とつづく系譜を温存することになりはしないか、学問にとってもジャーナリズムにとっても中途半端で不幸な関係がつづいてしまうのではないか」と疑念を漏らす、というようなやりとりが記憶にあります。」[「高橋徹先生の秋霜烈日：「偲ぶ会」スピーチ補遺」http://hwm5.gyao.ne.jp/hkorihara/shuusou.htm]

他方で、戦後社会の知識人たちは「処方箋」を急いでいたのであろう。『戦後日本の精神構造』が刊行されてまもない『出版ニュース』の「わが著書を語る」欄で、見田は「本書に対する批判としては、現代日本の精神構造の実態の分析に力がそそがれる結果、それに対する対策ないし処方箋が一部分しか書かれていないという批判があるが、筆者もこの批判は正しいと思う」[19650601] と書く。

26 東京大学の『教養学部報』にのった着任の自己紹介の文章は「先生を返えせ」と題されているが、その「先生」が田村勝夫である。卒業の年の担任のレッドパージにふれて「私たちは後任の先生を拒否して卒業まで二ヶ月半ストをつづけた。学校の配った卒業記念のアルバムには、黒板に私の字で、田村先生を返えせ、と書いてある。しかしその先生は、やっぱりクビになって、ガリ版を切ったりしながら、結核との闘争に青春の六年間をうずめた」[19650920] と回想する。田村は若い教師で、当時一九歳だった。国語の授業のなかで、孤児や貧しい子どもたちの教育に尽くしたペスタロッチの話がでてきたとき、「うーん、えらい人だ。ほんとにこの人はえらい人だ」と自分で感激し、窓のほうでおいおい泣き出してしまい、「真剣だから、ぼくたちもしんとしてしまう」[19950411] というようなことがあり、同じクラスの子の親が、修学旅行に行かせないという、その親になんとか行かせてやってほしいと説得にいって、どなりあいの大げんかまでしてくれた [20100210] という逸話などを、見田は紹介している。田村勝夫は一九五八年に弘文堂に入社して編集者となり、のちにサイマル出版会を立ち上げた。

27 見田自身が研究者としての「デビュー作」と位置づけているのは、次章で検討する「死者との対話」[19630101] である。一九六三年一月に『思想の科学』に掲載された。『思想の科学』の読者や会員のなかで高く評価されるなど、そうした位置づけにもそれなりの根拠とリアリティがあり、後にふれることにしたい。しかしながら、ここでは単純に、もっとも早く公刊されたものという意味である。

の抄約と補遺」という、長い注記のような副題がくわえられていて、研究会の活動のなかで書かれたことがわかる。このテクストは、後にまとめられたどの単行本にも入れられず、定本著作集にも採られなかった。(28) しかしながら、その考察はじつに手際がよく、若き研究者のなみなみならぬ秀才ぶりがしめされている。

この報告のとき、見田は二二歳で、まだ文学部の四年生であったはずである。

▼純粋戦後派の自覚

まず「純粋戦後（后）派」という概念が、特徴的である。

これは、戦後社会における変革の主体を論ずるに際して、見田自身によって設定されたものだ。戦後は、まだ一五年ほどの時間しか有していなかったにもかかわらず、すでに経済白書の文脈からは、その終焉もまた論じられていた。(29) しかし当時の日本社会の「現代」は「戦後」であった。その戦後性は、見田の研究に、問題意識をつねに供給する根源のひとつだった。

その基底には、自らの世代の体験がある。(30)

しかしながら、この概念の提案が同時に、「戦後派」に位置づけられてしまう世代の異議申し立てでもあった点は、見のがしてはならない。戦後派を、どこか均質な若者の世代としてとらえる見方は、主流であった。そして世の中では、この世代にはアプレゲールの風俗的な新しさはあるものの、社会の変革にかかわる思想を生みだせてはいない、と批判されていた。保守革新を問わず、である。戦後の特徴を論ずるにあたり、文学や思想で表出される知識人がとりあげられることが多く、インテリ層の意識と自己主張がめだっていたけれども、それは見田がとらえようとした中心ではなかった。むしろ知識階級ではない庶民や大衆の意識に焦点をあて、「戦後世代の可能性」を取り出すためにはどうしたらよいか。そのための理念型の役割が企図されていた、と思う。

28　これは思想の科学研究会の「戦後史研究サークル」での報告であるが、論文ととらえてよい骨格を有している。骨格は変わらないものの、当日の質疑・討論を受けて、おそらく書き整えられたのではないかと思う。同号に載せられた「戦後史研究サークルの足跡」によれば、研究会は一九五九年一月の荒瀬豊の報告にはじまり、ほぼ月一回のペースで開催された。第二回に日高六郎が「『近代文学』の思想」という報告をおこなっていて、学部生であった見田の参加はおそらく日高が媒介したものではないだろうか。私自身は、この論考が『現代日本の精神構造』に収録されなかったことを惜しいと感じるが、見田の主観的な位置づけでは、すこし前の報告のために準備したものであり、三年後の「死者との対話」にここでの論点のいくつかが踏まえられ、発展させられている側面もあるから、独立のものとしてはとらえないという位置づけではなかったかと推測する。

29　一九五六（昭和三一）年度の『経済白書』が「もはや『戦後』ではない」というフレーズを結語にかかげたことは、よく知られている。しかしながら、これは日本経済の回復の速やかさを可能にした、いくつかの特殊条件（敗戦による落ち込みの深さ、回復欲望の熾烈さ、世界情勢における好ましい状況など）の終焉を指摘する文脈でのものであり、じつはたいへん限定的な含意で使われている。そう漠然と思い込まれているように、離陸への期待と自信とに満ちた、晴れやかな宣言ではなかった。今後向かい合うであろう「戦後」とは異なった事態、いいかえれば近代化における自己改造の苦痛に思いをいたすものであったことは、このフレーズだけの引用ではしばしば忘れられている。

30　思想の科学研究会の初期の共同研究のひとつに『「戦後派」の研究』［養徳社、一九五一］があり、すでに転向研究も戦争体験としてだけでなく戦後体験としての転向を論じはじめていた。その意味で「戦後派」は自らの世代に貼られたレッテルというより、ジャンルとして確立した研究主題であった。本文に述べるように、見田が一九六四年に担当した論壇時評において「戦後精神」を論じ、「比較戦後論」を提起するのは、その主題領域を重視していたからである。見田の初期の論考には、この「純粋戦后派の意識構造」のほか「死者との対話」［19630101］「戦後世代の可能性」［19630120］「ベストセラーの戦後史」［19630901］など、戦後を主題にし、タイトルにしたいくつもの論文がある。

なぜ「純粋」という、サブカテゴリーの追加が必要だったのか。

おなじく戦後派といっても、初期と後期では人間形成の諸条件に、大きな差異があるからだ。後期戦後派は、はじめから六三制の義務教育を受けた。その意味で「純粋」といいうる位置にあり、また「日本資本主義の相対的安定と伸長の時期」に青年期をむかえる。これに対して、初期戦後派は日本の「非常時」という変動期に人間形成をした。具体的には国民学校教育で「いったん天皇制イデオロギーを注入」されてのち、「その崩壊を内的に体験」することとなった。その点で初期戦後派は、いわゆる「戦中派」とも共通する連続性をもつ。

しかしながら把握すべきが、世代体験の共通性そのものではないことも、見落としてはならない。この点も、微妙なちがいだが押さえておく必要がある。それぞれがそうした体験を、自らの「戦後」の生き方にどう活かしているか。その多様性のほうにこそ、社会学を学ぶ者の関心があったというべきだろう。だから、「純粋戦後派」はたしかに世代を指ししめす概念でありながら、まだ設定されていない複数の下位類型にむけてひらかれている。つまり、設定されているのは対象の年齢と時代情況とをかけあわせた、外的な枠組みでしかない[31]。

▼実感主義の理解をめぐって

もうすこしこの論考の内容に踏みこんで、二一歳の青年だった見田の問題意識をたどってみよう。

キーワードになるのは「実感主義の〝止揚〟」［「純粋戦后派の意識構造」前掲：六頁］である。見田の立ち位置は、ある意味でシンプルである。若い世代が実感主義であるという「事実判断」には、さしあたり賛成の立場にたつ。しかし、実感主義は現状肯定しか生みださないと決めつける「価値判断」については反対で、そうした断定においてこの世代を切り捨ててはならない。つまり、実感主義を「精算」するというようなスローガンは、思想の営為として不十分である。精算は結局のところ負のものとして片づけ、そのまま切り捨て、処分してしまうという対応だからだ。そうではなく、当時の論議でしばしば使われたことばでいうなら、「止揚（アウフヘーベン）」すること、より高次元のものに変容させ統合していくことが必要なのだ、という変革の立場である。(32)

この論考では、見田は方法的な立場をまだ明確には主張していない。しかしながら、戦後の学

31　つまり、このライフヒストリー上の時期区分は、対象とすべき経験のありかを指ししめすための、一つの枠組みの提示でしかなかった。おもしろいのは、この見田の報告の論議のされかたと、その議論に対する見田の違和感である。サークルの研究会では、とりわけ「戦中派」と「初期戦後派」の連続（不変）か断絶（変化）かの性格づけばかりがとりざたされたという。見田は、その論の立て方の奇妙な論点先取に違和感をもった、と書いている。見田はむしろ、「純粋戦後派」という理念を設定することで、相対的な多様性をしめす対象を分析したかったのではないか。投書や生活記録などを観察することをつうじて、そのなかにあらわれる意識内容の動態を、理念型のものさしにおいて把握したかったのだと思う。そうした方法の主張こそが、社会学者としての経験主義の立場の表明であるとともに、自らの世代の可能性を考えることでもあったからである。じっさい編集委員をつとめた『思想の科学』一九六四年六月号では「戦後論」を特集するが、その編集後記において見田は、「戦後世代総批判」や「戦後を行動的に体験した人たちの思想の記録」をもっと豊富に盛り込みたかったと述べ、マスコミで変な風に騒がれてしまった「芦屋高校答辞事件」の当事者の声などを取りあげられなかったが、いつか主体的に語られる日を待とうと記している［19640601：一二〇頁］。

問がそれぞれの場で課題とした、調査・観察の実証性の重視とはまちがいなく共鳴している。[33] それゆえ、投稿雑誌の具体的なテクストの解読から、矛盾ともみえる「ねじれ」にかんする議論が立ち上げられる。

その矛盾は、それぞれのアウフヘーベンともいうべき、統合を課題とするものだ。

たとえば、『葦』[34]のような人生雑誌に寄せられた若い世代の声から「〝たくましきエゴイズム〟の底にある挫折体験」や「〝真面目に働く〟派の底に時折ある敗北感」のような、複雑で複合的なねじれを感じとっていく。あるいは、同僚の苦しみに同情してなぐさめることができても、怒りをもって上司に抗議することはできない「〝善良なる小市民型〟の限界」や、広くすべてを見ようとせず、自分の生活の狭い穴のなかだけで感じる「〝満足〟の正体としての〝アキラメ〟」〔同前：六頁〕などの、表面的には明るさを感じさせる体験の背後にひそむ微妙な陰翳を、手際よくとりあげている。

戦後社会があたえた枠のなかで現象している「セツナ（刹那）主義」「欲望ナチュラリズム」「カメレオン・モラル」「パートタイマー・モラル」の、一見「多彩で豊富な生き方」のあらわれを、たんに多様性と片づけてしまわず、そこにむしろ人間としての本質的な欠乏をかかえた状態を読みとるところに、この若き社会学者の膂力がある。

そのなかで、二重の意味での自由という、まさしく戦後的な問題がえぐりだされる。

▼二重の意味での自由

二重の意味での自由とはなにか。

当時のアカデミアで論じられていた通行の概念と対応させるならば、「共同体規制」からの二重の解放に位置づけられるだろう。

32 おなじことを、一九八〇年代半ばに行われた小阪修平との対談で、次のように述べている。「実感を手放した身体が意味という病を呼ぶんだ、という言い方を、ぼくはしたんですけれども、つまり観念を病みたがる。だから両面作戦が必要になるだろうと思う。実感を否定するのではなくて、実感というものは、ちゃんとつかみながら、それを相対化する。自分の実感だけじゃなくて、他者の実感、つまり他の性とか、他の文化とか他の時代の実感というものと、きちんと対峙することによって、実感を否定するのではなく、相対化する」[『現代社会批判／〈市民社会〉の彼方へ』19860225：一〇八頁]。

33 戦後の人文学から社会科学の諸分野の現状を論じた『座談会 戦後の学問』[図書新聞社、一九六七]の「社会学」[19670915]（初出は図書新聞[19651030]）において、綿貫譲治は、城戸浩太郎が編集を担当した講座『現代心理学』の一冊『政治と経済の心理学』[河出書房、一九五五]のインパクトをあげている。一九三一年生まれの塩原勉もこの本が扱った問題に刺激されて社会学者になった、という綿貫の発言を受けて、北川隆吉がこの時期には「ある種の昂奮」みたいなものがあったと証言する。見田はそれを受けて「ぼくなんかは、その昂奮のなかでモティベートされて社会学に入った世代ですね。高橋、城戸、綿貫さんの論文とか、『思想』でもって一度歴史の特集をやりましたね。綿貫さんが「社会心理学と現代」というのを書いていて、史的唯物論と社会心理学の問題を取り上げていた。ああいうものに食いついていったわけです。駒場の歴研で読んだのですが」[19670915：二八〇頁]と話している。「高橋」は、日高六郎の同僚でもあった高橋徹で、綿貫の論文の正確な題名は「社会心理学的方法と現代」[『思想』一九五七年五月号]である。

34 『葦』は、一九四九（昭和二四）年から一九六〇（昭和三五）年まで刊行され、「人生記録雑誌」を名のっていた。三〇歳を過ぎて上京し、早稲田大学文学部哲学科の聴講生となった山本茂美が中心になって発行、後に『人生手帖』（一九五二～一九七二）の創刊にかかわる大和岩雄も、この投稿雑誌の編集に関与している。このころ「戦後人生雑誌」とくくられるいくつもの雑誌が刊行され、人生論ブームが起きていた。見田が後にとりあげる『愛と死をみつめて』のベストセラーも、その延長上に位置づけられる。なお山本茂美には二五〇万部のベストセラーとなり、映画やテレビドラマとして映像作品化された『あ、野麦峠：ある製糸工女哀史』[朝日新聞社、一九六八]の著作がある。

二重の、という設定が有効なのはなぜか。

「封建制」のような共同体規制の解体が、そのまま近代の個人主義の確立を約束しないからだ。そうした解体があったとしても、個人が主体化するためには、新たな共同性の組織化が必要である。光があてられているのは、変革のプロセスが解体と再編の二重性をもつことである。

すなわち、戦後社会は「非合理な共同目的（common interest）も強制しないかわりに、合理的な共同目的も与えない」〔「純粋戦后派の意識構造」前掲：七頁〕。だから権威・伝統・偏見の押しつけから自由でありうる、と同時に、連帯感の模索や未来への展望という構築の責任からも自由でありうる。若者たちもまた、そういう場所に、いきどころなく放置されている。それゆえに、人間のあるべき姿からみると、本質的な欠乏・欠如[35]を論じざるをえない構造のもとに、若い世代の精神が置かれている。

そうした欠落が、戦後社会の実感主義の底にあるのではないか、という論理が組み立てられる。全存在をゆるがすような「人間的な感動」とそれをささえる「感受性」「想像力」の欠如や、全存在を賭けて悔いない「統一的な思想」とそれをささえる「分析力」「思考力」の欠乏である。

「未来につながらない〈現在〉と、社会につながらない〈自我〉との構成する〝今、ここにある自分〟の実感には、大いなる絶望もないかわりに大いなるよろこびもない。実感信仰が実感そのものを貧困化している。」〔「純粋戦后派の意識構造」：七頁〕

そう実感信仰を批判しつつ、しかしながら、若い世代の変化を頭ごなしに否定してしまわないところに、見田のこの論考のポジティブな特色がある。

その世代が資源としてもつ可能性を、あらかじめ死産すべきものであると決めつけないことで、なにが生まれているか。たとえば、その世代のなかにある、公式見解や権威やタテマエへの反発、非合理な偏見からの解放、率直な討議の精神は、新たな意識形成の素材や触媒になりうる。そうした希望に対して、対象の現状がなお漠然とした信仰にとどまっているからといって、あるいは結果の困難が予想されていることを根拠に、水を差すような否定を選ばないのは、どこかに世代をおなじくするものの共感があるからだ。そして「止揚」といいうる変革は、素材となる実感そのものを「正義」や「公共」にまで高めることだ、という。

そうした現状の観察のもとで、見田は課題を次のようにまとめる。

35　見田がここで描き出している欠乏状態とは、戦後社会の精神構造のうえでの「貧困」ともいえるような状況である。すなわち、「道徳」はたんなる断片的な生活技術に還元されて、その表面的な多様性ばかりが前面に出る。「〈未来〉は分散し卑小化した〝ささやかな夢〟と、拡散し空洞化した〝とおい夢〟とに両極分解する。政治的にはソフト・イデオロギーと非行動的革新派が主流をなし、天皇は〝あってもなくてもよい〟存在であり、戦争体験の〝思い出〟化と共に反戦意識も拡散してムード平和主義となる。左翼でもない学生が、〝社会主義になった時〟のことを考慮に入れて進路をえらぶように〈革命〉観念の分布は広まるが散文化し形骸化する」［同前、七頁］というかたちで、さまざまに分裂し、欠如をかかえこんだ「実感」を描写している。であればこそ、『暮らしの手帖』の「戦争中の暮らしの記録」特集号をとりあげた、安田武・長田弘との合評座談会において、見田は戦中派のインテリたちに対しても「実感を離れて論理化をおこなうのじゃなく、実感そのものを論理化すること」［19681001：一一一頁］を求める。

「実感主義の〝止揚〟とは、実感をあくまで尊重する立場をつらぬきながら、この実感を構成する〈自我〉に〈社会〉とのつながりを与え、〈現在〉に〈未来〉とのつながりを与えつつ、〈実感〉そのものを豊富化していくことだと思う。」〔「純粋戦后派の意識構造」：八頁〕

つまり、戦後世代の素朴で無自覚な「実感信仰」が、未来と現在とを分断し、社会と自我とを分裂させているという認識である。だから、実感そのものを豊饒化しなければならない。

▼世代論をこえて

この克服にむかう前向きな結論は、まさしく純粋な戦後派のマニフェストでもある。

その三年後におなじく会報に掲載された「戦後世代の可能性」は、この課題に「一つの新しいヒューマニズムの可能性」〔19630120：三頁〕という表現をあたえている。それは「純粋戦後派」認識の延長であり、発展だろう。ここにおいて、純粋戦後派における実感主義の止揚という課題は、世代という枠組みの限定を踏み越えていくことになる。

じっさい、「私は必ずしも戦後世代を、その前の戦争世代と対立させては考えない」という立場の表明とともに、「戦後世代の可能性」論文での検討は、次のように閉じられていく。

「たしかに、人びとのものの考え方の短期的な変動を的確にとらえることも大切なことだけれども、幾つかの世紀をたばねたくらいの単位でもって、新しい人間像の追求をしていくような姿勢が根本にないと、世代論というものは、どうしても、こせこせしたいやみなものになってしまうのではなかろうか。真に新しいものをうみだすための現実的な基盤がどこにあるかが問題なので、年代学的に一〇年や二〇年「新しい」とか「古い」とかいうようなところで、一つの世代の可能性を論じてもはじまらないように思われる。「戦後世代の可能性」の問題は、結局のところ、日本文化そのものの可能性の問題である。」〔「戦後世代の可能性」19630120：五頁〕

ここで提示されている「幾つかの世紀をたばねたくらいの単位」で考えていかなければ、世代論は小さな差異に閉塞してしまうという危惧は正しい。そして、そうした構えのもとでの、日本文化そのものの可能性の位置づけは、もういちど当時の「戦後」の文脈のもとで測量しなおすべき課題だろう。その議論に移行するまえに、「戦後」という時代規定の前提となった第二次世界大戦という「戦争」について、見田自身がテクストにのこしている痕跡を押さえておこう。

▼「焼け跡」に吹く風と光の明るさについて

見田宗介は一九三七（昭和一二）年の生まれで、敗戦のときは七歳の小学校の二年生であった。小学生のときだけで、七回も学校が変わったのは[36]、戦時下の特殊性だろう。敗戦の一九四五（昭和二〇）年は、空襲などで五回も転校した。一日だけしかいかなかった学校もあって「杉並のなんとかいう小学校は、転校のあいさつをした翌日いってみたら、その場所に焦げあとしかなくて、私は目を疑った」〔「先生を返えせ」19650920〕と書いている。見田は五〇年の後に、自分たちは「焼け跡世代」〔「「焼け跡」体験が心の奥に根づく」19950411：三五〇頁〕だとふりかえっている。

しかしながら、この世代の中心に置かれた「焼け跡」の体験に、見田自身は特異な意味づけをあたえている。

それは、なにか広々とした明るさをともなった感覚で、家や財産がなくなっても、人間は楽しさを手放すことなく生きていけるという確信を、どこかに含むものであった。

▼コスモポリタンな拡がりの感覚

この論点は、日高六郎が編者の国民文化会議の研究討論会の記録で見田が述べたコスモポリタニズムと、どこかで共鳴しているように思う。自分たちの世代は「生まれながらコスモポリタン」〔『意識のなかの日本』19720705：九八頁〕であり、ナショナリズムへのこだわりが感覚の深いところで理解できない「無自覚なコスモポリタニズム」〔同前：一四頁〕のなかで育ってきたという発言[(37)]がおもしろい。

半世紀たって回想される焼け跡は、次のような風景であった。

「杉並の自宅が昭和二十年の五月か六月に、爆撃で焼けた。近所の麦畑に避難していたが、夜空が真っ赤になり、大人たちが必死で火に水をかけていたのを思い出す。明るくなってみると、焼け跡に昨日まで使っていたガラス製品などが高熱でとけて、ぐにゃりと曲がっていた。晴天がつづいて、子どもだから生活責任がないからだろうけれども、何もなくなった焼け跡は風が吹き抜けて、新鮮だった。」〔「「焼け跡」体験が心の奥に根づく」19950411：三五〇―一頁〕

36　小学生として入学したときは中野区の仲町小学校で、空襲での引越や山形県への疎開が挟まり、戦後に東京に戻った時が吉祥寺の武蔵野第三小学校（2年〜5年生）、5年生の途中で文京区の汐見小学校に転校した。ちなみに中学は文京区立第四中学校である。戦後の六・三制の発足により昭和二二年五月一日、当時の元町小学校内に開校し、翌二三年湯島小学校内に場所を移し、昭和二七年一〇月に東京大学の龍岡門の横の「旧本郷小学校跡」の区立中学校として最初の鉄筋3階建て新校舎に移転した。ということは、見田が通ったのは、湯島小学校内で仮住まいしていた中学校だということになろう。中学三年生の秋に、父親の大阪市立大への赴任で堺市に引っ越し、高校は大阪の三国丘高校に入学する。高校時代のことは、読売新聞の寄稿「私の高校時代」［19680328］にくわしい。

ひとつ、見田に聞いた中学生のころの思い出話を記しておきたい。大阪への転校が昭和二七年の九月だったので、見田はけっきょく一〇月に建つ新しい校舎には通うことがなかった。その前の年の冬のことだったのだそうだが、国語の時間に短歌の課題がでた。その日の朝は雪で、学校に通う道の脇にあった工事現場では基礎工事のまっただなか、白い雪の下の土を掘り返していた。その印象があったので「霜白き土手の黒土（こくど）に槌ひびき われらが校舎建ちゆきにけり」という短歌がすぐにできた。これが国語の教師にとても褒められて、職員室でも話題になったらしく、他の先生からも「あの歌の校舎を見ずに行ってしまうのかね」と声をかけられたのだ、という。

37　研究討論会での問題提起は、無自覚なコスモポリタニズムゆえの、無意識の「没ナショナリズム」ともいうべき態度があり、それをどう克服していくか。その問題を考えたとき、同時代のナショナリズムの非合理性ばかりをクローズアップし、その核にひそむ生活合理主義や無意識の構造を看過してしまう議論の不十分さに、違和を覚えるという形で展開している〔〈意識のそとの日本〉を問う」19720705：一二―一九頁〕。

このときの爆撃は、五月二五日の「山手大空襲」であろう。記録によれば四七〇機にのぼるB29が来襲し、中野・四谷から世田谷におよぶ一六万戸以上が焼失した。「終戦の二ヵ月ぐらい前に、山形県の上山(かみのやま)に疎開した」〔同前：三五一頁〕というから[38]、この空襲の大規模な被害を目のあたりにして、親は東京をあきらめ、縁故をたよって疎開するという決断をしたのだろう[39]。

この焼け野原を、二〇一〇年になってからふたたび回想した一文〔「森羅万象の空」20100203〕でも、オブジェのようなガラス製品の変形と、なにもなくなった空間の広さや風通しが、奇妙な「全肯定感」の明るい印象とともに思い出されている。

「きのうまで使っていたガラスの食器とかその他の生活用具が、形を失ってぐにゃりとしたマテリー（素材）の塊になっている。行ったこともなかった隣の家やうらの家との境がなくなって、風が好きなように吹き抜けている。たまたまよく晴れた日で、わたしと妹は、境界のなくなった元都会の荒れ地をどこまでも遠征して、ふしぎな形のオブジェを見せ合った。子どもだから何も考えていなかったのだが、世界がないことはいいことだなあ。世界があることはいいことだなあ。というみたいなこれまで経験したことのない全肯定感につつまれていたことだけは鮮明に記憶している。」〔「森羅万象の空」20100203→定本見田集X：一七六―七頁〕

おそらく、この境界を失った空間は、その日一日だけの風景ではなかった。空襲後の朝に限られない、拡がりをもっていたのではないか。土地や建物の仕切りを失った「焼け跡」のこの透き通った明るさは、敗戦後の一〇月に屋根のない貨物列車で、すこしはしゃぎながらもどってきた東京で目にした風景とも重ねあわせられているにちがいない。つまり回想のなかの空襲は、戦後になっての青空や焦土の風景までを含みこんだ「記憶の場」としての、厚みを有するものととらえるべきだろう。[40]その意味で、生きのびて戦後の小学生になってからの、見田自身の感覚が塗り重ねられ、練りこまれているのではないかと思う。

そして、この「子ども」の感覚を、われわれ読者はどう受けとめるべきであろうか。「生活責任がない」「何も考えていなかった」という当事者の措辞の留保において、まったく戦争や空襲の現実から切りはなされた、空想的なものであったかのように読むのは、やはり貧しい。「光の降りそそぐ中で時間の停止してしまったみたいな」〔「森羅万象の空」同前：一七七頁〕不思議な感覚は、

38 ただ、この疎開の時期は見田の回想のなかでも、微妙な混乱がある。ここでは「終戦の二ヵ月ぐらい前」であるが、二〇一五年の座談会では「僕は六月か七月くらいに疎開した」〔20151205：一一頁〕とあって多少の幅がありそうにもみえ、一九六五年の「先生を返えせ」〔前掲〕の回想では「疎開したら半月ほどで、戦争が終わってしまった」〔19650920〕というから、もっと敗戦が差し迫ってからであったようにも読める。

39 学童の集団疎開でないという意味で、広い意味での縁故疎開にくるべきだとは思うが、なんらかの親戚をたよってということではなかったようである。当時、父親の見田石介は日本大学で講師を勤めており、後に日大の理事長になる事務長の古田重二良が、なぜか可愛がってくれていた、という。疎開した上山には、日大のスキー部（一九三〇年に創部）が冬の合宿で使う寮があったのだそうで、そこに疎開できるよう、古田が便宜をはかってくれた。古田は秋田県生まれで、見田石介の従兄弟の甘粕正彦（宮城県生まれ）と、おなじ東北の出身であったことなども関連していたのかもしれない、と見田は語っている。

まちがいなく見田少年のひとつの戦争体験のリアリティであったからである。

であればこそ、一九六三年の「戦後史の遺産」[1963I101]というシンポジウムの報告において、進歩的文化人たちの「戦後は終わっていない」という、反抗的・対抗的であると同時に、どこかその自然な継続を信じようとするスローガンの無自覚を批判し、「むしろ戦後が、一九五二年ごろ早ばや終わってしまったこと、あるいは終わらされてしまったことの不快感」[同前：八頁]から議論を出発させるべきであるという立場が主張される。[41] そこで失われた戦後は、コスモポリタンな拡がりと明るさの可能性を、一面において感じさせてくれるものであったからである。

▼絶望の虚妄なること

おなじように、後年になって何度か言及される、[42] 子ども時代の「戦争」のエピソードがある。それは疎開先での敗戦時の小学校での体験である。

戦後七〇年にあたる二〇一五年の夏、見田は「戦争社会というものの日常」にふれて、上山での敗戦の日を思い出している。そして、これだけは若いひとたちに伝え残しておきたいと最近思うようになった、ひとつの逸話を語る。

「終戦の日、担任の若い女の先生は「日本は無条件降伏をしたのです。アメリカ人がこの上山にも来て、わたしたちをみんな『串刺し』にするかもしれないのです」そう言って教壇の上に泣き崩れてしまった。廊下にはまだ「鬼畜米英」とか「一億火の玉」とか熱にうかされたみたいな標語がべたべた貼られたままだった。町の広場に赤い顔をした外国人たちがやってきて、子どもや大人を追いかけて串刺しにする光景を、わたしは想像していた。ぼくもあっさり刺されるのだろうなと考えていた。」〔「二〇一五年の終戦の日に」20150901：二六頁〕

見田が泣いたりしなかったのは、とりわけ勇猛で気丈だったからでも、ひどく無邪気だったからでもない。それが逃れられない日常であったからだ[43]。「もの心ついた頃からずっと戦争する社会で、東京では幾度かの大空襲を経験し、ひとが黒焦げになって死ぬとか、自分が死ぬとか殺されるということを「当たり前みたいに感受するように慣らされてしまっていたから」〔同前：二六頁〕だと説明している。若い女の先生は、戦争の終結を地

40　私はこの本を書くなかで、見田の戦後の原点にあった「焼け跡」の光と風の風景が、のちに野口晴哉の治療「整体」との出会いのなかで生まれた「晴風万里」という四文字〔定本見田集X：二二七頁〕と呼応していると思うようになった。著作集の一巻のタイトルに、これが採用されるのは、偶然ではない。

41　この報告は、「戦後体験の可能性」として『現代日本の精神構造』に収録される。世代とは「ジェネラティブなエネルギーとしての時代体験を共有する集団」だが、重要なのは「体験について語ることではなく、体験によって語ること、体験をテーマとしてではなくモチーフとして活かすことである」と説き、「われわれ自身の戦後体験について言えば、戦後状況のなかで充電された体験は、今日の大衆社会状況のなかで、もっぱら電気洗濯機とか、テレビの電源として使われている」〔同前、九一一〇頁〕と批判している。

42　「二〇一五年の終戦の日に」〔20150901〕、「追悼　鶴見俊輔」〔20151205〕、「人生の贈りもの　わたしの半生（3）」〔20160120〕などである。最初に触れているのは「先生を返えせ」〔19650920〕であろう。

獄のように想像して絶望して泣き、見田少年は泣きはしなかったけれども、ほとんどおなじ絶望を当然の日常のように受け入れて疑わなかったのだ、という。

その少年の日のあたりまえの感覚を、戦後七〇年の見田は、現代世界の難民キャンプで育つ子どもたちや、独裁的な全体主義体制下を生きるひとたちの日常と重ねあわせる。そしてそこに、別の生き方をいきいきと想像してみる力が奪われてしまうことの悲劇をみて、社会を枠づけている〈自明性の罠〉[44]と呼ぶ。なるほど、見田にとって「戦争と敗戦の経験はいや応なしに深いものだった」[「追悼 鶴見俊輔」20151205：一二頁]のである。

ただ、この回想から、自らの感覚と思考とを閉じこめる「自明性」の概念だけを読みとるのは、絶望の解釈としては不十分なのだろう、と私は思う。

『社会学入門』[20060420]のなかに「七歳の時から私の心に棲みつづけていた「死の恐怖」と「ニヒリズム」」[『社会学入門』前掲：一一頁→定本見田集Ⅷ：九頁]という一節があって、この少年の日の「串刺し」の死の話題と、年齢が指ししめす時期が重なっていることは偶然ではない。すなわち、見田にとっての「ほんとうに切実な問題」のひとつである「死とニヒリズム」の問題が、戦争という死を強制的に配分するできごとと、[45]その経験の本質において呼応していたのではないか。

見田が子どもの頃から抱え込んでいた「ほんとうに切実な問題」とはなにか。

43　この若い小学校教師の「串刺し」の想像が、とりわけて異常なものではなく、むしろ日常の意識の延長に位置づけられるものであったことは、同時代のさまざまな回想で確かめることができる。たとえば南原繁は、「私の住んでいた下落合などでも、

町会あたりからは、何をされるかわからないから女の人は避難しろと真面目にいってくるわけです。アメリカ兵の上陸によって日本国民にどういう侮辱・暴行が加えられるかわからないということですね」〔丸山眞男・福田歓一編『聞き書 南原繁回想録』東京大学出版会、一九八九：二九〇頁〕と回想している。

44　のちにもういちど論ずることになるが、この「自明性」のモティーフは『気流の鳴る音』の比較社会学で、明確に打ち出され、縦横に展開されることになる。

おなじ光景を、一九六五年の回想は、次のように書いている。「担任の先生はワンワン泣いた。アメリカ兵は日本人を一人のこらず串刺しにするにきまってるんです。ぼくたちはキョトンとしていた」〔19650920〕。しかしながら、この「キョトン」の当惑を、戦後にあたりまえになった平和主義の価値観からだけ、部分的に深読みしてはならないだろう。その前の文章が「「支那事変」の年に生まれた私は、世の中は開闢以来、永遠に戦争をしているものだと思っていたので戦争をしていない日本は不思議だった」とあって、その不思議さはやはり明確に、「自明性」のモティーフと対応している。

別な局面からの補助線を、ひとつくわえておきたい。流言を歪曲された伝達現象としてではなく、集合的相互行為としてとらえ集合的な問題解決を核にしていると論ずる、シブタニの流言論に「最後の避難所としての冗談」「絞首台のユーモア」という、非合理的な発話や信じられない話題をめぐる表出の比喩が出てくる。すなわち、刑務所や収容所の囚人、あるいは独裁体制下の民衆など、なにも変えられずなにもできない状況におかれている場合は、「状況の定義の正確さは決定的に重要なものではなくなり、人びとは自分を満足させることを言うであろう。強い衝動が喚起されている場合にはとりわけ、発言はカタルシス的なものになるかもしれない」〔シブタニ『流言と社会』東京創元社、一九八五：一三七頁〕という状態が生まれる。「敗戦」は、子どもだった見田にとっても、若い小学校教師であった女性にとっても、どうがんばっても変えることのできない状況であり、なにもできないことが明らかであった。そうだとすれば、シブタニのいう意味での正確な情報が必要とされる状況ではなかった。そうした構造をも含みこんで、ひとつの自明性が成り立っていたのである。

たぶん、この問題は『アサヒグラフ』のエッセーで述べられる「わたしは三〇代になるまで、正確にいえば三六歳の時のはじめてのインドの旅まで、極端に死を恐怖していた。（中略）死をわたしがほんとうに受け入れることができたのは、生をわたしがほんとうに受け入れることのできた時だった」〔19890609〕という転機ともからみあう問題だが、それは別の物語、あとでまた、別な章で論ずることにしよう。

45　この戦争理解について詳しくは、佐藤健二「総合的コメント：「非常の死」と「家族／社会／国家」と「想像の場」」〔池澤優／アンヌ・ブッシィ編『非業の死の記憶：大量の死者をめぐる表象のポリティックス』東京大学人文社会系研究科、二〇一〇：二六七―七五頁〕および同「戦争社会学とはなにかをめぐって」〔『戦争社会学研究』3号、二〇一九：一五〇―七八頁〕を参照。

「この問題は二つに分かれて、第一に、人間は必ず死ぬ。人類の全体もまた、いつか死滅する。その人類がかつて存在したということを記憶する存在さえ残らない。すべては結局は「虚しい」のではないかという感覚でした。第二に、その生きている間、すべての個体はそれぞれの「自分」をもって、世界の中心のように感じて、他の「自分」と争ったりまた愛したりする。この「自分」と他の「自分」たちとの関係が、友情や恋愛や家族の問題から、経済や政治や国際関係に至る、実にさまざまな現実的な問題の根底にあり核心にあると把握される、ということです。単純な言い方ですが、〈死とニヒリズムの問題系〉と〈愛とエゴイズムの問題系〉と名づけていました。」〔「序　越境する知」『社会学入門』前掲：九―一〇頁→定本見田集Ⅷ：八頁〕

この二つの問題系は、いうまでもなく相互にからみあっている。そして『岩波講座社会学』の一冊に寄稿された「公共圏とルール圏」〔19961128〕(46)で回顧される、子ども時代の「永遠」の想像につながっている。

「わたしは子どもの頃「永遠の生」を願って、この願いの実現した幾兆年後の宇宙空間にただひとりでわたしが生きている生を想像してみて、他者のない生の空虚に慄然としたことがある。」〔定本見田集Ⅶ：一七四頁〕

このようにテクストをたどってみると、当然の日常として受け入れていた戦争の「自明性」がもつ、語られていない深みのようなものにふれることができる。それは、ただたんに人びとの認識をしばる政治・経済・外交的な非常時として、存在しただけではなかった。すなわち、人間という生物にとっての死の自明性という、もうひとつの大きな、容易には解決できない生の問題を含むものでもあったことがわかる。

▼平板な明るさと深い明るさ

その一方で、上山での敗戦の日の絶望のおなじ逸話について、「ずっと後ですが、なぜ僕らは終戦後に「明るさ」をイメージできなかったのか。そう考える起点の一つとなった、鮮烈な記憶です」〔「人生の贈りもの（3）」20160120〕と述べていることも、押さえておかなければなるまい。そのインタビューでは、この何度も「むじょうけんこうふく」[47]とくりかえして泣き崩れた女の先生のエピソードが、戦後の議論がもっていた輝度というか、言説の「明るさ」に関連づけられている。

46　この論文は、岩波新書の『社会学入門』〔20060420〕の「補」の章として収録され、定本著作集のⅦ『未来展望の社会学』に収められる。

47　この引用がインタビューの原文のまま平仮名なのには、看過しないほうがいい固有の含意がある。「追悼 鶴見俊輔」〔前掲〕の座談会において、無条件降伏という言葉は小学二年生にはむずかしい単語で、「むじょうけんこうふく」という平仮名で頭に入ってきたという説明がある。記事の表記は、その子どもの感覚を表象したものだろう。

ここで言及された、イメージできなかった「明るさ」とはなにか。

ストレートには伝わりにくい形容ではあるのだが、見田自身が「深い明るさ」〔「人生の贈りもの（9）」20160129〕と表現するような、立体性というか、固有の曲折や反射を有するものだろう。そのぶん、陽に照らされて光が空間を満たしているという通常の意味とは、すこし異なる。その位置づけもまた単純ではなく、いくつかの次元における屈折を内包したものだ。見田が好む表現を選べば、青空のような「散乱反射」であり「光の微塵」をイメージすべきだろう。それは見田の「戦後」との向かいあい方をものがたっているように思う。

三つほど、ランダムだが、思いあたるところの切り口をならべてみたい(48)。

第一に、それは「戦後左翼への違和」として、ずっと見田のなかにあったものと対応している。すなわち、彼らの「物事の明るい側面を切り捨て、暗い重い面に総括してしまう文体」〔同前〕への違和感である。だから「明るさ」は、そうした主張の文体に対抗し、そうした思考のスタイルをのりこえるという課題を包含している。

それは一九六三年の「戦後史の遺産」をめぐる公開討論会での報告で論じられているように、現実には、運動のリーダーたちをしばっている戦争体験の語られ方にさかのぼる。その体験は多くのばあい「受難」「屈辱」「被害」の受動的な体験としてしか対象化されていない。されていないからこそ、アンチでネガティブな思想しか生まれてこない。思想に求められているのは、否定する力と破壊力だけではない。肯定と建設の実践を下からささえる「ユートピア的な思考能力」

〔「戦後史の遺産」19631100：一九一頁〕も必要である。「しかし現代の革新陣営の側では、池田内閣の「所得倍増」に対抗するアトラクティヴなユートピアさえも提示していない」〔同前：一九一―二頁〕。

私はこの違和感の動きに、見田自身が語った焼け跡の明るさを思い出すと同時に、社会学史の原点に位置づけられる一九世紀の思想家の主張との呼応を思い浮かべる。あの科学史の哲学者は、否定の啓蒙主義にとどまってはならない、と唱道した。実証主義は組織的で創造的であるべきものだ。そうしたポジティブな方法意識のうえにたつ探究だけに、社会学の名をあたえた[49]。

第二に、しかしながら、それはピカピカで平板な「明るさ」とは別ものである[50]。イメージはむしろ、さきほど論じた「焼け跡」の奇妙な明るさに近い。ある意味で屈折や反射や散乱に満ちたものだ。だから、二〇世紀末の学生たちが装うようになった「ネアカ」の明るさとも違う。

見田は「思想の眩暈」〔原題「思想の危険」20020301→定本見田集X〕において、『論語』のなかで一つだ

---

48 「明るさ」については、片上平二郎「見田宗介：戦後思想の「幸福」に向けた〈転回〉」大井赤亥ほか編『戦後思想の再審判』〔法律文化社、二〇一五〕、同「肯定のまぶしさ、そして、あやうさ：「危険な思想家」として見田宗介を読む」〔『現代思想』四三巻一九号、二〇一五〕が、こだわって論じている。私としては、見田が、柳田国男の『明治大正史世相篇』の第四章「風光推移」と『野辺の小草』の新体詩を重ねつつ、その思想が多くの土着主義者と異なって「ある明るさと開放性の感覚を与える」〔定本見田集Ⅳ：三一〇頁〕と評価した、その「明るさ」なども視野に入れて論じてほしいと思う。

49 社会学の創始者であるオーギュスト・コントのことである。コントの思想の概略については、清水幾太郎『オーギュスト・コント：社会学とは何か』〔岩波新書、一九七八〕に、その実証主義の特質については、稲上毅『現代社会学と歴史意識』〔木鐸社、一九七三〕に、多くを教えられた。

50 ここでの「ピカピカ」は、藤田省三「新品文化」〔『精神史的考察』平凡社、一九八二〕が批判する表層的で現代的な明るさである。

け素直に納得できるフレーズ「学んで思わざればすなわち罔し。思うて学ばざればすなわち殆し」を引いて、次のように述べ、学生たちの現代を論ずる。最近一〇年くらいの間に増えてきた学生は、どこか分類しがたく、貪欲に学んでいるといえないことはたしかだが、深くなにかを思いこみ考えているようにも見えない。不学にして不思なら、孔子の筆法に則するかぎり、暗くて危ういはずである。

「けれども現代の学生は暗いか、というと、明るいのである。危ういか、というと、安全なのである。学んでも考えてもいないかにみえる青年たちは、じつに明るく、そして安全なのである。」［定本見田集X：二二一頁］

そこから、「罔し」の批判の対極に本来措定されるべき「明るさ」が検討される。その質は、「ネクラ／ネアカ」の流行語が含意する平板さとはまったく異なっている。すなわち、その明るさは「鮮烈な光線に打たれたときの眩暈」［同前：二二三頁］にたとえるべき感動（inspiration）とひらめきに満たされたものであって、それゆえに明るさを実感させるものなのだ、とも提示される。

▼課題としてのユートピアの明るさ

第三に、つまりそれは、いまは存在していない「明るさ」である。

啓蒙の戦後左翼が現状認識として拒否した「明るさ」でも、状況の表層の表面を照らす気分の「明るさ」でもない。ペシミズムをつきぬけ、ニヒリズムをのりこえ、エゴイズムを打ちやぶったところにほのめく、いまだとらえられていない、共有されていない明るさである。だから課題としての、ユートピアとしての性格をもつ。

一九八〇年代に引き受けた三度目の論壇時評(51)の冒頭［19850128］で、七〇年代よりもさらに進んだ「論壇の解体・変容」にふれて、良心的な論壇誌の「視野狭窄の暗がりのような感覚」をどうのりこえていけるかを話題にしている。課題として提起しているのは、人工照明の虚構の「明るさ」とは異なる、オルターナティブな「明るさ」の獲得について、問いかけている。

「現代の陰気な良心たちのペシミズムに耳をふさいで、死者たちや弱者たちを切り捨てたところに成り立つ現在の「明るさ」の虚構に逃げ戻ることによってではなく、ペシミズムをつきぬけた向こうのところに、死者たちや弱者たちや、未だ生まれてこないすべての世代と共に生

51　見田は、一九六〇年代、一九七〇年代、一九八〇年代にそれぞれ一度ずつ、新聞の論壇時評の仕事にかかわることになった、と述べている［定本見田集V：二五五頁］。一九八〇年代半ばの論壇時評は、朝日新聞でのもので『白いお城と花咲く野原』［朝日新聞社、一九八七］（→のちに『現代日本の感覚と思想』［講談社学術文庫、一九九五］）にまとめられた。一九七〇年代半ばの論壇時評は、読売新聞でのもので『青春・朱夏・白秋・玄冬』［人文書院、一九七九］に収録されているが、定本集にはほとんど採られていない。一九六〇年代の論壇時評は、単行本に収録されなかったためほとんど知られていないが、日本読書新聞でのものである。

きるということを、もういちどひとつの明るさとして見いだすことがもしあるとすれば、それはわたしたちが、どのような感性と理性とを獲得できた時なのだろうか」［「「明るさ」の虚構つく」19850128→『白いお城と花咲く野原』19870429：七―八頁］[52]

それは理性だけの啓蒙の明るさとは違う。生きているひとだけがつくる現世をはみ出す、光の厚みがなければればならない。と同時に、それは孤独な思索のなかで完結するものではない。わたしたちという共同の感性における承認を必要とするだろう。

ここで暗示されている問題意識は、一九七〇年代に展開した『明治大正史世相篇』の「感覚」をテーマ化した仕事や、「言葉では納得しても感覚で納得できない部分を切り捨てない」［20160129］などの「樹の塾」のマニフェストにもつながっている。

われわれはこうした子ども期の記憶を参照することから、見田の戦争の体験が、〈死とニヒリズムの問題系〉を内包し、死をめぐる日常性や自明性の時代相をはるかにこえてしまう射程とむすびつくものであったことを確認するとともに、未来の明るさを課題とするものとして、戦後につながっているという補助線をひくことができそうに思う。[53]

52　この部分は、『現代日本の感覚と思想』［19950410］に収録される際に「密度を濃くするために削除」され、日付が対応する「現代の死と性と生」［定本見田集Ⅴ：二五五―二六二頁］ではのこっていない。

53　「現代における不幸の諸類型」［19631220］の初期の身上相談分析において、暗い側面と明るい側面とを並列的な接続詞で語る折衷的な文体の「気休め」を批判し、「情況の「暗さ」にひるむことなくつきつめていったところに見出される、人間の反撥力のようなもの」として、明るさをとらえねばならない、と説く。「夜の暗さに人間が耐えられるのは、あちこちに星の光や電灯の光があるからでなく、やがて朝がくることを信じることができるからである。情況の暗さと「並存」したまま、そこだけともっているような謙虚な明るさはほんとうの明るさではない。」［定本見田集Ⅴ：六三頁］

2章　「死者との対話」〔19630101〕――比較文化論の位相

もういちど一九六〇年代前半の初期の論考群を貫く、戦後の意識という論点にもどろう。そこで見田が論じようとしていたのは「純粋戦後派」の可能性であり、「現代＝戦後」の精神構造であった。そして、戦後世代の実感主義をのりこえたところに成立する、新しいヒューマニズムに向けた「日本文化そのものの可能性」の問題という検討課題が、そこで生まれていたのだということを論じてきた。

さて、見田自身が自分で認定する論文の「デビュー作」[54]は、『思想の科学』に掲載された「死者との対話：日本文化の前提と可能性」〔19630101〕である。それは、「ふつうの書店で売っている雑誌で活字になった初めてのもの」〔「鶴見俊輔追悼インタビュー」20150906：二四九頁〕で、出版社から送られてくるのが待ちきれず「発売日に師走の寒い本屋に、買いに行った」〔「楽しい思想の科学と私」20060831：二二八頁〕と、その歓びを回想している。

この論考には、後に展開するさまざまな要素が、じつは萌芽のかたちで埋め込まれている。[55] それらを丹念に指摘し、そのつながりをあらためて描きなおすのも魅力的な作業だが、ここでは行論に必要なかぎりの寄り道にとどめたい。まずは、この論考における「戦後」性は、どのようなかたちで読みとることができるのか。そこに光をあてよう。

私が理解するところでは、一九六三年一月に公刊されたこの論文は、戦争の記憶をめぐる比較文化論であると同時に、戦後における変革主体の形成をつよく意識した議論でもあったからだ。

▼「死者との対話」の戦後性

まずこの論文は、冒頭において、「地球上のすべての民族の民衆が、その日常生活の深みにおいて一つの歴史を共有したのは、第二次世界大戦が最初であろう」〔「死者との対話」19630101：四三頁〕という、すこしひっかかりのある文章からはじまる。

初出で傍点を付けられ、あえて強調された「一つの」とは、いかなる意味か。

それは、第二次世界大戦に、共通性という以上に固有の普遍性があることを強調し、人類史・戦争史を画する一段階を指ししめすためだ(56)。つまり、総力戦としての総動員の体験を、われわれはあの世界大戦において、はじめて世界の人びとと歴史として共有することとなった。であればこそ、その傷つきの体験からどのように強靭な歴史意識を構成し、「どのような論理あるいは心情を媒介として」〔同頁〕未来を形成するエートスへと変えていけるか。その課題もまた共通のものとなった。すなわち、勝者と敗者とを分ける国境をこえて、また加害者・被害者の立場の区別をこえて、この戦争にたずさわったすべての民族の民衆の課題であり、それぞれの文化の可能性を検出する「試薬」のような役割を果たす、との普遍性が説かれる。

この論文は、その意味でまさしく戦後論、すなわちアフター（あるいはポスト）総力戦論である。そして、試薬となる概念や媒介変数をくわえ、その特質を検出し、変容や特異を観察していく。

54　定本著作集では「シツォイド文化とチクロイド文化」という、第三節の小見出しをとって、改題されている。もともとの「死者との対話」がふさわしい題名だったかは、たしかに疑問なしとしない。しかしながら、新しい題名は、私としてはじつはそれ以上にしっくりこない。たぶん多くの人びとの耳には、平板な文化比較の議論であるかのようにひびくからである。
　この論文を書いたとき、見田は思想の科学の会合に参加してはいるが、正式な会員というわけではなく、まだ鶴見俊輔そのひとに会って親しく話すという関係にはなかったらしい。論考が掲載された翌月あたりに、鶴見の伴侶の横山貞子から「ユートピアの会」で「とにかく見田さん、あなたの文章を読んで、俊輔がヒーヒーいって、感動しながら読んでいました」と伝えられる。見田は「学生のぼくにとって、うれしいなんていうものじゃなく」胸にひびいたとふりかえり、鶴見俊輔がそんなふうに読んでくれたことに「ほんとうに肚の底から力が湧いてくるような感じ」［「鶴見俊輔追悼インタビュー」20150906：二四九—二五〇頁］を経験した、という。それが原点であり、それゆえ自分もまた「鶴見さんに見出された多くの人たちの末席につながる一人」だと位置づけている。鶴見俊輔だけでなく、市井三郎もまた、この論考を「読者の会」の合評会で高く評価してくれたという。

55　いささか象徴的な例をあげることになるが、「原罪」と「原恩」の意識の相違を論ずる節のエピグラフ（冒頭の引用句）として、宮沢賢治が引かれている。「岩手山」の一節で、「そらの散乱反射のなかに／古ぼけて黒くえぐるもの／ひかりの微塵系列の底に／きたなくしろく澱むもの」である。奥村隆は、見田が二〇一五年日本社会学会若手フォーラムの打ち合わせ等の場でこの一節を暗誦したことや、『気流の鳴る音』で唐突に引用されることに感嘆しているが［「〈明晰〉なる反転」現代思想、四三巻一九号、二〇一五：九七—九八頁］、その記憶への刻み込みは、最初の論文にまでさかのぼるということになる。たしかに、この段階ではまったく見えていないことではあるのだが、後年の『宮沢賢治』との意外な縁を感じる。なお、見田の宮沢賢治との出会いが大学生のころだった、という。賢治生誕一〇〇年のときの座談会で、見田は「雨ニモマケズ」を暗誦させられたりした小学生のころは、それゆえに賢治の詩は嫌いでもあったが、「大学生になって初めて、おそまきながらというか、おくてながら「岩手山」というのを読んで、これはすごいとショックを受けた」［19960110：四頁］と述べている。

56　近代という知のシステムと、総力戦との内在的な関係について、見田は『教養学部報』四〇〇号特集の寄稿において「戦争という一つの経験の真摯な反省が、もっと多くの世紀に貫通する、一層巨大な課題にまで通底することができたのは、近代という世界の構造の、この汎通性のためである」［19960207］と述べている。

その研究の実験室の、いわばフラスコを満たしているのは、多くの国の民衆の、第二次世界大戦の戦争体験である。吉見俊哉が「今風にいうなら戦争の〈記憶〉の問題」[57]を考えようとしたのだ、というのは直観として正しい。

見田はこの論文の誕生について、著作集の解題で次のように回想する。学生時代に、二学年上の折原浩から、トレルチの『ルネサンスと宗教改革』〔岩波文庫、一九五九〕とヴォリンゲルの『抽象と感情移入』〔岩波文庫、一九五三〕の二冊がおもしろいぞと勧められたのだそうだ。読んでみると、たしかに刺激的である。そのおもしろさに励起させられた昂奮のまま、「一晩で一気に書いた」〔「定本解題」定本見田集X：二二九頁〕論考だ、という。そこで草稿ができあがったのだろう。見田の別な回想によれば、この論考が『思想の科学』に発表されることになるのは、同誌の編集を担当していた寺門正行が関わっていたからである。当時大学院生だった見田のほんのすこし年上の「兄貴分」だったこの編集者と焼鳥屋で一緒にしゃべっていたとき「あなたの話、おもしろいから『思想の科学』に一回書いてみないか」〔「鶴見俊輔追悼インタビュー」20150906：二四九頁〕といわれたのがきっかけだという。

なるほど、この論文が書かれた年に、見田は大学院博士課程の一年生であった。

すこし細かく、この論文の問題設定と、そこで積みあげられた論理の流れとをたどってみよう。

▼東西比較文化論をこえて

「死者との対話」は、ある社会のある時代において、同志たちの「合言葉」として成立し、使われてきたスローガンを取り上げるところからはじめている。人びとの過去の体験の実感から、未来をかたちづくる力が立ちあがってくることがある。そうした転轍を媒介する論理や心情を分析しようとするとき、そこで使われている定型化した決まり文句が役立つのではないか、という。

「たとえば私はある文化では〈Ohne uns!〉（ぼくらはごめんだ！）が、他の文化では「きけわだつみのこえ」が、このような人びとの合言葉として成立し機能してきたことに注目したい。」

［「死者との対話」19630101：四三頁→「シツォイド文化とチクロイド文化」定本見田集Ⅹ：六五頁］

最初の節では、この合言葉から、死者たちとの向かいあい方の違いを分析している。そして、一神教的超越神の信仰のもとでの断絶／多神教的アニミズムのもとでの対話、明快で合理的な切断／心情的で非合理な未練[58]などという、対比的な特質が読みとれることを論じる。

死者の魂を「神の国」のフィクションにゆだねる一神教では、この世の人間は死者と基本的に切りはなされているのに対し、日本では死者の魂は「この世」の小高い場所にとどまる。そうし

57　吉見俊哉「見田社会学と文化の実践」同編『文化社会学の条件：二〇世紀日本における知識人と大衆』［日本図書センター、二〇一四：二一二頁］

58　この「未練」への注目は「死者との対話」というタイトルの理由でもある。と同時に、『近代日本の心情の歴史』［19671125］において「未練の歴史」の一章を用意していくことにつながる。

たフィクションのもとで、草葉のかげから子孫を見守ったり、仏壇で報告を聞いたり、顕界幽界の境をこえて喜怒哀楽をともにしている。だからこそ、「生きのこってすまない」と感じる世代がもつ死者に対する心のこりや責任の実感は、しなやかで強い歴史意識を形成する基盤ともなりうる。

一見すると、なるほど西洋文化/日本文化を二項対立的に位置づける、高校の教科書の題材にでもなりそうな「ややありがちな比較文化論」(59)を、展開しているかのようにみえる。しかしながら、見田が探ろうとしているのは、その文化の違いそれ自体ではなかった。心情の基盤が異なる文化であるにもかかわらず、ともに戦争の体験から運動を生みだすという、おなじ機能を果たし、運動をささええたという事実が示唆する可能性である。

「このことは、気質の異なった二つの文化が、それぞれに独自の論理あるいは心情を媒介として、普遍的な価値あるいは信念に到達しうることを示唆する。」〔前掲:四四―五頁↓定本見田集X:六七―八頁〕

そこには、それぞれの文化の具体性に根ざしながらも、それぞれに立ち上がりうる「普遍的な価値あるいは信念」がある。つまり、問題とすべきは、西洋文化と日本文化の違いそれ自体ではない。それぞれの文化の心情と論理とを媒介としてたちあらわれる、人間解放の思想としてのヒューマニズムである。

▼日本文化におけるヒューマニズムの可能性

この議論は、「死者との対話」の初出とおなじ頃に書かれた「戦後世代の可能性」[19630120]が説く「本質的に無神論的なヒューマニズム」としての日本文化の可能性と呼応し、西欧近代の一神教のもとでのそれとは異なった道をあゆんで形成されるだろう、という展望と対応している。

そして、二一歳の金属加工の労働者が人生記録雑誌に投稿した、月並みな詩を素材に、シンボルやスローガンの意味内容のひとつひとつを「執拗にたしかめていこうとする気魄」[「戦後世代の可能性」同前:三頁]と、さまざまな具体的な職場をもつ人間たちのそれぞれの人生に向けられた「追感」[60]とを読み込み、そこに新しいヒューマニズムの芽吹きを予感する。

その方法性をめぐって、研究会のリーダーでもあった当時の鶴見俊輔の、諧謔と機知とが引用されているのがおもしろい。

59　吉見俊哉「見田社会学と文化の実践」[前掲:二一三頁]。しかしながら、この時期の見田の関心において、比較文化論をもっと論じていこうという志向が強かったことも事実だろう。一九六四年の段階で大学院生として引き受けた『日本読書新聞』の論壇時評の「未開拓な比較戦後論」[19640525]の主張は、その積極的な提案であろう。

60　見田は「追感」に「Nachfühlen」というドイツ語を添えている。私にはその語感を、わかりやすい別な日本語にうまく言いかえることができないが、「多元的な追感にうらうちされた人間と人間との連帯」とも書いていて、追体験にも似た共感の実践を意味するものであろう。

この年の夏の読者の会で、「思想の科学」は表面的なことばかりを取り上げていて、内部の本質にとどかない「皮相の科学」だ、という批判があったらしい〔同前：四頁〕。鶴見はその批判を逆手にとって、運動のイメージを更新する。「地衣類」[61]のように地面を覆い拡がっていくことでいつのまにか全体をつつみこんでしまう、まさに皮相・表層のあらわれに戦略的にこだわった科学でありたいと述べたのだそうだ。

見田はその運動が広まっていくイメージに共鳴しつつ、次のように受ける。

「そこには、超越的・一元的な価値をはじめから設定しておいて猥雑な現実を裁断しようとするヘブライ的な風景とは逆に、個別的・具体的な現実の中に一つ一つ自己を投入していく作業をとおして、認識やカセクシスの範囲をおし拡げていく方向があるように思える。」〔「戦後世代の可能性」前掲：四頁→『現代日本の精神構造』19650411〕

それぞれの文化の固有性のなかで、普遍性に向かう運動が、可能態として存立しうる。そこを探究すべきだからこそ、続く節の「原罪の意識と原恩の意識」「シツォイド文化とチクロイド文化」が論ずるのも、東西文化の類型の対立ではない。ましてや、精神の進化における段階の違いでもない。むしろ「東洋（東方）」と「西洋（西方）」とを、その固まりにおいて対比してしまう常識的な思考様式をいさぎよく切断し、流動化することの必要である。そうすることによって、それぞれが範囲とする領域のなかにある、諸様式の対立や相補を歴史的に浮かびあがらせ、ヒューマニズムを構成する矛盾や統合の、重層的・多次元的な構造を認識することができる。

だから踏みこんで、多神教的・汎神論的アニミズムと一神教・超越神との関係も、いわば「陰画と陽画との関係」であり、図と地の表現のしかたのちがいにすぎないのではないかという見方が提出される。

一神教は、黒い画面に白く絵の神が書かれていて、神によって意味づけられた存在と行為だけが、価値のかたちを有する。これに対して汎神論では、画面全体が真っ白にかがやいていて、すなわち罪悪の陰翳は「よごれ」「けがれ」としてあるにすぎない。見田は「真空のなかに物体がある古典力学の世界」と「空間そのものが無数の粒子の散乱によって充たされている現代物理学の世界」〔「死者との対話」前掲：四五頁〕の違いとして説明している。このイメージが十分に説得的でしっくりとくるものかどうかについて、とりわけ物理学の教養に乏しい私には判断しかねるけれど、考え方の違いが見え方の違いに作用しているのではないかという問題提起は理解できる。

ポイントは明確である。

61 「皮相の科学」という批判の典拠も鶴見俊輔の話の記録も、探索が及ばず確認できなかった。関連があるかと思えたのは、大野力による内部批判「らっきょうであることの自覚」〔『思想の科学会報』三五号、一九六二〕と、それに対する応答でもある荒瀬豊「ラッキョウ夢譚」〔『思想の科学会報』三六号、一九六二〕だが、定かではない。一方で「地衣類」の比喩だが、植物学的には菌類と藻類の共生体で、見かけも生育環境も苔類と共通しているとのこと。あるいは鶴見の比喩は、広く苔類の美しさや生態を含めたものだったかもしれない。

向かいあうべきは、西と東の様式の差異や対立ではない。そうした違いをもつそれぞれが成立させる、変革の運動や発展の条件であり、その様相のなかにひそむ文化の多次元的な重層構造の可能性の解読である。それは、常識的な西洋／東洋の対立において問題にされていることとは、志向も射程も異なる。むしろ課題は双方に共通している。すなわち、それぞれがそれぞれ異なる条件のもとに、同質の課題と向かいあっている。

▼トレルチの文化史になにを学んだか

「死者との対話」論文が、トレルチとヴォリンゲルの著書のおもしろさに刺激されたものであったという事実にもどり、この興味深い二冊がどんな視点を提示しているのか。そのことも、理論の方向性を確かめるための補助線として押さえておきたい。

いささか検討結果を先取りすることになるが、やはり見田がインスパイアされたのは、異質性を軸にした東西の文化の比較そのものではなかった。むしろ、それぞれの文化の固有性の内なる重層であり、調和＝感情移入と隔絶＝抽象という異なる力の相互作用の共通性である。そして、それぞれの重層を貫いて作用する力を、普遍的に理解しようとする企図である。

トレルチの『ルネサンスと宗教改革』〔岩波文庫、一九五九〕は、近代の生成をめぐる、歴史研究の支配的な見方を批判する。

中世を終わらせ近代精神の形成力となった、文芸復興とプロテスタンティズムをどう考えるか。

一つの全体運動の二つのあらわれにすぎないととらえる見方が、当時の文化史の常識であった。すなわち、個人主義の発見と現世肯定の倫理の本質的な共通性に根ざす、世俗的であると同時に宗教的なルネサンス運動として見る。しかしトレルチは「このような考え方は一体どこまで、またいかなる意味で正しいか」〔『ルネサンスと宗教改革』前掲：一五頁〕を正面から問うことこそが大切だと、あえてその常識をひっくりかえす。なぜなら支配的な見方は、形成力を一つのものとしてみることによって、そこに作用したさまざまな要素の存在を見落としている。本質的におなじであるとの思いこみが、矛盾・対立の関与を不鮮明にし、背後に押しやってしまっているからである。

たとえば、ルネサンスが宗教改革と異なり、どうして新しい社会秩序の建設には向かわなかったのか。そして生成しつつある絶対主義が、いわば再建されたカトリック教会と「抱き合って」

図 2-1　ルネサンスと宗教改革

図 2-2　抽象と感情移入

共謀の関係をたもつにいたったのはなぜか。また、ルネサンスがキリスト教的禁欲に反発したのはなぜか。さらに宗教改革の個人主義と、ルネサンスの個人主義とがどれだけ相違し、現世肯定の論理がいかに異なっていたか。ルネサンスが理想とした「万能人」とプロテスタンティズムが生みだした「職業人」との違いが、現世に対する態度の原理的な差異にどれだけ深く根ざすものであったか。

そうしたさまざまな歴史事実にもとづく、支配的な見方では説明できない矛盾を、トレルチはひとつひとつ検討し、暗黙の前提をゆるがす疑問を積み上げていく。そのことをつうじて、大きな影響力をもった単純な図式のいっけん明解な説明力を排し、西洋近代の成立がいかに重層的で、さまざまな屈折や融合をしめす構造の歴史的な展開のなかでの現象であったかを、たんねんに描き出していくのである。

見田がおもしろく受けとめたのは、想像するに、こうした西洋近代をささえている歴史の内なる多元性である。

すなわち、西洋近代文化史の自己認識のなかにもある自明性の偏りであり、西／東の文化の対比的な特質と常識的に考えられているものの、それぞれの内部にひそむ対立・融合の重層である。それゆえ、それぞれの文化のなかにある「隔絶」と「調和」の作用、具体的にいえばヘレニズム／ヘブライズム、ルネサンス／プロテスタンティズムの混在について、次のように引用する。

「トレルチが記しているように、「自然神学と啓示神学、自然的・合理的倫理と超自然的・サクラメント的倫理、自然的道徳法とキリストの立法および教会法、現世的生活と修道士制度、帝権と教権」これら二種類の系列は、たがいに緊密に結合しつつも、決して「融合」することはなかった。」〔定本見田集X：八〇頁〕

ここで基本枠組みとして出された「隔絶」と「調和」というモチーフは、次のヴォリンゲルの著書から得たインスピレーションとも呼応している。

▼ヴォリンゲルの芸術論になにを学んだか

ヴォリンゲルの『抽象と感情移入』〔岩波文庫、一九五三〕は、副題に「東洋芸術と西洋芸術」とかかげられているのだが、やはり東西の比較文化論ではない。そこで挑戦しているのは、むしろ普遍的でグローバルな芸術史を描きなおすための、新たな理論枠組みの提案である。

ここでも西洋近代の美学の偏ったまなざしと、そのもとでの芸術の美をめぐる歴史認識が批判される。支配的な美学の認識枠組みは、「自然主義」あるいは「リアリズム」と性格づけられている。芸術的創造の前提に人間の芸術意欲における「感情移入」の実践を置き、その基礎となる過程から、美／醜、すなわち快／不快の感受を定義づける。われわれが美と呼ぶところの芸術作品の価値は、「自然の原型への接近」〔『抽象と感情移入』前掲：二六頁〕「生命の有機的な真実性への近迫」〔同前：四八頁〕

において感ぜられるところの快＝幸福感であり、そうした実践において確証される「客観化された自己享受」〔同前：四九頁〕にある、とされているのだという。

つまり、リアリズムの美は、感情移入の成功にささえられている。だから、ギリシア＝ローマの写実的な彫刻や近代西洋の芸術のリアリズムが、美の快楽として高く評価される。その反面で、エジプト・アラビアや中世の幾何学的な装飾芸術については、その価値が十分に論じられないという欠落が宿命づけられた。

ヴォリンゲルは、こうした感情移入の作用だけを重視する理解の枠組みを批判して、抽象の作用というもうひとつの志向の実装を提案する。そこに、ヴォリンゲルの立論の独自性がある。[62]抽象という作用の本質は、知性による単なるパターンの抽出ではない。むしろ根源的な不安の感情を基盤にした切断だ、という。その説明は、プロテスタンティズムが果たした役割の分析を想起させる。見田は、隔絶型の文化に作用している力学について、ヴォリンゲルの論考から次のような個所を引用している。

「混沌不測にして変化極まりなき外界現象に悩まされて、これらの民族は無限な安静の要求をもつにいたった。彼らが芸術のうちに求めた幸福感の可能性は、…（中略）…外界の古物をその恣意性と外見的な偶然性とから抽出して、これを抽象的形式にあてはめることによって永遠化し、それによって現象の流れのうちに停止点を見いだすことであった。」〔『抽象と感情移入』前掲：

三五頁＝定本見田集X：七八頁〕

すなわち芸術における抽象とは、それぞれの幸福感の「一瞬」において移ろう感情移入の現在に対し、コントロールされ固定化された「永遠」だったのである。

▼媒介領域としての気質論

見田は、この二冊から受けたインスピレーションを、社会心理学者として学んできた「気質」論において受けとめる。

そして、以下の類型を提出する。自己と外界との隔絶と抽象的思惟への傾向をしめす分裂性・乖離性気質の「シツォイド型文化」と、自己と外界との調和と感情移入への傾向をしめす循環性・回帰性気質の「チクロイド型文化」である。ただし、ここでも要点となるのは、対比・対立ではなく、意識の構造における重層性であり、その気質の差異を踏まえた対応のメカニズムである。単純に文化を対比させる分類ではないからこそ、それをどう位置づけるかが、先行理論の応用

62　ヴォリンゲルから学んだこの論点は、『人間解放の理論のために』の未来構想の「予見」の根拠を論ずる章で、ふたたび引用される。「分析理性的な可知性に依拠する予見は、実践主体自身にとっていわば外的な予見であり、了解的な可知性に依拠する予見は、実践主体自身にとっていわば内的な予見である。ヴォリンガー風にいうならば、外的な予見の方法は抽象であり、内的な予見の方法は感情移入である。」〔『人間解放の理論のために』19711020：七八頁。原文の傍点は省略した〕

のなかで工夫される。アイゼンクなどの心理学者たちは、伝統的な知・情・意の三分法に対応させて、能力・気質・性格の三つの側面から意識の構造をとらえようとした。そのうち、能力＝知と、性格＝意とは、脳の新しい皮質の部分に対応して変化を受け入れやすい。それに対して、気質＝情は遺伝的・先天的な要因の、古い皮質の規定力が大きい。

シツォイドとチクロイドの概念は、その気質の類型設定であって、意識構造のひとつの層における分類である、という限定が付される。

それゆえ、変革主体の成立についても、直接に類型と結びつけることはせずに

「気質をむりに変えさせるよりも、それぞれの気質を前提としてうけいれた上で、その可能性を最大限に活かしうるように、能力や性格を改造していくことが望ましい。」〔定本見田集X：七六頁〕

という戦略が提案され、固有の社会的気質の可能性を十分に開化させるように、社会的能力と社会的性格の変革をはかるという運動イメージが提言されるのである。結語の節に、次のような宣言があらわれる。

「したがってわれわれ日本人は、一神教の伝統がなかったことをかこつのではなく、われわ

れ自身の無神論的伝統を媒介として、ヒューマニズムと内面的主体性の確立という普遍的な価値に到達するための、オリジナルな歴史を開拓していこうではないか」〔定本見田集X：八二頁〕

この結びの文章は、この論考が比較文化論としてではなく、むしろ戦後におけるヒューマニズム論として書かれていることを示唆しているのである。

▼戦後精神をになう主体の変革

この関心は、まさしく『現代日本の精神構造』の一冊に盛り込まれた「戦後」における変革主体の形成の可能性とつりあっているのだと思う。

であればこそ、「戦後世代の可能性」は、現存の「主義」や「組織・集団」に対する批判とともに、「止揚」といいうる自らの主体性の変成をふくんで提示される。また一九六〇年代の論壇時評である「戦後精神は成熟しうるか」〔19640427〕は、近代化論と大東亜戦争肯定論との二つの方向からの挑戦に対して、戦後精神がいかに自らを変革しつつ貫いていけるかを問う点で、見田の戦後知識人としての立ち位置をあざやかに浮かびあがらせている。

この戦後史の主体への関心が、ユートピアへの思いや感覚をふくみ、自分たちの主体としての変身という課題を展望していることは強調されてよい。

その点では一九六一年度の思想の科学研究会総会に参加しての感想に、見田が「テーマを聞きまちがえて〝主体の変革〟だと思ってたのしみにしていたのですが、〝変革の主体〟だったので少しがっかりしました」〔「総会の感想」19611110：二三頁〕と書いているのはおもしろい。その期待は、「純粋戦后派の意識構造」で同時代の「全学連か国民会議か」との不幸な二者択一が、いわば変革主体の正統性を争う古い組織論にとらわれていて、「意識変革の観点がぬけている」〔「純粋戦后派の意識構造」19600423：八頁〕と批判したことと対応している。

ここでいう「主体の変革」は、一度かぎりの革命ではなかった。すなわち、固定化され過去化してしまえるようなできごととして、とらえられていたわけではない。

この主体の変革という問題意識がもういちど正面から主題化されるのが、一九六〇年代末の学生闘争の時期である。そのことは、『人間解放の理論のために』を論ずる別な章でとりあげる。ここでは、その時期における、「戦後」との連続を示唆する小さなエピソードをひとつ、思い出しておきたい。

見田は学園紛争期のさなか、一九六九年五月に起こった立命館大学の「わだつみの像」破壊事件にことよせて、次のように論じたことがある。

　このあいだ「わだつみの像」がこわされて、憤激する人がいたり、「欺瞞的平和と民主主義」の打倒として快哉を叫ぶ人がいたり、「関係ない」とうそぶく人がいたりした。ぼくの意見は——すこし乱暴な意見だけれど——「わだつみの像」は毎年こわされて、毎年あらたに建立されるというのがいちばんいいように思う。それを建立することに意味があるので、建ててあることに意味があるのではないだろう。〔「「のりこえる」とはどういうことか?」1970〇〇〇：一六頁　傍点は原文では傍線〕

その一方で「わだつみの像」に象徴されているものを、戦後の世代がのりこえるとしたら、なにが見落とされてはならないのか。「わだつみの像」を建設した世代の彼らが抱えている、どのような「重さ」〔同前〕を知ったうえで、それをのりこえるのか。「のりこえの重さ」という感覚がなかったら空まわりのくりかえしがあるだけだ、とも書いている。(63)

まさしく、そのような実感主義の困難をまえにした主体形成の課題において、見田宗介の一九六〇年代前半の仕事の基礎にあったのは、明確な「現代」としての「戦後」の意識だったのである。

63　この論理は、のちに論ずることになる「幾万の心」や、さきほど論じてきた「追感にうらうちされた連帯」の修辞につながっている。「戦後」をめぐる「主体の変革」と「変革主体の形成」との相互規定的で実践的な循環がここにもうかがえる。それはたとえ自分のものだと名づけられる体験だとしても、体験がそこにあるというだけでは不十分で、見田が「追感」と呼ぶ、「幾万」にむけてひらく現在的な読みがたえず必要なのだという主張である。

3章 「現代における不幸の諸類型」〔19631220〕
——素材の拡張と方法論の整備

ところで『現代日本の精神構造』には、同時代の社会学者の関心と注目をあつめた論考が、二つある。身上相談の投書を素材とした「現代における不幸の諸類型」の分析と、非統計的で非質問紙的な方法論の確立にむけた「質的データ分析」の提案である。

ひとつは研究対象、つまり社会学の研究がとりあげる素材の範囲の拡張において話題になり、もうひとつは方法論、すなわちそうした多様な資料を研究の手段として活かす認識論的な枠組みの構築において、社会学や社会心理学を学ぶ者の関心を引きよせた。

いずれも、一九六〇年代前半の見田の研究の、要に位置づけられる作品である。

そして、「現代における不幸の諸類型」が城戸賞[64]の受賞対象となった論文で、「「質的」なデータの方法論」は、その受賞式における報告であった。そうした経緯のつながりだけでなく、じつはこの二つの論考は、『現代日本の精神構造』の時代のこの社会心理学者の職人的なブリリアントさと、方法論上での格闘を端的に浮かびあがらせる。

本章と次章が検討するのは、この二つの論考がいかなる同時代の社会学の課題とむきあっていたのか、である。

▼不幸という人びとの経験のかたち

「現代における不幸の諸類型」〔19631220〕は『現代日本の精神構造』の核となる論文であった[65]。新聞の投書欄の「身上相談」から、不幸のさまざまな形態を描きだし、その背後にひそむ人間疎外のメカニズムを分析している。

初出は、北川隆吉編『疎外の社会学』〔現代社会学講座第六巻、有斐閣、一九六三〕で[66]、博士課程一年のときに書いた論考である。発表の当時、学界でも高く評価された[67]、という。見田自身の問題意識の流れからいえば、修士論文で取り組んだ「価値意識論[68]」の具体的な展開のひとつということになろう。見田が光をあてようとしているのは、客観的な事実としての疎外そのものというより、事態としての不幸を語る主体の自己意識であり、その主観を生みだしている社会の構造であった。

しかも、ここで明らかにしたい不幸の「主観」は、単にそれを度合いとして測定するだけでは不十分だと、見田は考えていた。「不幸」を「不満足度」ともいうべき数値尺度の相対的な高低に還元してしまうのは、方便の便宜とはいえ平面的で一次元的だからだ。幸せでないと思う主体

64　城戸賞は、一九五七年五月に山岳事故で夭折した城戸浩太郎を偲んで、「毎年一回、すぐれた仕事をした若い社会心理学者を激励」〔朝日新聞、一九五七年七月二三日〕するために創設された。第一回（一九五八年）の受賞者が綿貫譲治、第二回（一九五九年）富永健一、第三回（一九六〇年）塩原勉、第四回（一九六一

年）松沢弘陽、第五回（一九六二年）藤竹暁、第六回（一九六三年）細谷昂、第七回（一九六四年）見田宗介と続いた。見田の受賞式報告が行われたのは、東京大学出版会議室で、一九六四年五月二三日であった。そのあと一年空いて第八回（一九六六年）に折原浩、第九回（一九六七年）は竹内郁郎・波多野誼余夫、第一〇回（一九六八年）吉田民人のあと、中断をはさんで第一一回（一九七〇年）小室直樹、第一二回（一九七一年）広瀬和子・庄司興吉、第一三回（一九七二年）稲上毅、第一四回（一九七三年）山口節郎、第一五回（一九七四年）栗原彬、第一六回（一九七五年）厚東洋輔、第一七回（一九七六年）似田貝香門、第一八回（一九七七年）宮島喬・井上俊、第一九回（一九七八年）船橋晴俊が受賞した。

第二〇回（一九七九年）を機に、公募の形式での研究企画に対する助成へと形を変え、文学社会学研究会（代表・富永茂樹）と権力の社会学研究会（代表・内田隆三）という二つの研究グループへの助成をもって、賞を閉じた。私自身も学生として参加していた第二〇回の研究助成の授与式で配られた「城戸浩太郎賞受賞者名および業績一覧」のリストは、第八回の授与年の記録に誤りがある。城戸浩太郎の妹にあたる城戸朋子氏宅に所蔵されていた、東京大学社会学研究室の事務局資料で訂正した。この資料は賞を閉じたとき、設置者の城戸幡太郎に返還されたものであろう。

見田は、城戸浩太郎が残した論考が、没後一三年たって『社会意識の構造』［新曜社、一九七〇］という一冊の書籍としてまとめられたとき、帯の推薦文を執筆している。推薦文は、城戸浩太郎の作品は戦後日本の社会学・社会心理学の「古典」といえることを述べたあと、そうした古典すべての宿命として、「のちに来る世代によっていつも新たにのりこえられつづけねばならないとしても、真正の問題意識と緊迫した方法意識とをもって、新しい分野を拓いた〈最初の人〉たちだけがもっている、あの永遠に消えることのない香気を城戸の作品は放ちつづける」［19700714］と頌している。

65　定本見田集でも、第Ⅴ巻の『現代化日本の精神構造』の巻頭論文に据えられている。定本見田集第Ⅴ巻は、前半を『現代日本の精神構造』と『現代日本の心情と論理』から8つの論文を取りあげ、後半を一九八〇年代の朝日新聞論壇時評で、『白いお城と花咲く野原：現代日本の思想の全景』および『現代日本の感覚と思想』にまとめられたものから選んでいる。定本集解題は、刊行当時は「現代」であった同時代の分析だが、今日から位置づけるならば「現代化」の局面として理解するほうがよいと、新しい書名の理由を述べている。

66　戦後の日本社会学の専門分野としての確立は、さまざまな講座本の出版をつうじて行われてきた側面がある。そのはじまりともいうべきが、一九五〇年代後半の福武直・日高六郎・高橋徹共編『講座社会学』全九巻・別巻一［東京大学出版会、一九五七〜五八］である。そこから一九七〇年代前半の福武直監修『社会学講座』全一八巻［東京大学出版会、一九七二〜七六］にいたるまでのあいだに、いくつかの集成が試みられた。福武直・日高六朗が監修した有斐閣の『現代社会学講座』全六巻もそのひとつである。当時としては、かなり意欲的な編集方針であった。北川隆吉編『疎外の社会学』には、折原浩がデュルケームの方法を忠実になぞりつつ、「疎外による苦悩の分析」というタイトルで、日本の自殺を実証的に論じた研究なども載せられている。

の主観が、いかなる状況認識のリアリティに根ざしているのか。現実の人間の生活実感が立体的に語られなければ、その不幸を内在的・追体験的に理解することはむずかしい。その意味で、身上相談という幸福感の欠如の自己語りは、戦略的な素材であった。

不幸のさまざまな形態の具体的な記述を手がかりに、その現象に介在する諸要因の拡がりを探り出す。そして、そこにある因果連関を、ねばりづよくたぐりよせるという作業が構想される。疎外が論じられるのは、その再構成された要因連関の分析的な再構成をつうじて、である。

「本論の目標は、現代における根源的な事態としての人間の自己疎外が、人びとの日常性を規定するさいのみちすじ、そこに介在する諸要因の布置連関（constellation）を了解可能な方法で再構成してみることにある。」〔「現代における不幸の諸類型」前掲：二一一頁→定本見田集V：一一頁〕

疎外は、この時代の現代社会批判の中核に据えられた、大文字のキーワードであった。(69)

67　1章の注で触れた井上俊の『現代日本の精神構造』の書評でも、この論考は「力作」で「発表された際に、種々の論評が行われている」と、評判になったことを証言している。「種々の論評」を具体的に掘り起こすことはできなかったが、たとえば藤竹暁が「それは興奮をさえ覚えさせる好論文であった」〔『出版ニュース』一〇月中旬号、一九七〇：一五頁〕と述べていることなどにもうかがえる。

しかし一方で、井上俊氏のご教示によると、『疎外の社会学』発表の一編を含む若手の『現代日本の精神構造』の書評を、当時はまだ大学院生であった井上俊に、編集担当委員の作田啓一が異例ながらやらせることにした背景に、すでに確立した中堅以上の研究者に頼んで、身上相談や流行歌などの新しい素材をとりあげた分析を外在的にくさし、足をひっぱるだけの批評に終わらせたくないという配慮があったのではないか、という。

じっさい、おなじシリーズの作田啓一編『人間形成の社会学』に対する学会機関誌の書評は、あからさまに否定的であった。「若く気鋭な五人の社会学徒」による新たな試みといいつつ、その評価は一方的で、無理解と思えるほどに手厳しい。意欲的ではあるが「全体の有機的一貫性がきわめて乏しく」「かなり中途半端」な「力作の失敗作」で、「間口だけ広くて突っ込んだ分析がたりず、熱っぽい文章が空転」し、「労働教育から流行歌まですべてを体制に帰還させる」悪しき体制還元主義で観念的だとの、全面批判であった［森博「書評・作田啓一編『人間形成の社会学』現代社会学講座Ⅴ」社会学評論、一五巻三号：九三―九七］。

68　価値意識論は、価値を志向し向かいあう主体の、意識の存在形態に光をあてる。その意味で、価値の存在形態を分析しようとするタイプの社会学とは、微妙ながら異なる。それゆえ、ここで分析される不幸について、幸福という価値の存在形態の対極に、その疎外としての不幸が客体として存在するととらえるのは、すこし単純である。作田啓一『価値の社会学』［岩波書店、一九七二］は、まさしく価値の社会学であった。ただし作田も、見田が価値意識と価値客体とを用語として区別している有効性や分析上の位置の違いは踏まえたうえで、その同時成立性を重視し「便宜上、意識と客体の両方にまたがる用語として、価値という言葉を温存し、利用したい」［前掲：一〇頁］としている。

69　この現代的主題は、さまざまなアプローチにおいて論じることが試みられてきた。見田は、疎外への従来の接近が陥りがちな、以下の四つの取り扱い方を避けたいと考えた、という。

①問題を日常的・個別的な現象形態に解消してしまう「現象論」

②疎外の一般的概念規定や思想史的な位置づけの思弁に終始する「本質論」

③孤独や不安や倦怠などの疎外感の問題に解消してしまう「主観主義」

④搾取や抑圧や窮乏化に還元し意識形態を追究しない「客観主義」

現象／本質、主観／客観という、分類軸が立てられていることがわかる。しかしながら、対象の存在形態などを分類する四象限図式の使い方とは異なり、見田の戦略は、軸が中心で交わる原点に向かう。すなわち、現象のなかに本質の作用を読み解くことで、①と②との交差する両方向への展開をねらい、疎外感の意識現象のなかに搾取や抑圧や窮乏化のメカニズムの媒介形態を把握することで、③と④との分離を克服しようとする。

『現代日本の精神構造』に収録する際に省略された、次のような一節に、その立場は明確にあらわれている。「われわれにとって今日最も必要なことは、「疎外」の概念に関する文献学的な考証や思弁的な考察に終始することではなく、われわれの生きている現代社会の現実の中に、疎外の具体的な存在形態を追求し、それに対する人びとの現実的・可能的な対応様式そのものの中に、疎外状況の克服にむかう主体的なエネルギーの源泉を追求することである。」［「現代における不幸の諸類型」1963l220：二一一頁］

▼素材の方法論的な検討

この論考で、見田は「身上相談」というデータのもつ利点と欠点とを検討し、分析で注意すべき点を論じている。そこには根拠を固めようとする方法意識があると同時に[70]、あまり取りあげられたことがないジャーナリスティックと思われかねない素材に対する慎重さがうかがえる。

たとえば、身上相談の「投書」に、直接的にはあらわれてこない要因があることに、どう対処するか。そうした要因の欠如を、分析はいかにカバーできるのか。

具体的には、さまざまな理由から投書を書けない人びとの不幸である。投書をそもそも書かないひとが直面している不幸は、相談の分析からはとらえにくい。また、体制の根元的な価値にかかわるような要因群もあらわれにくい。個人の感覚のなかでは語られにくい、要因の抽象性や一般性があるからだ。

こうした課題に対して、補塡の方法まで論じているのもユニークである。投書者や回答者のあげている要因や因果連関だけに、分析を限定しないことで対応できるのではないか、という。すなわち、その背後にあって語られていない潜在的な要因や連関にまで、さかのぼって分析をすすめるという、読みの拡張を意識的に実践すべきことが説かれる。その具体的な方法として、

「投書にあらわれる副次的な登場人物の境遇にも注意の眼をむけ、ある場合にはかれらの方に分析の焦点を移行した上で、投書にあらわれる要因や連関を再構成すること」〔「現代における

不幸の諸類型」前掲：二九頁→定本見田集Ｖ：五―七頁〕が試みられていいと論じている。人間の日常的なつきあいや思いやりという、コミュニケーションの発想の延長としてもありうる技法のようにも思う。あるいは「小説」的な技法といえるかもしれない。

別な主体の視角から、当該の状況の見え方や意味づけを考えてみる。そうした視点の転換を要請する、独特の補助線の引き方だからだ。[71] 他者の視点に立つことをあえて選び、寄り添おうとする。その点において第一章で論じた実感尊重の姿勢ともつながり、感情移入によって連関を直証するという「追体験」の了解的方法の応用において、社会学の正統にも則っている。視角の多様性を

70　その前提には、第4章でふれる、戦後の社会調査論における「量的／質的」の対立の問題がある。この社会調査論における「統計的研究法／事例研究法」の対立の歴史的経緯や、質／量の二項対立の「五五年体制」ともいうべき構造については、佐藤健二『社会調査史のリテラシー』〔新曜社、二〇一〇〕の第一六章〜第一八章が論じている。

71　一〇年ほどあとになるが、見田は松本清張の小説『草の陰刻』の解説〔19720520〕において、その推理小説が、事件のドラマ、人生のドラマ、時代のドラマという「三重の奥行き」をもつと論じている。すなわち、事件の論理がしっかりと組み立てられると同時に、「読者がその謎をおっていくなかで、主人公、副主人公、あるいはそれをめぐる幾人かの人間たちの人生が、生ま生ましく浮かびあがってくる」〔『青春 朱夏 白秋 玄冬』19790901：二三七頁〕と説く。そしてその登場人物たちは、たんに事件の論理にあやつられる小道具ではなく、「それぞれの執念や、野望や、不安や、憎悪や、屈辱や、焦燥や、孤独や、葛藤や、貧しさや、正義感や、義侠心をいだいて、せめぎあい、からみあう実人生として息づいている」〔同頁〕。そうした人生のドラマのからみあいを通して、それぞれの時代の社会の構造がアクチュアルに描き出される、という。別な登場人物から見るという方法のひとつの説明となっているだろう。

導入することで、直接には表象されないであろう人びとの問題を、できるかぎり補うという構想がここで提案される。語り手ではない主体からの見え方を補う、「転位」ともいうべき方法である。

こうした方法的な検討をふまえつつ、一九六二年の一年間に読売新聞紙上に掲載された三〇四件の身上相談の投書が素材となった。(72) そして、示唆的だと判断された一二の事例を中心に、その記述にあらわれた要因が詳細に分析される。その分析を軸に、関係する関連事例も配置しつつ、論文の骨格と論理の流れが構成されている。

▼思想の科学研究会にふれて

ところで、それまで社会学者がほとんどとりあげてこなかった、身上相談という素材への見田の注目に、(73) 思想の科学研究会の先駆的な主題化の影響があることは、だれもが気づくだろう。しかしながら意外なことに、思想の科学研究会と見田がどのようにかかわり、なにを学んできたか(74)は、あまり明確に論じられてこなかった。

私自身もごく最近に気づいて、すこし驚いたことがある。

後年の『気流の鳴る音』に「学生のころ「ユートピアの会」という研究会で、山岸会という団体の人を招いて話を聞いた」［「「共同体」のかなたへ」19760901：六〇頁→定本真木集I：一一頁］という記述がある。最初に読んだとき私は、駒場歴研のような大学での学生たちの活動をばくぜんと思いえがいていた。しかしながら、じつは思想の科学グループの研究会であった。見田自身が『思想の科学』

に、この研究サークルの活動について「ユートピアの会」〔19631101〕という紹介の勧誘文を書き、その後三年間におよぶ未来の活動計画をたてている。かなり積極的に関与していたと思われる。(75)

鶴見俊輔によれば、『夢とおもかげ：大衆娯楽の研究』〔中央公論社、一九五〇〕の共同作業から、投書というジャンルの重要性が浮かびあがり、その延長上で、この身上相談が主題化された。(76) 思想の科学研究会の会誌『芽』の一九五三（昭和二八）年九月号の「身上相談」特集をはじめ、(77) 共同研究の小さな一冊ながら、『身上相談』〔河出新書、一九五六〕の充実した成果が、すでに刊行され

72　この資料の収集の方法については、当時の新聞研究所に所蔵されていた一年分の読売新聞もしくは縮刷版から、よく覚えてはいないがなんらかの形でコピーしたもので、書き写したわけではないと、見田から聞いたことがある。ただし、一九六二年前後は、富士ゼロックスがようやく日本で製品化されたコピー機を販売しはじめた時期であり、当時の新聞研究所にどのような複写の便宜が備えつけられていたのかは、確認できなかった。

73　もちろん、この素材の性格が、「純粋戦后派の意識構造」〔19600423〕で見田自身が活用した「投稿雑誌」「人生記録雑誌」と隣りあい、同時代の人生論ブームとも重なりあっていたことも、見落とせないと思う。

74　鶴見俊輔の伴侶の横山貞子の記憶では、「見田さんとは、思想の科学研究会の中にできたサークル「集団の会」と、「ユートピアの会」で一緒でした。これは、希望すればだれでも入れる研究会です。私は、はじめの二年ほどで、京都に移住したため、限られた期間でのおつきあいでした。見田さんは、ほとんど休まず出席し、でも、発言はあまりされなかったように思います。これは、俊輔のおしゃべりに押されたせいかもしれません。夏休みの合宿にも、かかさず参加されました。八ヶ岳山麓の合宿所の近くを、あのひょろりとした立ち姿で散歩している写真など、残っております。後年、真木悠介のペンネームで書いた一連の御著書を読んで、ああ、こう言う言葉を内にもっておられたら、サークルでの発言は、気が進まなかったことだろう、と思いました。いっぽう、思想の科学のサークルに出ることは、見田さんにとって、愉快なことでもあったのだろうという気がします」。この内容は、鶴見太郎さんをつうじて、メールで直接にご教示いただいた。かつて、見田は自分が東京に出てきたのは、東京大学で学びたかったからという以上に、思想の科学研究会に参加したかったからだと自己紹介したことがある、という。おそらく、文学部の学生時代のことではないかと思う。

ていた。見田が東京大学の教養学部文科Ⅱ類[78]に入学したのは、『身上相談』の一冊の共同研究が世に出されたのとおなじ一九五六年であったわけで、高校生時代から学んできた浅からぬ因縁を感じる。

ただし、思想の科学研究会の活動は、戦後社会科学の世界でつねに好意的に評価されていたとはいえなかった。戦後第一世代の若手たちの集まりで「社会心理学研究会」を名のっていた集団のノートに、同時代の社会学者の微妙な見方があらわれている。一九五〇年代の前半のノートに書かれたものの引用だという解説があるのだが、そこでは、『思想の科学』の庶民思想の研究に学び、大衆の意識を、その「かげりや、ひだや、ゆれや、ぬくもり」などを無視せず、把えてゆく方法を考える必要があると評価しつつも、次のように論じられる。

「『思想の科学』の一連の調査は一種の典型調査であり、面白くはあるが信頼性の保証がない。そこで、われわれはこの名人芸的、手工業的方法の限界を突破して、全体としての大衆の意識に関する面白くもあれば信頼もおける調査方法、つまり定性分析と大量分析との統合を考える」

［高橋徹「解説：社会心理学研究会のこと」城戸浩太郎『社会意識の構造』新曜社、一九七〇：三一〇頁］

この文章にある「定性分析／大量分析」の対比、あるいは「典型調査」の特質は、冒頭にふれた「方法論上での格闘」に深く関わる問題である。しかしながら見田自身は、この「名人芸」で「手

75　このユニークなスタイルの勧誘文に「私自身、入ってからまだ一年余り」とある。計算してみると一九六二年の終わり近くのことで、その頃にはこの会に参加していたことになる。鶴見和子の著作集の解説で「先生とはじめて会ったのは、学生のころ、思想の科学研究会の「ユートピアの会」というサークルで、「近代日本の心情の歴史」というテーマでレポートをさせてもらった時に聞きにきて下さった」［19980731：五九〇頁］と書いている。一九六四年のころのことではないかと思う。第1章で検討した「戦后世代の精神構造」の発表は一九六〇年であったが、これも正式な会員としてというわけではなかった。思想の科学研究会の新入会員として公式に会報に紹介されるのは、意外にも遅く、一九六三年も一一月になってからである［『思想の科学会報』四一号、一九六三：二九頁］。しかし、そこで「既に紹介の必要もないと思います」と書かれているとおり、もうとっくに投稿や会への参加などをつうじて知られていたと考えるべきだろう。

76　鶴見俊輔が新聞紙上の身上相談を、事実の報告であり、悩みの本当の表出である、とは決めつけていない点は重要である。文体から考えてどこかに創作が交じっている可能性があり、採用された投書に謝礼を出す習慣が、商売のようにして投書するセミプロの集団を生みだしている。そのことも視野に入れて、次のように論ずる。「だが、これらの事情をみとめるとしても、これまでのように、身上相談をとくに低めてあつかう理由にはならない。プロフェッショナルの小説家の作品ならば、思想史的分析の資料として重大であり、職業的作家以外の人々の作品ならば、思想史から排除してよいということはなりたたない」［鶴見俊輔「身上相談について」『身上相談』前掲：一二頁］。その方向の延長上に投書のひとつのジャンルとして、身上相談が位置づけられる。おそらく、見田が時雨音羽『日本歌謡集』［社会思想社、一九六三］の流行歌の資料をもとに、『近代日本の心情の歴史』の分析を試みるのも、この不幸の物語の分析を足がかりにして、である。

『思想の科学』50年の回想』に寄せた文章で、「思想の科学研究会には一九六〇年代、私の二〇歳代のころに、特に濃く参加していました。主として「ユートピアの会」、「戦後史の会」、「未定の会」にいました」［「楽しい思想の科学と私」20060831：二二六頁］と書く。さらに「そのころの思想の科学の中心というか、一番活発な部分は、「集団の会」と「記号の会」であったように思います。この二つには私自身は一度か二度合宿によばれた位で、常連ではありませんでした」［同前：二二九頁］とも証言している。しばらくあとになると、編集委員になったり、理事として活動したりしている記録も、会誌・会報に散見される。

77　『芽』は、第2次思想の科学（一九五三年一月〜一九五四年五月）の会誌で、「身上相談」の特集には、佐木秋夫、池内一、野上素一、加藤秀俊、鶴見和子、大浜英子、佐藤信衛が寄稿している。

78　このとき、文科Ⅲ類はまだ存在せず、全体は文Ⅰ・文Ⅱ・理Ⅰ・理Ⅱの四つの科類に分かれており、文学部をめざす学生も文科Ⅱ類に入学した。文科Ⅲ類が設置されたのは、一九六二（昭和三七）年度入試からであった。

工業段階」にとどまるという否定的な評価とは、異なるものを感じていたと思う。(79) そして「純粋戦后派の精神構造」の一九六〇年前後から、「死者との対話」の一九六三年一月公刊の前後までの、思想の科学研究会での活動が、同年一二月に公刊される「現代における不幸の諸類型」の前提にあることは指摘できそうに思う。

▼要因連関図による分析の可視化

さて、この「不幸の諸類型」でとりわけ目を引くのは、要因の連関を図示した複数の図解の存在である。この図解は、じつはテクストいじょう以上に、論文の達成と特質を集約している。

まず事例に対応する一二枚の「要因連関図」が目にとまる。

そして全体の情況を分析した三枚の、いわば「構造連関図」が論文にくわえられている。さらに、その全体状況は、状況のレベルの二枚の図と、全体構造をあらわす一枚の総括図とに分かれている。

いずれの図も、構成要素となる要因が短いフレーズに要約され、線で囲われたラベルやカードとして配置され、一種のフローチャート（流れ図）にまとめられている。図解で使われている矢印は、結びつきの影響や因果の関係をしめす。あまり強調されてはいないけれども、じつはこの視覚化の工夫が、この論文に斬新な印象をあたえていると思う。

具体的には、どこが印象ぶかいのか。まず個々の事例分析において、読みこまれた複数の論点が文章で箇条書き形式に切り出される。その解読の深さと豊かさは個性的で感銘をあたえるが、これがそのまま文章による分析だけだったら、読者の受けとめ方はもっと淡かっただろう。視覚的なフローチャートの存在によって整理され、強い印象となっている。

しかも、それがミクロの事例のレベル、メゾの情況のレベル、マクロの全体構造のレベルという三重の構造で提示されるかたちで、統合され見渡されていく。

つまり要因の抽出をもとに、第一のレベルの「要因連関」図が作成された。事例ごとの図解である（図3－1）。そのうえで、個々の事例から読みとられた要因や連関の分析を重ねあわせ、媒介要因を補ってつなぎあわせ合成する形で、「情況構造」の図が描かれる（図3－2）。この第二のレベルの中間的な総括が「中小企業労働者・下層農民」と「官庁および大企業ホワイトカラー」の二枚での描写となったのは、当時の日本経済の「二重構造」を反映しているというわけである。そして最終的に「現代における疎外状況の全体的な構造連関」［「現代における不幸の諸類型」前掲：七〇頁］が、いわば第三の全体社会レベルにおける一覧の総括図として提出されている（図3－3）。

79　もちろん、さまざまな批判を抱いていなかったというわけではないだろう。「思想の科学の二十年」を記念する座談会において、「オーソドキシーを軽視しているということが、特集内容を軽くしていることはないか、という疑問があります」［19660501：一四一頁］と発言している。これは、その二年前の論壇時評において『思想の科学』の「戦後の再評価」の特集をとりあげ、「一本シン（芯）となる論文が欠けている」ために、その「一見季節外れのテーマをあえて特集したことの意図を納得させるだけの迫力」が感じられない。「わずか一ヵ月の準備期間でこの巨大な課題と立ち向かった編集部の無謀」［19640525］は責められるべきであろうと評する。当時、見田は編集委員でもあったので、自己批判の色合いもあるが。

図 3-1　事例の要因連関図

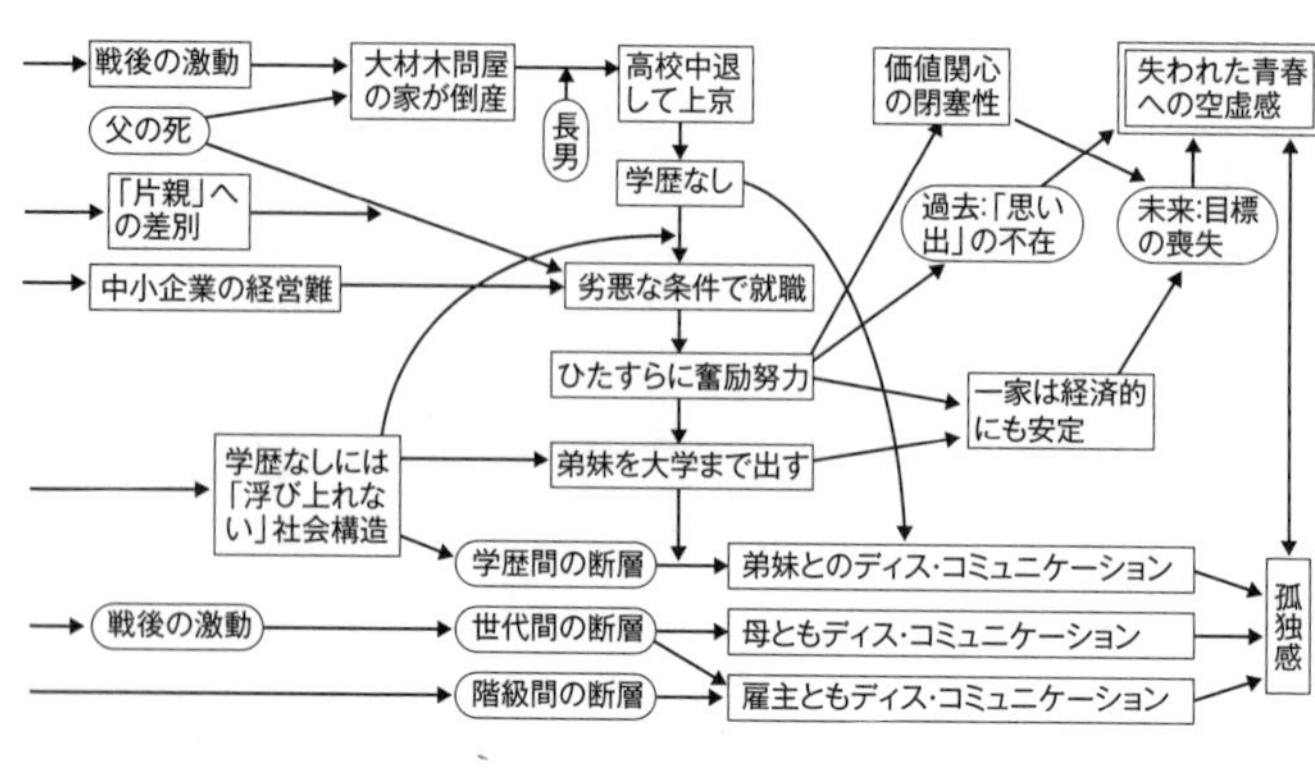

定本解題は、分析内容として提示したもの以上に、「要因連関分析」というストレートな視覚的技法を用いたという点を、いまも受け継ぎうるものとして意味づけている。

「日本の現代社会の「起点」におけるリアルタイムの古記録のようなものだけれども、微視のリアリティと巨視の構造とを架橋する技術としての要因連関分析という方法論は、他の時代、他の社会にも応用の可能なものであると思う。」［「定本解題」20120309：四〇二頁］

▼可視化と要因の合成をめぐって

この要因連関分析の手法は、いかなる可能性をもつものだったか。

第一に、すでに指摘したように、視覚的な理解を導いたことを挙げるべきだろう。要因と連関とが可視化

図 3-2　中小企業労働者・下層農民の要因連関図

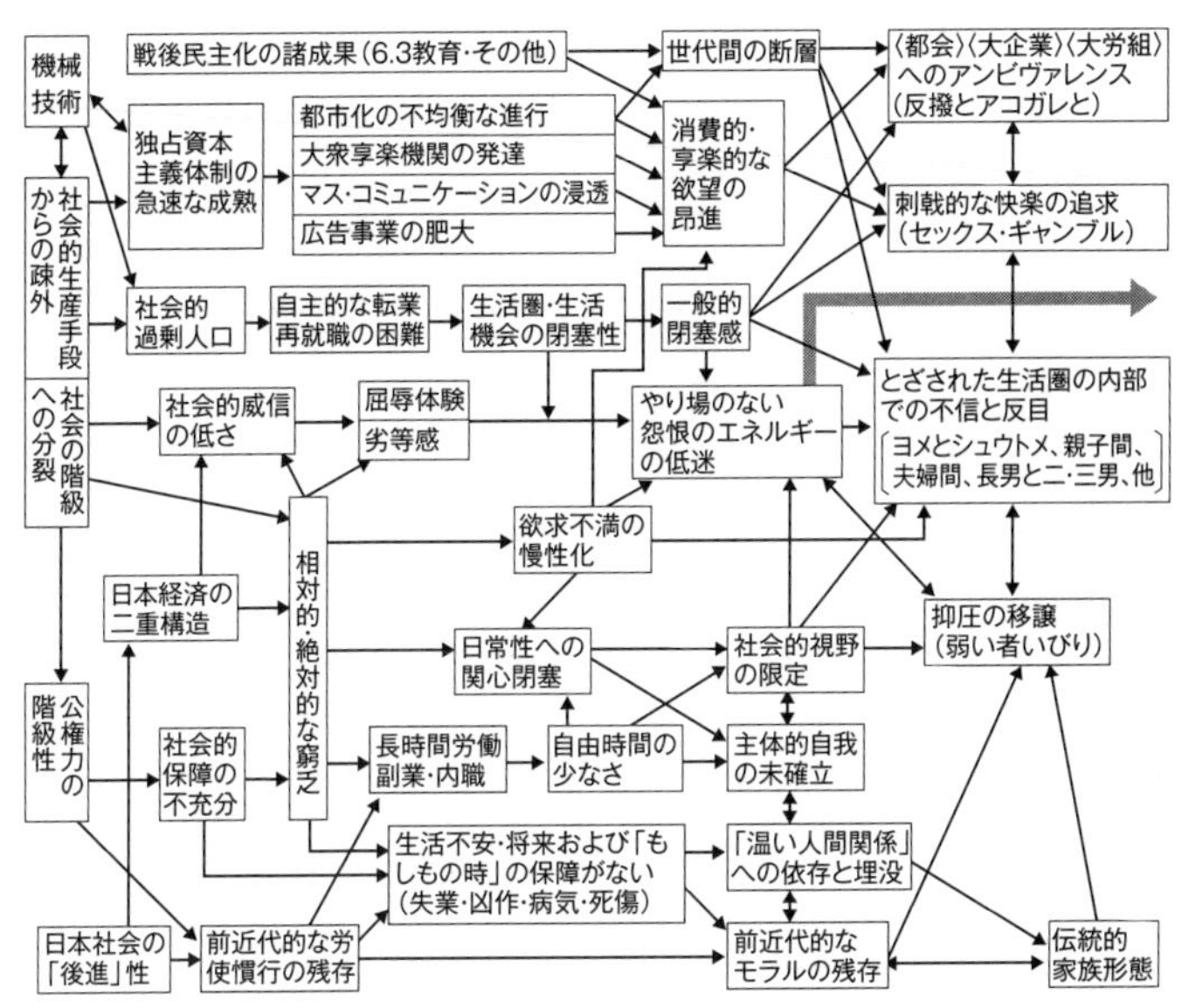

される。
眼による一覧には、直観的な理解を醸成する固有の意味がある。文章による連関の説明は、その論理がどうしても抽象的・概念的になる。とりわけ構造の分析となると、その概念の布置は込みいってくる。順序だてての説明であっても、ことばだけで概念間の位置関係を理解するのはむずかしい。すなわち、空間的な把握がむずかしい。これに対して二次元空間における図示は、複数の概念の存在を同時に明示し、その配置において一定の関係性を示すことができる。さらに矢印は視角記号として、その関係性を方向や順序などにおいて強調する。そのことにおい

図 3-3　現代における疎外の情況の全体的な構造連関図

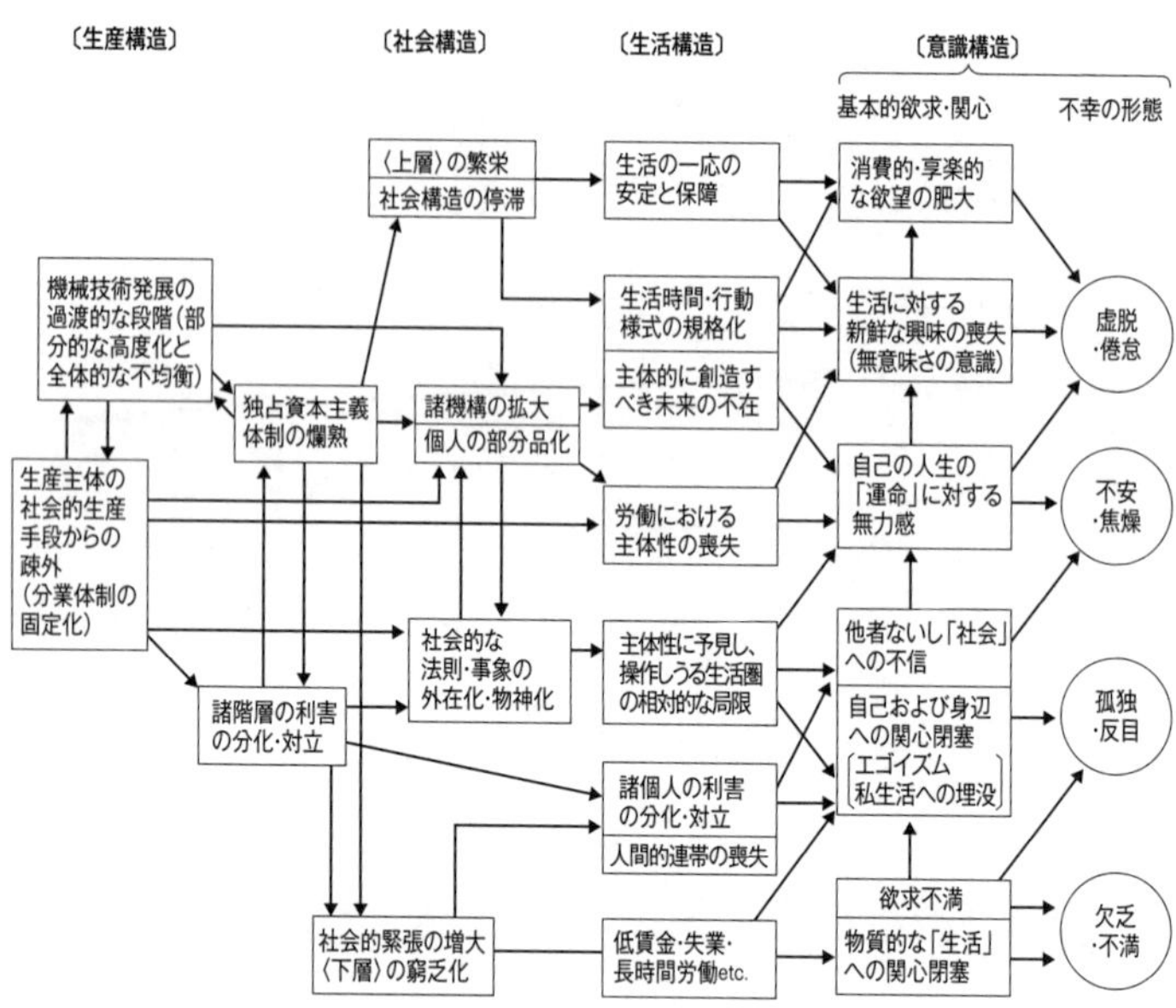

て、因果や影響の関係を視覚的に表現することができる。

第二に、じつは分析である以上に、重ねあわせの方法となっていることを指摘すべきだろう。つまり、要因の探り出しを越えて、ある種の合成が試みられている。

見田が「要因連関のモンタージュ法」[80]と呼ぶ、要因の切り出しから連関の分析へと、独自に総合する方法を提案している点も評価すべきだろう。

直接の着想は、論文のなかでも説かれているように、「モンタージュによる作業仮説」の作成という方法の応用である。表やグラフによる整理が、量的なデータの関係の視覚化

図3-4　モンタージュ法の論理

$$〔A\rightarrow B〕+〔B\rightarrow C〕+〔B\rightarrow D〕=\left[A\rightarrow B \begin{array}{l}\nearrow C\\ \searrow D\end{array}\right]\cdots\cdots\cdots\cdots(1)$$

$$\left〔A\rightarrow B \begin{array}{l}\nearrow C\\ \searrow D\end{array}\right〕+〔E\rightarrow A〕+〔A\rightarrow E\rightarrow F\rightarrow D〕=\left[\begin{array}{l}A\rightarrow B\rightarrow C\\ \downarrow\uparrow\quad\quad\ \searrow\\ E\rightarrow F\rightarrow D\end{array}\right]\cdots\cdots\cdots\cdots(2)$$

であったとしたら、これは質的な概念の関係の視覚化であり、原因と結果との構造の把握である。

見田が単純な記号の式を使って説明していること（図3－4）をなぞると、その連関の作り方が理解できる。

事例1においてA↓Bという因果連関が見いだされ、事例2においてB↓C、事例3においてB↓Dという因果連関が観察された。そのばあい、それらを「モンタージュ法」において重ねあわせた要因連関は、図3－4の（1）のようになる。さらに分析をすすめていって、事例4でE↓Aや、A↓E↓F↓Dという連関が見いだされたとすると、（2）のように拡大されることとなる。

ここにさしかかると、この手法それ自体が『現代日本の精神構造』で注目されたもうひとつの論文である「質的データ分析の方法論」と深くかかわってくることがわかる。量的な分析において、その科学性を集約するかのよう

80　合成の技法としての「モンタージュ法」は、カードにデータや項目や命題を書き出して、それをグループ化してまとめていく、KJ法とも重なるものを感じさせる。ただし川喜田二郎が、発想法としてのKJ法が開発され普及したのは、一九六〇年代後半なので（川喜田二郎『発想法』［中公新書、一九六七］など）、見田の工夫はその影響というより、独自のものだろう。

に論じられていた「データの代表性」や「相関関係」の代わりに、質的な分析が取りあつかう資料に対しては、いかなる方法的な手続きと論理が必要かという議論である。

▼巨視の構造の提示

そのうえで、第三に『定本見田集』の再録では省略されることになる、図3－3の「全体的な構造の連関」[81]の描き出しが抱えこんだ問題について、指摘する必要があろう。「現代における疎外状況の全体の構造連関」（初出論文の第一五図）の提示が、その論理の構築において、やや外挿的で演繹的にならざるをえなかったことである。

この図は、「現代における不幸の諸類型」論文の結論の位置に置かれた。すでに構成した中間的な総括としての「中小企業労働者・下層農民」（図3－2）と「官庁および大企業ホワイトカラー」の「状況構造」の二つの図から、「基本的かつ一般的な要因のみをとりだして」〔19631220：六九―七〇頁〕構成したとある。しかしながらこの連関図は、事例のモンタージュの重ねあわせの結果として、帰納的に導きだされたという性格が弱い。

にもかかわらず、ある一定の抽象性のレベルにおいて、図自体には説得力が生まれている。それはなぜか。

外枠となる理論枠組みが、すでにかっちりしたものとしてできあがっているからである。一見してわかるように、この図はヨコ方向に「生産構造／社会構造／生活構造／意識構造」という、まさに巨視的な分析の四つのメカニズムが、分類軸としてならべられている。そして帰結の位置にある意識構造のなかに「基本的欲求・関心」と「不幸の形態」という下位領域が設定された。そこでいう「不幸の形態」は、すなわち「疎外状況の「日常的な現象形態」「主観的な諸帰結」〔同前：六九頁〕としての疎外感そのものを指す。

この帰結の部分の概念群、すなわち円で囲われた概念のタテ方向のならびには、いかなる意味が読みとれるのか。

あえて順序にこだわってみよう。

下から「欠乏・不満／孤独・反目／不安・焦燥／虚脱・倦怠」とならんでいる。このならびのなかにすでに、じつはヨコ方向の「生産構造／社会構造／生活構造／意識構造」という社会の巨視的な構造メカニズムとのあいだの、基本的な呼応が読みとれる。

すなわち、物質的・経済的な生産の構造における〈貧困〉の問題として「欠乏・不満」があり、人間的・社会的な関係の構造における〈絆＝連帯〉の問題として「孤独・反目」が位置づけられるとも解釈できる。さらにそれを延ばすと、日常的な生活の構造のなかでの〈主観〉の問題とし

81　この全体制的な構造の分析図が、『現代日本の精神構造』には収録されているが、定本見田集には収録されなかった理由は、解題から一定ていど類推できる。この図が位置づけられた「結語」の節が、学生時代に『疎外の社会学』という本の一章として依頼されたためにあったという経緯を強調している。逆にいえば、定本集の文脈からは、この疎外論的な問題構制との関連づけの結びは必ずしも重要ではないという判断で、この節全体が削除されたのではないかと思う。「いくらかそっけない終わり方になっているのは、そのためである」〔「定本解題」定本見田集Ｖ：四〇二頁〕という弁明が載せられている。

て「不安・焦燥」があり、自我の主体的で意識的な構造における〈価値〉をめぐる問題として「虚脱・倦怠」を配置してみることができる。これらが、基本的かつ一般的な要因を押さえる概念の枠組みであることはまちがいないのだが、そのしっかりとした構造性は、すでに用意された項目レベルで対応し、理論的に完結している。すなわち、事例における媒介要因の分析から帰納的に導きだされたものというより、むしろ社会全体を押さえる理論的枠組みとして発想され、機能している印象がつよい。

誤解ないように明言しておきたいが、私がそうした図解の印象を確認するのは、それを実証分析の帰納性が不徹底であるとして批判しようとするからではない。理論枠組みが先行しているのだと、非難しようとも思わない。

この巧みな経験研究のなかに、方向性の異なるまなざしと構想力が共存し、異質な概念の生みだし方が含まれている。この分析が成り立っていることが重要である。そのことを、そうした動きの接合の総体において、「帰納／演繹」「実証／理論」の二分法の概念の適用にまどわされて、とらえそこなってはならないということの確認である。すなわち、これが方法的な「緊張」を抱えた作品であることを、明確に理解しておく必要がある。

であればこそ、「不幸の諸類型」の分析の試みと同時に、「質的データ分析」の方法論的な模索が追求されることもまた、必然的な展開であったのである。

4章 「質的データ分析の方法論的諸問題」[19650303]
——安田三郎との「論争」の理解をめぐって

身上相談の分析とともに『現代日本の精神構造』のもうひとつの注目作が、「質的データ分析の方法論的諸問題」[82]であったことは、たぶん偶然ではない。

一九二〇年代以降、社会学では社会調査の手引き書が整備され、だれもが学ばなければならない方法論の領域として、社会調査論が形成される。この論考は、その研究方法論の領域で、あざやかな印象をあたえた。その当時、社会調査論をリードしていた安田三郎が認めるように「久々のクリーンヒット」[安田三郎「質的データの分析と数量的分析：見田論文へのコメント」『社会学評論』一二巻一号、

82　厳密にいうと、この方法論の論考は、「数量的データと「質的」データ」と「「質的」なデータの方法論」という、目次では別々の、出典も異なる2つの章で構成されている。しかしその一方で、単行本［19650411］とほぼ同時に発行された『社会学評論』掲載の「「質的」なデータ分析の方法論的な諸問題」［19650303］は、上記の2つの章の記述を混成し、再編成するかたちのひとつの論考となっている。『社会学評論』の論文には「多段分析法の設計」の部分や図示がないことなど、内容的には多少の違いはあるが、基本的な主張や文章そのものが重なっている部分も多く、同一のものと考えてよいだろう。テクストとしてはどこかの段階で枝分かれし、並行的に仕上げられたものであろうが、書誌的には『社会学評論』のほうを初出と位置づけてよく、単行本への所収において改訂増補されたととらえるのが自然である。この学会誌発表の論文と著書単行本所収の論考との微妙な事情については、『社会学評論』掲載論文の末尾に、見田が「〔追記〕」を記している。

一九七〇：七八頁〕で、新しい動きを予感させるものであった。

しかし、その意味する本当のところを理解するためには、当時の社会調査論がいかなる問題をかかえていたかを踏まえておかなければならない。

▼社会調査論における量的／質的方法の対立

戦後は、複合するいくつかの意味で、社会調査論の時代でもあった。

日本で社会調査が社会学の方法として論じられ、戸田貞三『社会調査』〔時潮社、一九三三〕のような、まとまった著作を多くみるようになるのは一九三〇年代であるが[83]、一九四〇年代の後半からはじまる戦後にもまた、無視できない大きな展開があった。アメリカから新しいサンプリング技法の考え方や質問紙調査の組織的な実施マニュアルが本格的に輸入され、消化吸収されたからである。

そのインパクトは社会調査という実践と、方法をめぐる論議の、双方を活性化した。

とりわけ民主主義の確立という時代の課題とも共振しつつ世論調査が注目され、順序尺度を駆使した態度調査などが、しきりに実施されはじめた。あえていえば、これまで意見をいわなかった人びとの意識や態度を調査することそれ自体のなかに、民主主義の実践を感じるような風潮すらあったのである。

そうしたなかで、一九五〇年代の後半から、社会調査論の教材において、量的調査と質的調査との対立的な差異が強調されるようになっていく。この数量的調査と事例的調査の二分法が社会学の研究者のあいだで、当然のオーソドックスな知識として確立していく。その確立と普及は、標準的な教科書として広く使われた福武直『社会調査』〔岩波全書、一九五八〕においてであった。

私自身は学部・大学院の時代をつうじて、すでに古典となっていた見田宗介の議論に学びつつ、この通行の差異をたんなる「分類」として、さらには「対立」として理解することに違和感をもっていた。この奇妙な対立は、じつは疑似的なものではないのか。(84) そして、対立の実感を前提とした、方法論の縄張り争いや方法理解の不徹底を批判してきた。

しかしながら、その一方で、この対立のリアリティとなっている実感があることも、私にはよく理解できた。つまり技法の語り方における圧倒的に不均等な現状が、当時の研究者たちの目の前にあったからである。そして、その格差は私自身が社会学を大学で学んだ、一九七〇年代末から八〇年代にかけても変わっていなかった。

▼数量的データと質的データ

いわゆる「数量的データ」をあつかう技法は、戦後初期からの輸入知識の紹介を含めて、いわ

83　鈴木栄太郎『農村社会調査法：手順と要項』〔郷土教育聯盟、一九三二〕、協調会農村課『農村実地調査の仕方』〔協調会、一九三二〕、戸田貞三『社会調査』〔時潮社、一九三三〕、柳田国男『郷土生活の研究法』〔刀江書院、一九三五〕など。

84　そのことを私が最初にとりあげたのは、一九九五年の都市社会学会のシンポジウムでの報告であった（「量的方法と質的方法が対立する地平」〔『社会調査史のリテラシー』前掲：一六七—一八一〕）。私はたわむれに、この社会調査の捉え方の対立を、保革の対立への党派の合同が行われた議会政治の「五五年体制」になぞらえて、「社会調査論の五五年体制」と呼んでいる。

ばマニュアルとして急激に整備されていった。

社会調査の方法を名のる書物はこぞって、アメリカわたりの新しい知識を組織的に伝えた。①対象設定の局面における標本選択のサンプリング論と、②データ収集の局面における質問紙調査設計の注意すべき諸点、③データ処理の局面における集計や相関の分析など、組織的で段階的な技法のあれこれを、テクストの標準的な知識として展開していた。

それに対し、「質的データ」にかんする方法論的検討は、圧倒的といっていいほどに、遅れていたといわざるをえない。事例的な現地調査の技法は、経験をつうじて学ぶ、徒弟的な修得の方法のなかにとどまって、技法的な知識にまで鍛えあげられてはいなかった。

事例的研究法を紹介する社会調査の教科書のなかでも、操作段階の技法は具体的にはほとんど語られていない[85]。観察や聞き取りや記録資料の収集・処理・解読のプロセスをどうすすめるかは、まさに個別的で個人的な修練として、見田がいうように「いわば方法論以前的なものとして事実上恣意にゆだねる」[「付記」19700630：八五頁]ことしかしていなかったのである。

「質的」の語は、その意味ではイデオロギーにすぎなかった。

非数量的で非統計的な、雑多で周縁的なさまざまな技法の群れを漠然と指ししめすだけで、テクノロジーとしての実質を語ろうとしない。現地調査のヒアリングから内容分析までを幅広くひとつにくくった、「空の」カテゴリーだったのである。つまり、人びとはおなじ「質的」ということばを使いながら、そこでイメージされていた作業や課題や手法が、共通のものであったとはいいにくい(86)。

それゆえ、一方において、この論文が目指すのは「包括的・網羅的・総花的」な方法論の提示ではないと見田がいうのは、無理からぬ立場の弁明であった。そのまま体系化と取り組むのは不可能だったからだ。であればこそ、この考察は「じっさいに日本の社会心理現象を分析するさいに、つきあっているいくつかの基本的な問題点を、重点的にとりあげたもの」[1965 0303：七九頁→定本見田集Ⅷ：一五三頁]であるという、プラグマティックな限定が付されることとなる。

しかしながらなお他方において、固有の方法論の確立にむけて、という丈高い理想を、見田があえて隠そうとせずにかかげたのはなぜか。

「質的」という空のカテゴリーによるごまかしを、のりこえなければならないと意識していた

85　現地調査の方法などについては、福武直「農村調査の成功のために」[古島敏雄『農村調査研究入門』東京大学出版会、一九五五]などのような具体的な技法論もあったが、ここではすでに質問紙調査による現地調査などの説明が入り込んでいる。一方で、村にある記録のさまざまや、戸籍へのアプローチの仕方や読み方などの実際の調査者の実践知は、現地訓練の修行のなかでしか継承されなかった。内容分析の考え方等の紹介もあったが、社会調査論のテクストのなかで積極的に論じられてはいない。

86　この同床異夢は「質的」という日本語に対応して使われている英語が二つあることなどにも、象徴的にあらわれている。qualitative と categorical である。クオリタティブは、クオンティティの「量」「多量」と対比されて、定性の特質を指している。カテゴリカルは、分類された区分の基盤となる範疇を重視し、連続性をもって測定し計算できる特質と対比される。日本語のなかでとらえると近接してみえて、おなじことばで括られるけれども、英語の意味は別な語幹からの派生ゆえに、意外にもへだたっているところもあろうかと思う。これ以外にも、さまざまな視点から「質的」ということばに、多様なイメージがもちこまれている。

からである。だからこそ「「質的」なデータを用いてはじめて解明しうるような、社会心理現象の深みを照らし出すための、経験科学的な方法論を確立」〔同前〕をめざす、とこの論考ははじまる。それは必然的な宣言であると同時に、方法論の論議の現状に対する挑戦でもあった。

こうした立場からの方法論の提案に対して、一九七〇年になって学会誌『社会学評論』で論争[87]をなげかけたのが、安田三郎であった。

▼数量的データとの対比

この「論争」のはじまりにおいて、見田が数量的データの利用が陥りがちな苦境を、「抽象性」と表現しているのは象徴的である。その「抽象性」は、データの特質からもたらされている、という。研究のプロセスに作用する、その三重のメカニズムを次のように整理している。

(1)追体験的な了解可能性の希薄
(2)総合的・多次元的な把握の困難さ
(3)変化のプロセスや可能性に関する動的な把握の困難さ」

〔「質的データ分析の方法論的諸問題」前掲：七九頁↓「数量的データと「質的」データ」定本見田集Ⅷ：一三七頁〕

別なことばで要約すれば、次のようになるだろう。

第一の問題は、データのもつ「共感性の低さ」である。その思いや主観の内側を想像する、手がかりに乏しい。たぶんことばではなく、数字で表されていることとも深く関係しているだろう。測定が順序尺度のように一次元化され、質問の背後にあるコンテクストが断片化されるという収集段階の問題とも対応している。

第二の問題は、そのデータの「部分性もしくは断片性」であり「一次元性」である。説明や理解に使われることになる変数やパラメーターが、単純なものになりやすいことの指摘である。ことばで自由にあらわされ、意味として含まれている文脈のひろがりに比して、回答が限定的だったり平板だったりすることが、抽象性と理解されている。

第三の問題は、変動の把握における「分厚さ thickness の欠如」といいかえてもよいかもしれない。一次元性や平板さの指摘とも深く関連しているが、過去の長期変動や未来の状況を正確に

87 「見田・安田論争」とか「質的データ論争」とは呼ばれているものの、論文でのやりとりが複数回続いたわけではない。安田三郎が「研究ノート」としてのコメントの掲載前に、事前に原稿を見田に送り、「rejoinder」の弁明を求めた。これに対して、見田は本文でも言及するように、ひとつの誤解の修正と、ひとつの論点の確認という、二点のみの応答を盛り込んだ「付記」[19700630]を掲載する形で応えた。その一度かぎりの応酬が、「論争」の実質である。

これについては、井腰圭介「なぜ「質的」データが必要なのか：見田・安田論争再考」[『上智大学社会学論集』一二号、一九八八：二一—四二]などが論じている。この見田・安田のやりとりについては、私もまた「「質的データ」論再考」[『社会調査史のリテラシー』新曜社、二〇一一：四四四—四六六]で論じた。また、背景となった「統計的研究法／事例研究法」「量的分析／質的分析」「量的調査／質的調査」の巨大な二分法の歴史的な形成については、同書所収の「量的方法と質的方法が対立する地平」[同前書：一六七—一八一]を参照してほしい。福武直『社会調査』[岩波全書、一九五八]が果たした重要な役割についても、ここで論じている。

とらえる数量データが、具体的に得にくいことなども現実的にはあげることができよう。

あえて集約すれば、「数字」で表象され、量的にまとめられたデータは、人間の主観の構造を追体験的に了解しうる「ことば」によるデータと異なって、直観的な意味の厚みと拡がりとを欠いている。それが「抽象性」という批判のポイントである。だからこそ、これに対して質的データのほうは、ことばの高い共感性と意味の複雑な厚みにおいて、その「抽象性」を克服しうると主張される。すなわち「諸次元のダイナミックな関係をそのあるがままの姿で示し、生きいきとした具体性と「了解可能性」を保ちうる」〔同前〕と特徴づけられることになる。[88]

しかしながら、数量的データにせよ質的データにせよ、その特質を活かせるかどうかは、なお未成の可能性の問題として研究者という主体の力量にかかっていることは、いうまでもない。

▼代表性概念の拡大に抗して

そのうえで、見田は「代表性」論の弁明に踏みこんでいる。

すなわち質的データのもつ固有の弱点のひとつとして、これまでも調査論等で論じられてきた「代表性」の問題をあげ、その対処を検討している。質的なデータにおいては、研究が対象とする全体集合に対する「代表性」が確保されていないではないか、という問題である。

ここで通説とは異なるが、私が評価するのは、「典型性」の概念を使っての「代表性」への対抗ではない。しばしば「代表性」をめぐる論争で使われる「典型性」の概念の有効性は、いささか中途はんぱである。

だから、見田が「典型性」の論議を、「例外的な事例」の有用性と「特殊なものの普遍性」〔前掲：八二頁→定本見田集Ⅷ：一五七頁〕の指摘の一般性にとどめてさっさと打ち切っているのは、賢明な戦術である。「代表性／典型性」という二項対立を、対象をおなじ水準で枠づける大文字の対比としてもちだしていないのは、まことに正しい。私流の説明になるが、この論文において大切なのは、「代表性」を問題にする方法の地平から自覚的に離れ、適切な距離をとったことである。

なぜ、この二つの概念をならべて、おなじ水準で対立させて論じてはいけないのか。

そもそも「代表性」という概念は、限定された局面の、限られた条件のもとでしか有効でない。その前提を忘れて、代表性概念を抽象的な確率論の領域にまで不用意に拡大したところに、当時の社会調査の論議の本質的な誤りがある。

「代表性」が正確に問われなければならないのは、すでに全体がリストとしてわかっているばあいである。集合の全体がすでに操作的に押さえられている必要がある。いいかえると、抽出する標本（サンプル）の選び方においてのみ、「代表性」が問題となる。だから、そうした「全体／部分」の関係を設定できないところにおいては、じつは問う必要がない。

88　この論文が、質的なデータがうまく適合する研究として、「(1)ある社会（心理）現象の、内的な構造連関の解明、(2)生成・発展・衰退・消滅における動的な因果連関の追求、(3)実体または機能に関する類型論の展開」〔「質的データ分析の方法論的諸問題」前掲：八五頁〕の三つをあげているのは、以上のようなデータ固有の特質の指摘とつながっている。

すなわち全体が対象としては明確な「母集団」としていまだとらえられず、未知の拡がりや複数の全体が想定しうるようなばあいには、「代‐表 represent」という、全体を代わって表象しているかどうかの検討にはあまり意味がないのである。だから多くのばあい、質的なデータの素材はいつも、それがしめる位置がまだ決められていない「事例」（ケース）としてしかあらわれてこない。そこでの代表性は、厳密にいえば前もって問わなくてよい問いであり、選択の根拠としてあらかじめ弁明すべき主題性をもたない。

だからこそ、見田は「典型性」の条件や内容に深く踏み入らずに、事例を選ぶための論点としての「要因のカバレッジ」の議論に移っている。

ここでいう「要因のカバレッジ」とは、すなわち、①その資料がどれだけ多様な「類型」を含むか、また②分析すべき構造の多くの「側面」「次元」にふれるものであるか、さらに③要因が明確に「顕現」しているか、という論点を含む。そうした観点から、質的な分析にふさわしいデータを選定しなければならないという議論が引き出される。(89)

もちろん、見田が主張しているのも、一つの資料がすべてを備えていなければならないということではない。必要であれば、欠如を補う資料群へと分析対象を広げていくことになろう。そうした展開は、おなじく一九六〇年代にグレイザーやストラウスらによって主張されはじめた、グラウンデッド・セオリーの「理論的サンプリング」(90)の方法などとも響きあうものがある。

▼安田・見田の「論争」が共有する方法論の必要性

このあたりの「全体／部分」の構造的な問題は、じつは「社会／個人」の理解のしかたにもつながる論理であるので、ていねいにたどっていく必要がある。戦後の「統計的研究法／事例研究法」をめぐる論議や、「量的調査／質的調査」の整理、あるいは「定量的／定性的」の形容にひそむ、二項対立的な分類の固定観念に、安易にむすびつけてはならない。

もういちど、なぜ見田宗介によって「質的データ分析の方法論的諸問題」が書かれざるをえなかったかと、なぜ安田三郎によって「質的データの分析と数量的分析」［『社会学評論』二一巻一号、一九七〇］というコメントがなされざるをえなかったかの双方を、前提にさかのぼって検討していく必要がある。

もともとの論文が書かれてから五年後[91]になってなげかけられた、安田の批判的コメントの眼目

89　この論点に対する、安田の主張はまったく対立的でない。「同じことが数量的データについても言えると付け加えれば、私は全く異論がない」［安田三郎、前掲：七九頁］という。

90　のちに「GT法」と略称されて、看護学の分野などで大きく取りあげられるようになるグラウンデッド・セオリーは、見田の質的データ論とおなじく、一九六〇年代の後半に提案される［Barney G. Glaser and Anselm L. Strauss, The discovery of grounded theory : strategies for qualitative research, 1967 ＝後藤隆・大出春江・水野節夫訳『データ対話型理論の発見：調査からいかに理論を生みだすか』新曜社、一九九六］。そこでは、理論産出のために比較対象をどう選ぶか、その差異を最小化した場合と最大化した場合などを、理論の中核に置かれたカテゴリーとの関係において検討しながら進めていく「理論的サンプリング」が主張されている。ここでいう「理論的サンプリング」は、無作為抽出法などを含む「統計的サンプリング」と対比される。これ以外にも、比較対象を増やしていく「理論的サンプリング」をどの時点において止めるかをめぐる「理論的飽和」の概念など、重要な提案がいくつもなされている。

がどこにあったか。見田が主題化した「質的データ分析」を話題にしつつも、安田の主眼はそこにはなかった。むしろ自分が取り組んできた「統計的インテンシブ・メソッド」の、あらためての確認と正当化にあった。

つまり質的データをめぐる個々の論点に対する反証は、じつはそれほど大切な論点ではなかったのである。[92]もっと外枠の意味づけとしてある「質的／量的」の対立を、その本質において無効化することこそが、安田の立論のほんとうのポイントであり、主題であった。もうすこし率直にいえば、自らが提案した「社会調査論争の終結」〔『社会調査ハンドブック』有斐閣、一九六〇：四—五頁＝一九六九：同頁〕という主張の確認である。

それは、この論考のまとめ方に明らかである。

安田は、事例研究法と統計的研究法との対立をめぐって、これまでの立場を整理している。双方の固有性・独自性を主張する第一の〈対立論〉の立場と、両者の不完全性ゆえの相互補完を説く第二の〈折衷論〉の立場があったという。その両者に代えて、研究の段階や資料の機能の相異を踏まえた統合を構想する、第三の〈融合論〉を安田は主張した。その立場において、従来の論争の「終結」を提起する。安田にとって、見田が主題化した質的データと数量的データの対立は、事例研究法と統計的研究法のかつての論争の別バージョンにみえたのだろう。それゆえ、安田からみた、「質的データ／数量的データ」の考え方は、以下のようなものである。

「質的データは数量的データと並列さるべきものではない。(中略) 質的データの分析と数量的データの分析とは、一つの研究過程の相異なる段階で行われるもので、一方が他方の代用になるようなものではない。」〔安田三郎「質的データの分析と数量的分析」前掲：八三頁〕

要するに「数量的分析と質的データ分析の相異」と思われているものは、たんなる「分析の過程における段階の相異」〔同前：八〇頁〕にすぎない。だからこそ、第一の固有の特性を主張する対立論の立場に立って、見田が「数量的データ分析と質的データ分析とを方法論的に峻別しようとする」〔同前：八三頁〕のには同調できない、と述べていくことになる。

しかしながら、見田の立場は〈対立論〉だったのだろうか。

91　安田の「コメント」は本格的な方法論の議論に踏みこんだものだったが、なぜ見田の論文が公刊された五年後になって、あらためて提出されたか。その理由は、単純明快である。新版の『社会調査ハンドブック』において、初版そのままにくりかえされた、統計調査／事例調査のあいだの「社会調査論争の終結」という安田の考えを、あらためて主張する素材として、見田の「方法論的な諸問題」の論文が有効だったからである。一九六〇年二月に第一版を出した『社会調査ハンドブック』の改訂作業が進められ、一九六九年五月に『〔新版〕社会調査ハンドブック』を刊行したばかりであった。福武直・松原治郎編『社会調査法』〔有斐閣、一九六八〕における蓮見音彦の「きわめて特徴のある楽観論」という批判が出されるなかで、安田の「統計的インテンシブ・メソッド」による終結・融合論をもういちど主張する意義も、視野のうちに強くあっただろう。

92　安田は「私は、見田論文で取り扱われた個々の論点に関しては一応大綱として賛成である」〔安田、前掲：八三頁〕と述べ、論文中でも「私は見田のこの見解に、表面的には反対ではない。質的典型性を考慮することはまったく必要であると考える」〔同前：七八頁〕とか、「このような見田の見解は、一応正しい」〔八〇頁〕、「カテゴリーの判定に関しては「数量的分析は、いつも質的な既定性を暗黙のモメントとして含んでいる」という見田の指摘は誠に正しい」〔同前〕などと、共通の理解を示している部分を強調している。

固有の特性を踏まえた峻別・対立という主張に還元できるかというと、そう読むのは単純にすぎる。

見田もまた、「数量的データ」と「質的データ」の対照的な性格を指摘しつつも、「むろん両者はある程度まで、データそのものの属性であるというよりは、むしろその取り扱い方、ないし分析の方針の函数である」〔「「質的」なデータ分析の方法論的な諸問題」：八〇頁→定本見田集Ⅷ：一三八頁〕と述べている。つまり、その対立が研究主体の認識論的な戦略に依拠していることを指摘している。また安田コメントへの直接の応答としての「付記」〔前掲〕は、数量的分析のいわば前段階として質的な操作の「段階」があることを否定せず、研究プロセスについても重層的に構想していると説明している。

むしろ、そのように全体を描いているからこそ、質的な資料やデータがかかわる「段階」における操作が、反省的かつ方法論的に明晰に主題化されなければならない、という。そのことを「独自」「固有」と表現したのだと、次のように確認している。

「私が「質的なデータに独自の方法論の体系」を展開すべきことをのべたのも、二つの方法を排斥し合うものとして並置し対立させるのではなく、この「質的」な操作段階の方法論を、それ自体の課題に照応する論理によって明確化すべきことを強調的に表現したものである。」〔「付記」19700630：八五頁〕

私の理解では、対立ではなく統合ともいうべき方法論の普遍性を追求するかぎりにおいて、安田と見田とは目標をおなじくする方法的基盤のうえに立っている。

そのうえでまさしく、この「それ自体の課題に照応する論理によって」という、傍点で強調したメカニズムの作用を展開するなかで、安田の立論との根本的なすれちがいが明らかになる。その点が、この「論争」の理解においては重要だと私は考える。

▼論争となる差異の本質はどこにあったか

乱暴な要約だが、安田三郎と見田宗介の問題設定とのすれちがいの本質は、私の理解では対象と向かいあう研究主体のとらえかたと、調査研究という実践の基本的な位置づけにある[93]。

もっと単純化していうと、安田は社会調査における研究者の主体性[94]を独立させて原理的に強調するのに対し、見田は被調査者あるいは社会学が考察の対象とする主体たちという他者の主体性

93　これも、「「質的データ」論再考」[『社会調査史のリテラシー』新曜社、二〇一一：四四四―四六六頁]で内容的にはすでに論じたことでもあるのだが、大切な論点なので、くりかえしておきたい。

94　一方において、私はまさしく調査者の主体性の確立のために安田三郎によって『社会調査ハンドブック』が構想され、編纂されたことを高く評価している。安田は、凡庸な事例研究主義者をはるかにこえる徹底において社会調査の実践のテクストを網羅しており、その蓄積のうえで『社会調査ハンドブック』がまとめられている。詳細は前掲の『社会調査史のリテラシー』第一六章を参照のこと。

を、どこかで方法論の構想のなかにつなぎとめようとしている。

それはある意味で、社会という存在との向かいあい方のちがいであり、個人という単位のとらえ方のちがいである。

「社会調査論争の終結」という安田の主張が、研究主体によるデータの「分析」と「蒐集」の過程を、まったく分離して考えたうえで成り立っていることは、見のがしてよい小さな事実ではない。

「まず最初に統計的方法 対 事例研究法の問題は、本質的には「データ分析」の過程における論争であって「データ蒐集」の過程の問題ではないということを知らねばならない。換言すれば、個性記述的（ideographic）な社会調査においては、この論争はおこりえないのである。」〔安田三郎『社会調査ハンドブック』前掲：四頁〕

ここでいう「個性記述的」という概念は、もともとは「法則定立的（nomothetic）」という概念と対で使われたものであったが[95]、安田はむしろストレートに研究が「記述的」であるか「分析的」であるかを、対比的に位置づける文脈で使っているように思う。しかしながら、ここで問題にしたいのは、別なポイントである。すなわち安田の理解では、データ収集の過程において、論争的な対立に関係するなんらかの問題がおこることはまったく想定していない[96]。

この点は、見田の「質的データ」論の立論を次のように批判するところで、さらに明確になる。

「私はまず、彼がデータを所与のものとして受動的にしか考察していない点に不満をもつ。社会学は社会調査によって、データを能動的に獲得する方法を持ったのであって、（後略）」［安田三郎「質的データの分析と数量的分析」前掲：八三頁］

しかしながら、まさにこの「所与のもの」としてあつかうこと自体に、大きな意味があった。能動的に取得するのではなく、受動的なものとして見いだすことのなかに、ひとつの可能性を論じていたからである。すなわち、「受動的／能動的」の差異が、分析だけでなく収集の局面においてもまた、大きな問題をはらんでいるということこそが、見田が問うた本質的な問題であった。であればこそ、見田は「価値意識研究の諸データ」にかんして、「数量的／質的」よりも実質的には大きな意味をもちうる、次の分類軸をかかげる。

95　この分類は、デュルケームやヴェーバーらの社会学第二世代に影響をあたえた、哲学史家のヴィンデルバンドの概念で、自然科学は普遍的に妥当するものを明らかにしようとして「法則定立的」であるのに対して、文化科学・精神科学は一回限りの個別的な現象を対象として「個性記述的」であるとの理解にもとづく。日本では一九二〇年代から三〇年代にかけて、文化社会学のなかで受容され、戦後の社会学や社会調査論の議論で参照されることとなった。

96　このことは、安田が「私は現地調査を主にした社会調査を主として念頭においているため、見田の扱ったような二次的資料に関しての考慮が不足していたことは率直に認めなければならない」［「質的データの分析と数量的分析」前掲：七九頁］という弁明とも関連している。しかし、問題は考慮の範囲ではない。調査の実践において生成する資料を「一次的／二次的」に分け、現地調査によって自分たちが直接に収集したデータを「一次的」であると性格づけ、それ以外の記録や資料を「二次的」と位置づけていることである。これに対して、私はすべてのデータは「n次的」ではないかという、認識論的な立場をとる。

「「見出された」データ（現実の場における言語的・非言語的行為の記録）
「引出された」データ（研究のために人為的に誘発されたデータ）」〔『価値意識の理論』19660805：三五三頁→定本見田集Ⅷ：一一七頁〕(97)

この表現に埋め込まれている「記録／データ」の微妙なニュアンスのちがいも視野のかたすみに入れておく必要はあるが、これが「数量的データと「質的データ」」という『現代日本の精神構造』の一節の書き出しと対応していることは、見田のなかでの大きな意味づけを示唆する。すなわち、質的データの「手記や自伝や流行歌や文学作品」という例示は、いささか言語的な資料にイメージを限定しているという偏りは強いが、そのまま「見出された」に対応し、数量的データの「世論調査方式やそのさまざまなヴァリエーション」という説明は、質問紙調査だけでなく実験やテストを含めて「引出された」と対応している。

この例示の具体性の段階では、資料の形式的な単位がまだ設定しやすく、単位と全体の関係もそれなりに構成しやすい。しかしながら、「非言語的」な現実の記録にまで「見出され」の範囲を拡げるとき、われわれは研究する主体だけでなく、記録として見いだされる資料を生みだした主体としての他者の実践にまで、考察を拡げざるをえなくなるのである。

その意味で、見田はデータを「所与のもの」として「受動的」にしか考察していないという安田の批判は、じつはその根本において逆立ちしている。

むしろ「所与のもの」として、すでに生成している記録をとらえ、その存在形態をいったんは受容することにおいて、その生成・存立のメカニズムを積極的あるいは「能動的」に読み解くこと[98]こそが、質問紙調査をも包摂する方法論の課題だと見田は考えていたからである。

この問題は、やがて日本では一九七〇年代以降に社会学にあらわれる住民運動調査やライフヒストリー論などで先鋭化していく「調査者／被調査者問題」ともつながり、あるいはポスト・コロニアリズムのもとで問われはじめた人類学におけるライティングカルチャーの問題[99]にもつながっていく。

しかし、この論文はそのような文脈から再読されて、方法論的な統合の新たな展開を生みだすことなく、「クリーンヒット」の古典としての栄光のなかに置き去りにされていくのである。

97　定本著作集版のこの部分の記述は、やや増補されている。『現代社会の社会意識』［19790425］の「社会意識分析の方法」への編集のなかで、対象が社会意識であるということにともなう若干の修正がくわえられた。

98　そうした解読の立場を主張するに際し、「質的データ」の概念それ自体はどこかで「躓きの石」にもなりうる。「データ」の分類であるかのように聞こえることで実体化の傾向を帯び、「量的データ」との対立を実体レベルでの問題にしてしまう副作用が否めないからである。であればこそ、私は「データの質」という概念を提案したのであって［「「質的データ」論再考」前掲］、資料の社会的存在形態の解読こそが、その前提において深められなければならないと考える。

99　調査実践そのものの「権力」性の問題を、人類学をはじめとするフィールド研究の主体につきつけたのが、一九八〇年代後半からの「ライティング・カルチャー・ショック」であった。ここでは深く掘り下げないが、真木悠介に託される「比較社会学」が、「帝国主義の娘」論から「オリエンタリズム」にいたる、古くて新しいこの問題も視野に入れていたことは指摘しておいてよい。

▼方法論的なアポリアをめぐって

古典としての栄光のなかに置き去りにされていったという評価は、ほんとうはあとにつづく社会学研究者であるわれわれの責任を問うものだ。

なぜ、われわれは「質的なデータ」に固有の方法論の確立というはるかな課題を、長期的な戦略として継承できなかったのか。「それ自体の課題に照応する論理によって」明確化された操作の方法の体系化という見田の課題を、この論考をのりこえるかたちで追究できなかったのか。そのことを、ほんとうは自らに問わなければならない。

しかしながら、その問題の追及は、本書の領域を大きくはみ出てしまうだろう。予備的には、『社会調査史のリテラシー』〔新曜社、二〇一一〕で私自身が試みている、近代日本の社会調査「方法史」の諸主題の考察も必要になってくるように思う。本論考の段階で踏まえておくべきは、やはり質問紙調査という「能動的」な生産力改革の効率性は、二〇世紀後半の方法論議を一定の方向へとしばる力をもっていたという事実である。

いま半世紀以上前に公刊された『現代日本の精神構造』を、「試論のアンソロジー」として読むと、多くの論考において、この「固有の方法論」の確立という課題を意識し、さまざまな工夫をしていることを感じる。その時代の社会学の研究をめぐる方法論が直面した一種のゆきづまりに、見田自身もまた向き合っていたのである。

しかし、量的方法と質的方法が対立する地平の呪縛は深かったといわざるをえない。(100)

そこにおける方法論的戦略が抱え込まざるをえないアポリアを、どうのりこえるかの苦悩は、次につづく『近代日本の心情の歴史：流行歌の社会心理史』〔19671125〕『現代の青年像』〔19680316〕『現代の生きがい：変わる日本人の人生観』〔19700531〕等のいくつかの新書の仕事にも、もちこされていく。すなわち、見田自身にとっても解決されないままに引き継がれていくこととなる。

100　一面において、この対立が当時の社会学が頼っていたコンピュータの能力や、ネットワークの発達の状況に依存していたこともまた、時代のテクノロジーの問題として踏まえておこう。その当時、われわれが普通に利用していたコンピュータの演算処理能力では、絵はがき一枚くらいの画像データの共有ですらまだ夢のまた夢であり、数字とことばの処理のあいだにも大きな隔たりがあった。日本語でのワードプロセッサーの発達と普及は、一九八〇年代のできごとであるが、それ以前はテクストをデータとしてあつかうことは、簡単で普通の処理ではなかった。ことばで記されたテクストを、身近にデータとして扱えるようになったことで、一九五〇年代以来の「量的／質的」の方法論的な対立が、ゆるぎうる可能性が出てきたことは事実であるけれども、なおまだ全面的に取り組まれているとはいえない。

5章 「近代日本社会心理史の構想」〔19670101〕

——流行歌の分析と未成の社会心理学

戦後という時代は、一面において「社会心理学」という、新しい学問の勃興期でもあった。[101]見田宗介の一九六〇年代の論考のいくつかも、この新興の学問の名を冠して書かれている。[102]本章で検討しておきたいのは、若き日の見田を魅了した、この「社会心理学」の来し方と行く末であり、そのとき「社会心理史」の名で呼ばれた領域の消長である。社会心理史は、見田宗介における歴史社会学の萌芽であった。

101 もちろん社会心理学が戦後に始まったという意味ではない。日本語で「社会心理学」を題名とした著作は、翻訳紹介を中心としてだが、二〇世紀の初め頃から散見される（小林郁『社会心理学』〔博文館、一九〇九〕など）。戦後の社会心理学をリードしていったのは、南博『社会心理学：社会行動の基礎理論』〔光文社、一九四九〕や清水幾太郎『社会心理学』〔岩波書店、一九五一〕などであった。

102 たとえば『思想の科学』に発表された論文は「明治維新の社会心理学」〔19651001〕と題され、続く『展望』の続編は「「文明開化」の社会心理学」〔19651201〕を名のっている。また、この二つの論考を素材にして再構成された『変動期における社会心理』版の「明治維新の社会心理学：民衆の対応様式の諸類型」〔19670315〕なども、社会心理学をタイトルに取り上げた例としてあげられる。

図 5-1 『近代日本の心情の歴史』初版・裏表紙

見田宗介（みたむねすけ） 1937（昭和12）年生まれ。1960年 東京大学社会学科を卒業。「現代における不幸の諸類型」で城戸賞を受賞した。現在 東京大学助教授。著書に『現代日本の精神構造』『価値意識の理論』『変動期における社会心理』（共著）などがある。思想の科学研究会会員。

家出をするために東京の大学に入り 毎日コッペパンだけをかじって図書館に通いつめていた。「人間にとって一番大切なのはパンですが そのつぎはバターではなくて 精神の自由ですね」と見田さんはいう。

自分を本質的にエピキュリアン（享楽派）だろうといっているが 彼にとって最大の享楽は学問の上で壮大な構想のもとに開拓的な仕事を進めていくことだという。そういえば本書も 彼の30代の事業である 膨大な「近代日本社会心理史」のための第一歩であるらしい。

▼社会心理学と社会心理史

1章で検討した見田の最初の公刊論考［「純粋戦后派の意識構造」19600423］にも、社会心理学への深いコミットメントがうかがえる。たとえば結論近くにあらわれる次の文章は、自らの学問の課題を、社会心理学の名で引き受けていることをしめす。

「〈変革〉意識の創出、すなわち疎外された精神状況からの大衆的規模での解放への道こそが、進歩的な思想家や社会心理学者の重要な課題の一つであろう」［「純粋戦后派の意識構造」前掲：八頁。傍点引用者］

こうした自恃をさらに明確に表明しているのが、『近代日本の心情の歴史：流行歌の社会心理史』［19671125→定本見田集Ⅳ］である。一九六七年に書かれたこの本の「あとがき」は「私の専攻は社会心理学であるが……」と、堂々たる名のりで書きはじめられている〔同前：二五一頁〕。

この一冊は、あわせて副題に「社会心理史」ということばをかかげた。[103]初版の講談社ミリオンブックス版の裏表紙に載せられた著者紹介（図５－１）によると、この流行歌分析は「彼の三〇代の事業である膨大な『近代日本社会心理史』のための第一歩であるらしい」〔19671125：裏表紙〕のだそうで、背後の大きな構想の存在に言及している。

この著者紹介を執筆した編集者が参照したのは、おそらくおなじ一九六七年の元旦の『図書新聞』の「近代日本社会心理史の構想」〔19670101〕だろう。[104]

そのなかで見田は、いま取りかかっている課題は「明治・大正・昭和期の日本人の精神構造史」[105]だと語り、それを「社会心理史」と呼んでいる。「今のところ」という限定を付してではあるが、その「全体の構想」として、表５－２にまとめたような一四章の組み立てをかかげた。[106]

103　この時期までに「社会心理史」を本の題名にかかげているのは、南博を中心とした社会心理研究所グループがまとめた『社会心理史：昭和時代をめぐって』〔誠信書房、一九六五〕だけではなかったかと思う。当然、この本は見田の視野に入っていた。

104　この『図書新聞』の小文は、単行本にも定本にも収められていない。これを未見のままで書いた、以前の私の論文では、三〇代の見田が試みようとしていた「近代日本社会心理史」について、「『変動期における社会心理』版の「明治維新の社会心理学―民衆の対応様式の諸類型」の質的量的な拡張」〔「見田宗介と柳田国男」『現代思想』四三巻一九号、二〇一五：二〇四頁〕が思い描かれていたのではなかったかと論じたが、その推理の方向性はあるていどあたっていたということになる。『変動期における社会心理』の論考は、執筆が予定されていた高橋徹の代役として、急遽まとめられたものである。すでに注で触れたように「明治維新の社会心理学」〔前掲〕と「「文明開化」の社会心理学」〔前掲〕とを合体させ、方法論およびデータ、さらに社会心理史の分析枠組みを論じた「序章」を増補して、近代化日本の社会心理の歴史的研究としてまとめられた。

表 5-2 「近代日本社会心理史」の目次構想

序章	社会心理史の課題と方法
1章	維新解体期における社会心理の諸様相
2章	明治体制形成期における対抗意識の展開と挫折
3章	明治体制の価値体系と信念体系
4章	明治体制下における対抗意識の萌芽と屈折
5章	大正解体期における社会心理の諸様相
6章	ファシズム形成期における対抗意識の展開と挫折
7章	ファシズム体制の価値体系と信念体系
8章	ファシズム体制下における対抗意識の萌芽と屈折
9章	戦後解体期における社会心理の諸様相
10章	大衆社会形成期における対抗意識の展開と屈折
11章	大衆社会の価値体系と信念体系
12章	大衆社会における対抗意識の萌芽と屈折
結章	近代日本の精神構造

その一一ヶ月後に刊行された『近代日本の心情の歴史』が、この「社会心理史」のテーマを、部分的ながら「第一歩」として実現し、具体化したものであることはまちがいない。流行歌として受容された作品の分析をつうじて、明治・大正・昭和の近代日本の変容を描きだそうとした。

▼素材と方法

読者は『近代日本の心情の歴史』という研究が、対象とした資料の特質の説明と、その方法論的な処理に、それなりの記述を費やしていることに気づくだろう。それは前章でも論じたように、この研究が一九六五年の『現代日本の精神構造』における、データ論や方法論の関心を受けとめたものだからである。対象とすべき全体の数量的な特質の把握にこだわるのも、そのためである。

主要な資料源（リソース）は、大学院生として「不幸の諸類型」論文を書いた年に公刊された『日本歌謡集』〔社会思想社、一九六三〕である。編者の時雨音羽は、レコードが普及しはじめた初期から、作詞家として活躍していた人物であった。とりわけ、そこに掲載された一八六八（明治元）年から一九六三（昭和三八）年までの各年に流行した歌をリスト化した「日本歌謡年表」から、対象とすべき全体が導きだされた。この年表には全部で四九一曲が記載されているが、歌詞が収載されておらず入手できなかったもの等をはぶいた四五一曲を、分析対象としている。

さらに、それらを「七年区分」で集計している。それは「数量的分析にとって必要な等間隔性」〔同前〕を確保するためだと提示しているのも、それまでの方法論議を踏まえたものだ。もちろん、時代の分水嶺となったいくつかの事件（帝国憲法発布、韓国併合と大逆事件、満州事変、敗戦等々）のあいだの年数が「偶然すべて七の倍数になっている」〔定本見田集Ⅳ：一四頁〕ことも後付けながら

105　具体的な全体構想としての「精神構造史」の志は、定本見田集のⅢ・Ⅳ・Ⅴの巻が分担する主題である「近代日本民衆精神史」〔定本見田Ⅲ：二二三頁〕において実現するとも考えられる。

106　ただ、ここで提案された全体は、やや外側の枠組みが先行している印象を受ける。後の論考にときに付されたかなり特徴のある個性的な研究の「全体」構想については、あらためて別に検討したいが、この仕事の目次は章題の展開がめずらしく単調である。日本近代史の「時期区分」と、「社会心理／対抗意識／価値体系・信念体系」および「諸様相／展開と挫折／萌芽と屈折」といういくつかのカテゴリーを、いささか機械的にくりかえしただけの構成になっているからである。

全体を個性的に立ち上げるだけの論考の準備が、それほどには熟していなかったのではないかと思う。じっさいに手元にあって、素材としてイメージされていたのは、目次と関連づけて当時の前後の研究状況を考えると、すでに大学院生時代に視野に入っていた「流行歌」の素材を別にすれば、以下の三つではなかったか。第一にすでに書いていた「明治維新」と「文明開化」の社会心理学が素材とした歴史の諸史料、第二にやはり明治期に関わるものだが歴史学者の協力のもとで編集しつつあった「自由と民権」の在地指導者たちの群像、そして第三に「日本国民の一九四五年八月十五日の生活記録の応募手記千七百通」〔「近代日本社会心理史の構想」前掲〕である。

表 5-3　対象とした流行歌の数と分析モチーフ別の記述統計

X：流行歌年表記載曲数
Y：歌詞不明等で覗いた数
Z：分析対象曲数

	A				B						
	怒り	うらみ	やけ	あきらめ(みれん)	批判	諷刺	自嘲	X	Y	Z	Z/X*100
明治01(1868)～明治07(1874)		6.1	6.1		6.1	12.1	3.0	39	6	33	84.6
明治08(1875)～明治14(1881)			5.0		10.0	25.0		23	3	20	87.0
明治15(1882)～明治21(1888)	11.8	2.9	5.8		20.6	11.8	2.9	37	3	34	91.9
明治22(1889)～明治28(1895)	13.9	2.8	8.3	2.8	19.4	11.1		42	6	36	85.7
明治29(1896)～明治35(1902)	2.6			7.9	5.3	2.6		39	1	38	97.4
明治36(1903)～明治42(1909)	12.5	28.1	9.4	21.9	18.8	28.1	21.9	33	1	32	97.0
明治43(1910)～大正05(1916)	3.4	6.9	20.7	6.9	3.4	20.7	13.8	31	2	29	93.5
大正06(1917)～大正12(1923)			19.0		9.5	19.0	23.8	23	2	21	91.3
大正13(1924)～昭和05(1930)		5.6	2.8	19.4		2.8	8.3	41	5	36	87.8
昭和06(1931)～昭和12(1937)		4.5	6.8	18.2			11.4	53	9	44	83.0
昭和13(1938)～昭和19(1944)		6.7	3.3	20.0			3.3	32	2	30	93.8
昭和20(1945)～昭和26(1951)		2.8	8.3	22.2	2.8		2.8	36	0	36	100.0
昭和27(1952)～昭和33(1958)		10.7	10.7	50.0			10.7	32	4	28	87.5
昭和34(1959)～昭和38(1963)		2.9	5.9	23.5		5.9	14.7	34	0	34	100.0
								495	44	451	

1．各ボックスの数値は、各時期の流行歌の中で、それぞれのモチーフを含むものの比率、すなわち（各モチーフを含むその時期の曲の数）÷（各時期の流行歌分析対象曲数）×100
2．■■は、各時期におけるA・B各グループ内での首位の所在を示す（ただし、10%以下のものは除外）

上記表は『近代日本の心情の歴史』初版のp.22「第1表」（左半分）とp.14の分析対象曲数の表（右半分）を合成して作成した。

確かめたうえでの選択だ、という。

また主に採用したと、見田が主張する「モチーフ分析」もユニークである。歌詞に含まれている複数の主題を分類として取り出し、データ化する試み[107]だが、それを行うにあたり、三名の判定者[108]を用意している。これも「質的データ分析の方法論的な諸問題」での「最小公倍数」〔定本見田集Ⅷ：一七三頁〕の議論を受けたものだろう。

分析の核となっているのは、そうした「モチーフ」として抽出された諸要素(「怒り」「かなしみ」「おどけ」など)の単線的でない変容と配置だが、それが3章で論じた「モンタージュ法」の応用ともいうべき、さまざまな歌詞フレーズの情景のつなぎ合わせにおいてなされていることにも、『現

107　ほかにも試みたものとして、「歌の主題(テーマ)の分析」「用語分析」「リズムの分析」「ヨナ抜きや長短調の分析」「コミュニケーション構造の分析」をあげているが、「本書はその一環としてのモチーフ分析の部分を、とりあえずまとめたものである」〔定本見田集Ⅳ：一二三頁〕と位置づける。

しかしながら、このモチーフ分析の構想を、たんに歌詞が主題としてとりあげているものへの注目で、内容分析としてだけ理解するのは、当時の見田の企図の分析としては不十分だろう。第四章から第六章でとりあげられる「慕情」「義侠」「未練」には、このことばを手がかりに、エートスともいうべき精神的駆動力をとらえようとする姿勢がうかがえるからである。すなわち「慕情」とは「〈自己と対等以上のものとして意識された他者に対する、距離感をともなう愛情〉」〔定本見田集Ⅳ：八二頁〕であり、物理的・心理的な距離によって直接的な発露がはばまれているところがポイントとなるし、「義侠」とは「〈自己の内にあるはげしい愛着や欲求を、他者ないし集団への忠誠のために、自らすすんで断念すること〉」〔同前：九八頁〕で、「未練」とは「〈もはやその保持・獲得が不可能となった対象にたいして、なおも残存している愛着〉」〔同前：一一九頁〕と定義される。これらは語義の明確化という以上に、駆動力すなわちエートスとして把握するための模索と解釈すべきだろう。

108　具体的には、近代日本史の研究者である井上勲と、『女学雑誌』などのメディアを研究していた井上輝子と、見田宗介の三名である。あらかじめ「怒り」から「無常感」まで二五項目ていどの因子を設定し、「それぞれの歌にふくまれる因子群を、三人の判定者が判定し、二人以上の合致をみた因子を採用した」〔定本見田集Ⅳ：一二三頁〕と書く。

代日本の精神構造』との連続を論じうる。

しかしながら、この一冊の流行歌分析の方法論的な意義について、見田自身の評価はすでに初版刊行の段階において、慎重かつ微妙である。

▼モチーフ分析の成果としての心情・感情の社会心理史

「すぎ去った過去の時代の民衆の心情を、げんみつに科学的・系統的に再現する方法論は、現在のところ、確立されていない。推論の主観性を、どうしてもまぬがれることができない。本書の記述は、「科学」の名において読者に強いられるべきものではない。」〔定本見田集Ⅳ：二五一頁〕

だから、これはまだ一つの「社会心理考」〔同前〕の試みにすぎず、流行歌を受容しささえた社会層の構成や時代的な変容の、さらなる分析が補われなければならないと説く。[109] この一冊は、見田自身にとっては試論の位置に置かれている、といってよいだろう。「数多くの弱点と限界とをもち、多くのものを将来の課題として残している」〔同前：二五三頁〕からである。[110]

とはいえ、その精進の成果にほんのすこしだけ踏みこんで、この研究の特質を紹介しておこう。『近代日本の心情の歴史』の目次構成（表5－4）が、近代日本社会心理史のさきほどの、やや外形的な全体構想とはまったく異なっていることには注目すべきだろう。章名に「維新解体

表 5-4 『近代日本の心情の歴史』目次

まえがき	時代の心情の記号としての流行歌
第 1 章	怒りの歴史
	怒りの屈折／民権演歌の論理と心情／怒りの転身／うらみの歴史
第 2 章	かなしみの歴史
	「涙」の消長／男と女の愛をめぐる「涙」へ／真昼の哀愁／美による救済
第 3 章	よろこびの歴史
	明治ロマンティシズムの底辺／都会讃歌のうらおもて／「しあわせの歌」の転身
第 4 章	慕情の歴史
	距離のある愛／頬に伝う涙のごわず／「カチューシャの唄」—学校唱歌と歌謡曲／光の慕情と影の慕情／二つの距離感覚
第 5 章	義侠の歴史
	義侠の構造／前代からの心情の遺産／花も嵐もふみこえて／叛逆と殉教／幸福の演技
第 6 章	未練の歴史
	未練の視座の二重構造／出船の歌と股旅小唄／戦後史の捨て石の涙／未練を叫ぶ／「雨の九段坂」の重層構造
第 7 章	おどけの歴史
	おどけの三相／「ルンペン節」と「しゃれ男」／戦後のおどけの三つの系譜
第 8 章	孤独の歴史
	氷上の旅人／断絶をいたむ歌／孤独による連帯／孤独の転回／都会の孤独と農村の孤独
第 9 章	郷愁とあこがれの歴史
	民謡から〈ふるさとの歌〉へ／田園讃歌・都会讃歌・大陸讃歌／故郷崩壊
第 10 章	無常感と漂泊感の歴史
	去りゆくもの・亡びゆくもの／戦場の無常感・漂泊感／水の流れと人の身は／股旅小唄の記号と心情／原点をひたす無常感
あとがき	本書の限界と今後の課題
補論	近代日本の心情のシンボルの辞典
資料	流行歌一覧表・分析原表・索引

109 そうした個々の流行歌をささえた社会層の分析は、たとえば「放送局のリクエスト番組などによせられるハガキを保存して、男女別・年齢別・地方別・職業別などに集計することによって、技術的には可能になるだろう」［定本見田集Ⅳ：二五二頁］と展望されている。

期」や「ファシズム形成期」「大衆社会形成期」などの、外挿的な時代区分がもりこまれていない。それをオモテに出さないかわりに中心にすえられたのは、内面的な感情をあらわすいくつかの概念である。すなわち「怒り」「かなしみ」「よろこび」「未練」「孤独」「無常感と漂泊感」といった「心情」を軸に章立てがなされ、それぞれのモチーフ（主題の動機となる思想や題材）のなかにおいて、日本近代のそれぞれの時期の歴史的な構造変容が説かれるという組み立てが選ばれた。

冒頭の第一章のモチーフである「怒り」を例にとると、ただそれ自体を単体で独立の心情としてではなく、「うらみ」や「やけ」「あきらめ」「未練」「おどけ」といった心情との複合や共鳴や屈折において分析しているのは、特徴的である。表5－3の左半分（初出の「第1表」に対応する）がA・Bの分類集計欄を設けて、複数のモチーフを可視化し、その相対的な順位を比較しようとしているのは、そうした連関の分析に対応している。

A欄の分析は、ストレートな怒りの表現が「うらみ」へと変形し、「やけ」から「あきらめ」「みれん」へと移動して「二重・三重に屈折し内攻した表現をとるに至る」〔定本見田集Ⅳ：一七頁〕さまを浮かびあがらせる。B欄にもまた、そことパラレルな推移が観察でき、「批判から諷刺へ、諷刺からさらに自嘲へ」〔同前〕という「批判精神の消長」が読みとれると説く。

▼モチーフの屈折・複合・共鳴(11)

図5－5は「怒り」の分析の総括図としてかかげられたものだが、ある意味でモチーフ分析の

ねらいを象徴的にものがたっている。

この図に込められているねらいを手がかりに、『近代日本の心情の歴史』における分析の特質を把握するためには、以下の二つの論点を踏まえておく必要があるだろう。

第一は、演歌のいわば原型としての「民権演歌」の把握に象徴されるような、両義性を考察に組み入れる柔軟さであり、対立的なもののなかに生まれる交渉への注目である。それは、たとえば「改良節」等々の詞句に頻繁にあらわれる「国権論と民権論のだきあわせ」という二重性であり、「武士の精神と町人の精神の抱合」という二重性である。見田は、「おどけ」というスタイルの存続のなかに、町人の反骨の屈折した表現を見ている。

「民権演歌は、論理の構造にそくしてみれば、民権論と国権論との二重性を内包しながら、民権論に一応の重心をおいており、心情の構造にそくしてみれば、武士のエトスと町人のエトスの二重性を内包しながら、武士のエトスに一応の重心をおいていた。」[定本見田集Ⅳ：二二頁]

110　しかしながら私が驚くのは、定本の解説で明かされた精力と集中力である。「数量データをもって夏休みに信州白馬「学生村」の民宿にこもり、正確に一日一章のスピードで一四日間で一気に」[定本見田集Ⅳ：三三二頁] 書き上げた、という。

111　図の左側の下半分の象限にある「日露戦後」という時期設定は、初版のミリオンブックス版の「第1図」も講談社学術文庫版も定本版も、「日露戦争」となっているが、これは誤植がそのままにのこってしまったものである。ミリオンブックス版に挟み込まれた「正誤表」が、まちがいを訂正している。

図 5-5　明治期における演歌の位相変化

		論理	
		民権論	国権論
心情	怒り（覇気）	ダイナマイト節　明 16～20 改良節　明 20 オッペケペー節　明 23 自由民権	日清戦争 欣舞節　明 21～28 〔日清談判・新日本〕 愉快節　明 22～28 〔芙蓉嶺・開戦の歌〕
	おどけ	日露戦後 ああ金の世や　明 40 ああわからない　明 41	日露戦争 ロシャコイ節　明 36～37 寂滅節　明 37～38 露西亜兵の軍歌　明 23

壮士によって担われた演歌のなかの民権論は、明治二二～三年あたりを境に国権論へと包摂され、「怒り」のモチーフが「不思議なくらいみられない」〔定本見田集Ⅳ：二八頁〕大正・昭和期の軍歌へと移っていく。

第二に押さえておくべきは、さきほども触れたような、モチーフの二重・三重の屈折を明晰にとらえるための、対象との距離感である。冷静な距離をたもつことで、その複雑な心情を実態のままに対象化しようとしている。たとえば、明治の民権運動がはらんでいた「怒り」のエネルギーは、憲法や議会や軍隊や産業などの国家のシステムが整備されていくにつれ、一方では対外進出や立身出世の原動力に転化され、他方では屈折し内攻して体制の底に滞留していく。

「日本の民衆の共同の心情としていったんは噴出した怒りのモチーフは、欽定憲法と帝国議会、日清・日露の両戦役をステップとする明治体制の確立とともに、一方は転身して体制自身のプログラムの尖兵・推進力となり、他方は屈折して没政治化し、「うらみ」や「やけ」「みれん」として体制の底に、私的な実感の世界に低迷することとなった。」〔定本見田集Ⅳ：四二頁〕

あるいは、明治三〇年代に流行した「大楠公」の「しのぶ鎧の袖の上に／散るは涙かはた露か」の政治性を帯びた涙が、不遇な環境での「プライヴェートな世界における男と女の愛のみをめぐって流された」〔定本見田集Ⅳ：四八頁〕涙へと変質していく。そうした大きな私事化・親密化の傾向のなかで、一瞬のまぼろしのようにあらわれた「明るさ」がある。それは「青い山脈」のなつかしい嶺を仰ぎ見る涙であり、「上を向いて歩こう」の涙の明るさである。そうした実感のあらわれを、「戦後の新しい悲哀の形」の時代的な特質として論じていく。

「それ[112]はかつて、「夜半の追憶」「袖しぐれ」に具象化されていたような、拘束された人間のかなしみとは対照的に、戦前社会のさまざまな拘束からいったんは解放された人間をおそう、新しいかたちの空しさや悲哀を具象化するものであった。」〔定本見田集Ⅳ：五五頁〕

112　この「それ」は、直接的には「上を向いて歩こう」（昭和三六年）の「涙の明るさ」を指すものだが、もうすこし幅広くとると「青い山脈」（昭和二三年）「長崎の鐘」（昭和二四年）「あざみの歌」（昭和二六年）で歌われた「愁い」や「悲しみ」を引き受けて、まとめて指示しているとも考えられる。

ここでいう昭和の時代の「私的な実感の世界」への閉塞の指摘は、この本の1章で論じた「実感主義の止揚」が戦後社会の課題だとする問題意識とひびきあうものだ。また、戦前社会の拘束から解放されたがゆえの課題は、すでに論じた「二重の意味での自由」と深く共鳴している。

ここで論じてきたモチーフの二重・三重の屈折を、歌詞に込められた心情と論理の葛藤としてみごとに分析しているのが、「未練の歴史」における昭和三六年の流行歌「雨の九段坂」の解釈である。「せがれ許せよ　よくぞ死んだと／ほめにゃならぬが　切ない嘘と／かくし切れないこの母を」という凝縮し屈折した三行に、分析の光があてられる。そして、国家に殉ずる「義俠」の立場、「義俠」を否定する「未練」の立場、さらにその「未練」を否定する立場という、三つの視点のゆらぎのなかに、複雑な規範と心情の重層構造の存在を論じている。[113]

▼流行歌への開眼

見田の社会心理学への関心が、なぜ「近代日本社会心理史」という歴史的な厚みを有する対象へと結晶化したのか。なぜ精神構造の研究が、流行歌を素材とした分析にむすびついたのか。

その理由のひとつが、すでに論じた心情をめぐる「重層構造」の発見にあると私は思うのだが、それ以外に『近代日本の心情の歴史』には「私の流行歌への開眼は、同時に歴史への開眼でもあった」〔定本見田集Ⅳ：六頁〕という気になる一文があらわれる。

この開眼の補助線となるエピソードとして述べられているのが、ビスケット工場でアルバイトしていた一六歳のころの体験である。

高校生だった見田宗介は、同年輩の少年たちがアルバイトの休憩時間に口ずさんでいた流行歌を耳にする。いかにも安手のきまり文句の羅列で、紋切り型の歌詞でしかなかった。しかし研究者となった見田は、一〇年以上前の高校生時代に聞いた同世代の歌ごえの矛盾というか裂け目というか、軽さと重さとの不均衡のようなものを思い出す。

「夏の工場の夜の敷地を、少年たちの一人一人が口ずさみながら通りすぎていく歌ごえは、そこに彼らの青春の存立が問われているかのように、重く、わびしく、暗かった。〈この世のパラダイス〉というおしまいの句が、[114]ふうっと尾をひくように、一つ一つ、熱気のなかにのみこまれていくのである。この文字にした歌詞の軽さと、それを口ずさむ少年たちの歌声の重さとの落差の中に、私ははじめて、流行歌というものの秘密をかいまみる思いをした。」［定本見田

113 こうした構造の重層性の解読は、『近代日本の心情の歴史』における流行歌という素材の理解の不可欠のポイントかもしれない。その意味で、見田が「〈真珠化〉」［定本見田集Ⅳ：五七頁・一六六頁］と名づけている心の作用は、流行歌の本質の理解としてもうすこし論じられるべきだろう。

114 北田暁大「見田宗介『近代日本の心情の歴史を読む（上）』」［『現代思想』第四三巻第一九号、二〇一五］は、このフレーズから、当該の流行歌が一九五四年の映画の主題歌であることを、ネットで調べて確かめている。こうしたインターネット検索の便利は、一九九〇年代以降に急速にととのえられたものであり、研究者の探索の可能性を拡げた。

集Ⅳ：二―三頁〕

そこから紋切り型の背後にひそむ、ひとつひとつの心情の拡がりとその総体の深みを、どこまで掘り起こすことができるだろうかという、問いをいだく。

「歴史というものを、私自身もそこに参与する無数の無名の人びとの一回かぎりの人生の、確執や幻想や打算や愛や献身のひしめく総体としてもういちどとらえなおしてみたいという願望が私をとらえた。」〔定本見田集Ⅳ：六―七頁〕

その意味では、この心情分析の対象は、ひとつひとつの流行歌ではない。また、それを単位とした集合における諸要素の分布状態にも還元できない。

あえていうならば、とらえるべきは「分布」というよりは「ひしめき」である。

なるほど流行歌は、さまざまな心情の重層を、矛盾をもふくみこんだ形で受容している。その時代の「気分」との照応関係が濃密であるかぎりにおいて、時代の社会心理の戦略的なデータとなりうることはまちがいない。しかしながら、見田がアプローチしたいと願っている対象は、無数の無名の人びとの一回かぎりの人生のひしめきあう「総体」としての社会であり、歴史であった。それは、流行歌の時代的な分布や、階級的な配置において明らかになるものかというと、じつはひとつひとつの流行歌をデータとして分類し集計しただけでは、なかなか浮かびあがってこない。見田は「モンタージュ法」を応用しつつ、流行歌に象徴的にあらわれる複数の心情をつなぐようにして分析している。むしろその歌詞の集合体が包含している、喜怒哀楽の駆動力や孤独・郷愁・無常の感覚のあらわれを、その全体からまず描きだそうとしているのである。それは、見田が追求している「社会心理史」の理論的対象が、歌の流行をつうじてとらえられる社会心理の変容ではなく、無数の無名の人びとの一回かぎりの人生の総体としての歴史だからである。この課題は、10章の『明治大正史世相篇』論で、もういちどふりかえることにしよう。

▼可能性の幻としての社会心理学

ところで、さきほど『近代日本の心情の歴史』初版の「あとがき」に言及し、社会心理学を専攻しているとの自己紹介の存在に触れた。

これに対し、ほぼ一〇年をへだてた講談社学術文庫版の「あとがき」には、今度は「自分の専攻を「社会心理学」として規定することを、いまのぼくならしないだろう」〔「学術文庫版のためのあとがき」19780410：二三二頁〕という、かなり明確に否定的な断言があらわれる。

ここにあるのは、専攻をたとえば社会学に変えたという、方向性の転向だろうか。あるいは、ここまで論じてきた心情の研究の否定なのだろうか。さらに、社会心理学という学問への断念や失望と解すべきなのだろうか。はたまた、社会心理学という学問それ自体の変質なのだろうか。

おそらく、どれもすこしばかりちがう。

たぶん方向性の変化ではない。また失望ならば、じつは当初からつねにあったのである。それならば、この「社会心理学」への距離感は、いったいなにを意味するものなのだろうか。

ひとことでいえば、見田の内にある未来性・ユートピア性の喪失ではなかったか。

つまり、その学問の名において、自らを突き動かす駆動力を十分には引き受けられなくなったということを、率直に表現したものではないか。

そもそも見田宗介にとって「社会心理学」という最初の名のりそのものが、じつは見田自身の研究主体としての熱い思い入れから生まれた極端な〈まぼろし〉であり、ユートピアであった。つまり、先行する他の研究者たちによって実践されている、既存のディシプリンを指すものではなかった。

そのことをものがたるエピソードがある。

高校生だった頃というから、さきほどのビスケット工場でのアルバイトとおなじ時期であろう。見田は図書館で、南博の『社会心理学』〔光文社、一九五〇〕という本をみかける。[115] 中味をひらいて読むまえに、その題名に「すっかり興奮」してしまった、という。そのころの二つの切実な問題意識、すなわち「歴史的な社会の総体性を把握するということ」と「人間のこころの深奥を理解すること」とを、「社会・心理・学」の文字の連なりがみごとに統合し、解答にいたる道をしめしているかのような感覚にとらえられたからだ。

そのときの「社会心理学」は、いわばはるか遠くに、かすかに見えたユートピアである。あるいは、自分が目指すべき道のたちあらわれ、そのものであったのかもしれない。いまはひとりぼっちの遠い目標でしかないものの、いつか共同の幻として共有されるかもしれない、学知の薄明かりであった。

講談社学術文庫版の「あとがき」は、その時代すなわち一九六〇年代前半の自身の主体的な取り組みの情熱を率直に証言している。

「その後さまざまな「社会心理学」書の中味にふれても、べつに幻滅するということはなかった。それらの中味がつまらなければつまらないほど、総体的＝縦深的なあるべき〈社会心理学〉の創設という課題は、ぼくにとって、未開の沃野のもつ魅惑としてたちあらわれたからだ。そしてぼくじしん、自分の分析や記述の上すべり[116]に恥かしい思いをくりかえしながら、この幻の〈真の社会心理学〉に向かってしゃにむに格闘していた。」〔「学術文庫版のためのあとがき」19780410：二三二頁〕

115　私はここで、鶴見俊輔の「誤解する権利」という創造的な概念を思い出す。鶴見もまた、戦後に南博が翻訳した『エロス的文明』〔紀伊國屋書店、一九五八〕というマルクーゼの本の題名をみて、敗戦後は批判の対象としてしか論じられてこなかった日本の伝統を、肌を媒介としたコミュニケーションの可能性としてとらえなおす、新たな文明論の視点を夢想する。ところが「題名を見て私が想像したのとぜんぜんちがった。読みたいことは何も書いてなくて、困ったなぁと思った。題名からまちがった想像を駆けめぐらしたんです」〔『期待と回想』下、晶文社、一九九七：五三頁〕と回想する。

そのような意味において、見田の「社会心理学」はいわば手づくりのオリジナルである。すなわち、専門性を有するディシプリン（学問）の名ではなかった。あるべきをめざす、二〇代の気鋭の研究者のその覚悟はまぶしい、と思う。と同時に、「自分の分析や記述の上すべり」に対する羞恥と自重には、深く感じるところがある。

この初版と学術文庫版との二つの「あとがき」のあいだにある、社会心理学との別れは、じつは直接の接続ではないが、6章および7章で論ずる「真木悠介」の誕生を暗示するものでもある。一九六〇年代の「社会心理学」の代わりに、いわばユートピアへの駆動力をになうようになるのが、『気流の鳴る音』以降に独自の意味あいをもつにいたった「比較社会学」であったからである。

その端緒は、一九六九年前後の大学闘争である。

この大きな事件が、このテクスト空間に、どのような新しい要素をもたらしていくのかが、次なる課題として6章で論じられる。

---

116 この「上すべり」の解釈について、その実存性と社会性の両面を補足しておきたい。見田は小阪修平との対話で、石牟礼道子にとっての「水俣」が、ことばが上滑りすることの禁止としてあることに触れ、「ことばをことばとして上滑りすることを禁止する力をもった、小阪さんのことばを使えば経験とか、リアリティとかそういったもの」が現在どうあるのかを問う［19860225：一九一―二〇頁→定本見田集Ⅱ：九六頁］。そして「自分にとって切実なリアリティをもっていることばが、相手にとっては空疎な「ことばでしかない」ということは、おそろしい体験ですね」と語っている。

6章 「解放の主体的根拠について」［19690801］
――学生闘争をどう受けとめたか

1章でも触れたが、見田宗介における筆名の使い分けは、愛読者のひそかな関心を惹いてきた話題である。「真木悠介」の名前がいつ生まれ、(117) なぜ使われたか。(118)

このペンネームの誕生の理由を探っていくと、一九六〇年代末の大学闘争との、避けることも

117　いつという時期をめぐって、見田の社会学に関心をもつ若い世代の研究者の一人である片上平二郎が論じている「「真木悠介」名義のはじめての論考は一九六九年の「未来構想の理論」だ」［『現代思想』：一一五頁］という認定は、残念ながら二つの意味で正確でない。

不正確の一つは「未来構想の理論」［19700601］は一九七〇年六月に書かれた論考であるという事実で、一九六九年一一月に真木悠介名で発表されたのは「人間的欲求の理論」［19691101］である。ただし、これは片上一人の不注意ではない。公刊された『人間解放の理論のために』の出典表示の誤記・誤植に由来する。私が学生時代に読んだ本は、初版第四刷だったが、その出典の一覧表はすでに二つの初出を入れ替えて載せてしまっている。意外なことに初版第一刷には、じつは初出一覧そのものが存在しない。単純に忘れたのだろう。だから第二刷以降のどこかでくわえられた。その段階で、残念なとりちがえが生まれることとなり、後生を混乱させることとなった。

もう一つの不正確は、その一一月の「人間的欲求の理論」より前に、真木悠介名を使った論文が存在していることである。おそらく最初の論考は、一九六九年八月号の『展望』に載せられた「解放の主体的根拠について」［19690801］である。

118　なぜという理由については、序章でもすこし触れたとおり、「理論面での基幹的な仕事」をするため説、「締め切りなし」の「頼まれ仕事」以外のため説、自己純化・自己解放説、「家出」説、「ゲリラ軍」説など、意図せざるはぐらかしの効果をもってしまった自己解説も含めて、強調点の異なるさまざまな説明が提示されている。

退くこともできない直面情況が浮かびあがる。そこでの学生たちの問題提起を、見田が解放をめぐる根底的な問題として、どのように受けとめたか。その受けとめの事実と、この筆名のもとで取り組んだ領域の開拓とは、これまでばくぜんと語られ、あいまいに理解されてきた以上に、緊密にむすびついている。

やや先まわりした提示になるが、真木悠介[119]は、大学闘争の場で提起された根源的な問題への、応答責任を果たすために生みだされた主体だったのである。

▼戦争と全共闘体験

一九六八年から六九年にかけて東京大学でも、いわゆる「全共闘」（全学共闘会議）の学生運動が展開した。その様態は、すでに各派に分解していた既存の全学連などの組織とも、自治会の制度を基盤とする学生運動とも異なっていた。学科・専攻・クラス・サークル・個人等のさまざまな単位で、新左翼系や無党派の学生たちを巻き込んだものだったからである。一般的・通念的に「全共闘」というと、テレビでも中継された一九六九年一月の安田講堂での機動隊との攻防や、各学部での学生のストライキや封鎖などの報道されたできごとの過激なスタイルが目をひく。しかしながら、ここではそうした「事件」[120]の激しさだけでなく、学生たちとの日常的な交渉や交流の総体を、全共闘運動の体験として視野に入れたい。

二〇一六年の朝日新聞インタビューで見田は、当時のことを次のように述べている。

「困ったことが起きたぞ、という気持ちでした。そのうち嵐が去るだろう、とも。甘かったですね。教員になって4年目でしたが、静かな学究生活は一変していきました」〔「人生の贈りもの（5）」20160122〕

しかしながら「でも次第に、愉快だ、と感じるようになった」〔同前〕と述懐しているのは、なぜか。

---

119 見田は、このペンネームをめぐって、後に当時の全共闘学生と再会したとき、「僕らはその『悠』の字が気にくわなかったんです」〔20160122〕と言われたと回想しているが、成果と結論とを急ぐ運動主体にとって、「真の問題に真正面から向き合う。性急な思考に対抗し、十年、百年、千年の方向性を悠々、悠然と追求していく」〔同上〕という、あせらずにゆったりと落ちついた立場の表明は、多分にいらだたしいものであっただろう。

見田は私との雑談のなかで、最初に『展望』にこの名前で原稿を書いたとき、当初は「真田悠介」としていたのを、校正で「真木」に直したのだと語った。「見田 mita」と「真田 mata」であれば、母音をひとつ代えただけのつづり替えのことば遊びである。「宗介」がときどき「そうすけ」と読まれてしまうことを踏まえての「ゆうすけ」なら、おなじく一音だけの変更となる。もっとも、最近のインタビューでは（「近代の矛盾と人間の未来」〔20191125〕）では、「「真田十勇士」みたいな斬り込み隊長のイメージだった」〔同前：一四六頁〕と語っているので、「真田」は「さなだ」と読むべきものかもしれない。

「田」から「木」への移動はすぐれて感覚的なものだとは思うが、後に「まぼろしの塾」の構想を語り、その通信を「木の舟」〔19800216〕と名づけ、三〇年後に新たな探究集団を「樹の塾」〔20100218〕と称するにいたった好みと、つうじ合うものを感じる。あるいは、そこに屋久島の森に立つ途方もない樹齢の木に「聖老人」と呼びかけた山尾三省への共感を読むべきだろうか。

120 医学部のインターン研修協約闘争にからむ大量処分の問題に端を発した学生の抗議の運動は、一九六八年六月一五日の医学部全学闘（全医学部闘争委員会）の安田講堂時計台占拠、一七日の機動隊導入、七月二日の安田講堂バリケード封鎖、その後の東大闘争全学共闘会議の結成と各学部でのストライキや封鎖、一九六九年一月一八日から一九日にかけての機動隊による安田講堂封鎖解除、一九七〇年度入学試験の中止、授業再開等々のさまざまな「事件」へと展開していった。

学生たちが提起していた問題に、根底的なものが含まれていたからだ。

それは、見田自身の研究者としての人生にもかかわるものであった。教養学部を定年退官したとき朝日新聞夕刊に寄稿したエッセイでも、この大学紛争に触れている。おなじく当初は「災害」としてできるかぎり乱されないことに努めたけれども、問題はもっと深かったことに気づいた。組織としての学部や大学のあり方だけでなく、研究するということそのものの意義をも問うていたので、「胆（はら）をきめるほかない」〔「奇跡ではないもののように」19980305〕できごとだった、[121]ともいう。

一方において、「本当のことをいうと、学生に教えることを面白いと思いはじめたのは、一九六五年に大学に勤めてから四年くらいたってからだった」〔同前〕という記述もある。この四年くらいというのは、四年くらいたってからの意味なので、数えてみるとこの学生闘争の時代と一致する。つまり、先の回想における「愉快」の内実が、じつは教育という制度的な回路をつうじての学生との交流にもかかわっていたことがわかる。

▼「失われた言葉を求めて」

そうした交流の内実にふれているテクストをたどってみよう。

一九六八年一一月四日に「現代青年の意識と行動」という講演が、東京商工会議所で行われた。その質疑応答で、現代の大学での抗議運動に参加する学生が、見田からはどう見えているかが質問される。当時、世界各地で、「スチューデント・パワー」[122]の勃興が注目されていた。

質問に対する受け答えで、同時代の日本の学生運動のひとつの特徴を、見田は「実存的な傾向」ということばで表現している。たとえば、ストライキ中の夏休みの自主講座の学習テクストで一番人気があったのが、不条理や反抗を論じたカミュであり、またサルトルやカフカやニーチェに少なからぬ共感が寄せられていた。そのことに、見田は運動する学生たちの「世代」の変化を感じる。

「つまり何か常に抽象的に正しい世界観とか理論体系とかというものがあって、それを押しつけてくるというのではなく、おまえ自身は一人の人間としてどう行動するのかということを問いつめてくるというようなタイプ。それはちょっと昔のタイプと違うわけです。」〔「現代青年の意識と行動」19681206：二四頁〕

121 「全共闘シンパ」とは必ずしもいえず、「彼らの問題提起には深く共感するが結論には反対」という「激論派」〔「人生の贈りもの（5）」20160122〕だと、自らを位置づけている。この朝日新聞のインタビューにおいて、「バリケードの中で徹夜の激論を闘わせた」というのが、どのような形態での、いつの集会を指すのか。私自身は正確に同定することができなかったが、その際に「アドリブが利かないたちなので、レジュメを用意して臨みました。これを本にしたのが七一年の『人間解放の理論のために』です」〔同前〕と書いている。ここでいう「レジュメ」の一つが、私は「態度表明」〔19690402〕に「付」として引用されている「東大闘争の現段階と教官の主体的課題　69-3-14」〔19690314〕なのではないかと思う。

122 一九六〇年代末にフランス・アメリカ・イタリア・ドイツ・日本など、世界のさまざまな場所で起こった学生運動を総称して「スチューデント・パワー」という語が使われた。高橋徹編『叛逆するスチューデント・パワー：世界の学生革命』〔講談社、一九六八〕など。

昔の学生運動を下ざさえしていた「反権威主義」であれば、叛逆の様態は単純でわかりやすい。体制側の権威にはいうまでもなく反逆するが、反体制側の党派の権威に対しては逆に進んで服従する。それが通常の組織的な行動様式であった。

これに対し、現代の学生運動ではどちらの権威をも認めたくないという実感が、むしろ前面ににじみでている。ある意味では反権威主義の徹底だが、それは運動のスタイルが、かなり異なることも意味する。見田はその基盤にある態度を「実存的」という語でしめしたのである。

そうしたなかで、論壇の総合雑誌『世界』から「現代学生の精神状況」を論じてほしいという依頼があった。その依頼に応じて、見田がまとめ公表したのが「失われた言葉を求めて」[19690201]である。いまは「総体的に記述する用意がない」ので論点を一つにしぼるという弁明をかかげつつ、ことばの奪還ともいうべき課題を提起する。この論考は、その主題を副題の「想像力の陣地の奪還」というフレーズに込めている。

この見田宗介の論考は、その後に書かれた「東大闘争の現段階と教官の主体的課題」[19690314]や「態度表明」[123] [19690402] とともに、じつは真木悠介の誕生の始点に置かれるべきテクストだと、私は思う。

すこしテクスト間での見通しをよくするために、順序を整理し、真木悠介の生成に関連するペンネーム交錯の時期における主な論考を、表6-1にまとめておこう。

見田は「失われた言葉を求めて」において、あえて量的には少数ではあるが、と一群の学生た

表 6-1　ペンネーム交錯の時期の主要論文

1969 年	2 月	見田宗介	「失われた言葉を求めて」	→『心情』
	3 月	見田宗介	「東大闘争の現段階と教官の主体的課題」	
	4 月	見田宗介	「態度表明」	
	8 月	真木悠介	「解放の主体的根拠について：根底的解放の理論のために」	
	9 月	真木悠介	「被害の論理と加担の論理」	
		結城一郎	「現代欲望論：幸福の背理」	→『心情』
	11 月	真木悠介	「人間的欲求の理論：人間解放の理論のために」	→『解放』2 章
1970 年	1 月	真木悠介	「解放のための〈全体理論〉をめざして」	→『解放』序
		真木悠介	「ファシズム断章：われらの内なる〈自警団〉」	→『心情』
	6 月	真木悠介	「未来構想の理論：創造的実践の論理」	→『解放』1 章
1971 年	2 月	真木悠介	「コミューンと最適社会：人間的未来の構想」	→『解放』3 章
	5 月	見田宗介	『現代日本の心情と論理』	
	10 月	真木悠介	『人間解放の理論のために』	
1972 年	1 月	見田宗介	「明治体制の価値体系と信念体系」	
1973 年	1 月	真木悠介	「欲求の解放とコミューン」	→『気流』
	5 月	見田宗介	「まなざしの地獄：都市社会学への試論」	
		真木悠介	「現代社会の存立構造：物象化・物神化・自己疎外」	→『存立』Ⅰ
1974 年	3 月	見田宗介	「時間のない大陸：インドのひとり旅」	→『気流』
	4 月	見田宗介	「一人の旅と集団の旅」	
	5 月	真木悠介	「外化をとおしての内化：労働の回路と交通の回路」	→『存立』Ⅱ序
	7 月	真木悠介	「階級の論理と物象化の論理：経済形態の存立構造」	→『存立』Ⅱ 1-4
	8 月	真木悠介	「疎外と内化の基礎理論：経済形態の存立構造③」	→『存立』Ⅱ 5
1975 年	10 月	見田宗介	「骨とまぼろし：メキシコ文化の二重構造」	→『気流』
1976 年	1 月	見田宗介	「現代社会の社会意識」	
	3 月	見田宗介	「ユートピアの理論」	
	5 月	見田宗介	「ファベーラの薔薇：ガンジスの朝とリオの夜」	→『気流』
	9 月	真木悠介	「「共同体」のかなたへ」	→『気流』序
	10 月	真木悠介	「気流の鳴る音」	→『気流』Ⅰ・Ⅱ
	12 月	真木悠介	「気流の鳴る音（後篇）」	→『気流』Ⅲ - 結
1977 年	3 月	真木悠介	『現代社会の存立構造』	
	5 月	真木悠介	『気流の鳴る音：交響するコミューン』	

ちに注目している。[124] まちがいなく平均的な学生の検討でもなく、大多数の傾向の分析でもない。しかし、その少数は少数でありながら「現代の学生諸君の生きる情況のある側面をラディカルに極限化して行動し、あるいは内省している」〔「失われた言葉を求めて」前掲：六四頁〕という。その点において質的データ論が論じた意味での「火成岩」の位置にある。彼らが直面し実感している問題状況の分析をつうじて、学生運動の方向性を規定している、いわば「マグマ」の構造に光をあてようとする。[125]

箇条書きに概略を要約するならば、そこで描きだされている情況は次のようになろう。

第一に、学生たちをとりまく情況には、ことばをめぐる深刻な困難がある。「ことばの疎外」であり、「時代の失語症」である。それは、理解の媒体となるはずだったことばから、その共感力を奪い、戦後デモクラシーへの自己嫌悪をも生みだしている。

第二に、そこで引き起こされたコミュニケーション不能の現実は、行為主体のそれぞれに、実存的な孤絶をもたらす。そうした情況は、連帯や参加への不信を核とする「拒否」（あるいは「粉砕」）の思想を醸成する。そして行為主体は、代理・代表の意義や存在を否定し、「直接民主主義」や「直接行動」の直接性を強く冀求する。

しかしながら第三に、他者との関係における行為主体の内なる困難は、ことばへの不信と拒否にうずくまる実践のなかでさらに深刻化していく。他者に対する想像力の衰弱によって、自らを相対化する「視座転換」の能力もまた弱体化し、自己を除いたすべてを「敵」の側へと押しやるような「際限のない自己絶対化」への傾斜が強められていくからである。一九七〇年代から昂進した「内ゲバ」抗争も、歴史的なファシズム・スターリニズムの独裁も、そうした自己絶対化の帰結にすぎない。

▼〈ことば〉の奪還と真木悠介の存立

こうした凝縮された論点を結んでいく現状観察についての検討はあとにまわすこととして、見田がこの論文で主張しようとしたことは、次の結びの一節に集約されている。そこで見田は、想像力の根拠地としてのことばの奪還を呼びかける。

123　じじつ、『現代日本の心情と論理』の「あとがき」は、真木悠介名で書かれた「ファシズム断章」と見田宗介名の「失われた言葉を求めて」の二つの文章について「この時期の私にとって一つの決算であると同時に、七〇年代以後への課題を太い線で粗描している」[:二三四頁]と述べて、その後のしごととのつながりを暗示している。

124　この「失われた言葉を求めて」という論文の異質性については、多くの指摘がある。朝日新聞の匿名氏の書評[一九七一年六月二八日]がすでに、『現代日本の心情と論理』というエッセー集に集められた論考には、「六八年・六九年の大学闘争をはさんで、どこか微妙な変化がある。「失われた言葉を求めて」などはその一例である」と指摘し、今後の仕事の展開に期待を示した。また庄司興吉も、この「失われた言葉を求めて」と「ファシズム断章」の2つの論考において「著者の「心情と論理」が激しく相剋しているように思われる」[『現代日本社会科学史序説』法政大学出版局、一九七五:二三一頁]と評した。

125　じっさい見田自身も、大学闘争自体を、次のような地殻変動の比喩においてとらえている。「全社会の底部にあって、日常性の支配のもとに外面的・内面的に管理され抑圧されていた、〈答えなき問い〉のマグマが、矛盾の結節点である大学をたまたまその火口にえらんで吹きあげたのだ」[「解放の主体的根拠について」19690801:一八頁]。

「われわれはまさに、あえてふたたびくりかえすならば、〈自立〉が〈連帯〉への不信の磁場でみずから〈孤立〉に追いこまれ、〈主体性〉が〈客観性〉への嫌悪の磁場でみずから〈主観性〉に転落してしまう、この呪われた連関をいま断つために、[126]〈孤立〉と〈主観〉に居直る自己をまさに不断に拒否しつつ、真にみずからの言葉と論理の体系を、ゆるぎなく築き固めてゆかねばならない。」［「失われた言葉を求めて」19690201：七二頁→『現代日本の心情と論理』19710531：一八一―一二頁］

見落とせないのは、こうして描き出された「現代学生の精神状況」の困難が、同時にまた教員として研究者が置かれている苦境（predicament）でもあったことである。

失語症的なことばの疎外も、拒否の実践がもたらす孤絶も、運動する学生だけにかぎられた現実ではなかった。コミュニケーション行為に書きこまれた困難であることによって、相互的な拡がりを有していた。そして、内なる「際限ない自己絶対化」の罠から、大学の教員や研究者もまた逃れられているわけではない。真木悠介はまさしく、その孤立と主観性の「呪われた連関」を断ち、ゆるぎなく「みずからの言葉と論理の体系」［同前］を構築するために、既存の名の呪縛を切断するものとして生みだされているのである。

「他者の眼に写しだされた自我の現実を、醜いものとして、恥しくうけいれ難いものとして感受した瞬間にすでに、彼はその自我をのりこえて進もうとしているのだということを、したがってまた彼の真実は、いますでにこの「現実」をあとにはばたいているということを、主張する権利は留保されるはずである。」〔「失われた言葉を求めて」前掲：六八頁↓『現代日本の心情と論理』：一七二―三頁〕

では、いかなる理論的実践を提案し、どんなことばと論理を生みだそうとしたのか。

次章にまでわたって論ずる解放理論の、ここでのポイントをざっくりと提示しておこう。次の二つが注目される。

第一に、新たな「未来」の立ちあげにおける認識論的切断である。

その前提として「未来／現在／過去」の、一次元的で直線的な時間性の理解の枠組みを解体する必要がつよく意識される。想像として共有するしかない未来のなかに、過去が重層する時間性の貫入を読みとき、過去性に縛られた未来を、実践の現在性において解放しようとしたのである。

第二に、「相乗性／相剋性」（当初の論考では「相乗性／背反性」の対でもあらわれる）という関係性の類型の設定である。

126　ここで前提となっている観念の自己疎外の運動法則、すなわち「呪われた連関」とは、次のようなものである。「「帰属」と「帰依」による受動的自己定立から「参加」と「連帯」による主体的自己定立へ、そしてたちまち「介入」あるいは「拒否」による孤絶的自己定立へ、このみちゆきこそじつはまさしく、〈自立〉が〈連帯〉と対立せしめられることによってたちまち〈孤立〉に追いこまれ、〈主体性〉が〈客観性〉と対立せしめられることによってたちまち〈主観性〉に転落してしまう、こんにちの苛酷な思想状況の磁場で強いられる観念の運動法則に他ならなかった。」〔「失われた言葉を求めて」前掲：七二頁〕

これはやがて、コミューン論に展開していく。この主題の深化は、見田の社会意識論の基本構造に「総体化」という概念を生みだしていく。その理念は、やがて『現代社会の存立構造』と『気流の鳴る音』という真木悠介の二つの代表作にストレートにつながっていく。

▼時代の失語症と理解からの拒否

さて、「失われた言葉を求めて」の約半年後に、真木悠介名での最初の論文「解放の主体的根拠について」[19690801]が書かれる。(127) そこにおいて解放と主体化が、理論的な綱領として提示される。

なによりも、この見田と真木という二つの名にまたがって書かれた、二つの論考には、内的で緊密な論理と心情のつながりがある。ここではまず、ことばの奪還という課題をかかげた見田宗介と、解放の根拠を論じた真木悠介のことばとの呼応をたどってみたい。

すでに論じたように、所与の情況として、時代の失語症という症候群が指摘されている。見田の「失われた言葉を求めて」[前掲]は、いくつかの印象的なフレーズを、学生たちの手記や論考から取りだしている。そこであきらかにされたのは、主体がどうしようもなく感じている実存的な困難の輪郭である。

「僕はこれがいやだ。どうしても他者が僕をかってに理解するということが許せない。」

「他人の言葉で自己弁護する。この私は一体誰だ。」[「日記／京都大学・故山崎博昭」『自由をわれらに

全学連学生の手記』ノーベル書房、一九六九：三四頁・三六頁＝「失われた言葉を求めて」前掲：六四—五頁〕

「「話しあうことのみが可能性……」というその言葉自体に可能性を抱きながらも、しかし、話す後から自分の言葉が自分には異質なものとして響いてくるという空々しさ」〔「雨垂れの響き／明治大学短期大学・清水史」同前：一八一—二頁＝「失われた言葉を求めて」同前：六五頁〕

どうしてもいやだと否定されている「これ」とは、ことばというメディアのもつ伝達性である。自分の考えていることが他者に伝わる、という性質そのものを指す。それはことばというメディアの本質でもあるのだから、ある意味では不条理な叫びのようにも聞こえる。しかしながら、その裏に「断絶にあまりに無自覚な楽天的な人々の「わかる」という

127 「根底的解放の理論のために」という無視できない副題をもつ、この真木悠介名での最初の一編は、しかしながらなぜか、『人間解放の理論のために』には収載されなかった。

その理由は推測にすぎないが、この論考がもつ、議論の重複と変容とある種の限定性とを意識したからであろう。すなわち、第一に序章から第三章までの四本の論考の論理展開とも内容の重なることからして予備考察との位置づけが強まり、第二にノートとして付された研究全体の展開構想が実質的にかなり異なってきたことが気になり、さらに第三に後出の討論会のためのレジュメのビラと具体的・個別的な関係が深すぎてやや限定的だと判断されるようになったためではないか、と思う。

見田を論ずる研究者のなかでの注目度は低いが、私は『人間解放の理論のために』の存立を考察するとき、その基礎に位置づけられるたいへん重要な論考であると考えている。しかも、それが一九六九年四月二日に見田宗介名で配布されたビラ「態度表明」の「付 東大闘争の現段階と教官の主体的課題 69-3-14」と、本文で論ずるような明らかな連続性があることは、これまで論じられてこなかった。ここでの「解放の主体的根拠」への注目は、菅孝行の批判への応答である「卵を内側から破る」〔19820805〕で、身体論をそなえた変革論としてさらに論じられる。

言葉への嫌悪」があり、「のっぺりとした「民主主義」への不信」〔「失われた言葉を求めて」前掲：六五頁〕がひそんでいる。

そのことを見田が鋭く感じとり、指摘しているのは正しい。

その叫びは、安易であいまいな「わかる」という「理解への拒否」である。(128)

それは世間のここかしこに充満しているがゆえに、強靭である。その実感はそのまま、じつは日本の戦後民主主義の理念と現実との分裂の自覚、あるいは解体の実感であり、「ひそかな羞恥と自己嫌悪との投射」〔同前：六七頁〕でもあった。

「だからわれわれは、自己表現の一足ごとに、おぞましい自己嫌悪と自己剝離感をかみしめていかねばならない。」〔「失われた言葉を求めて」前掲：六六頁〕

このどこか視覚的なイメージのなかに、若者たちがとらえられている疎外のメカニズムの実感が率直にあらわれている。

自己剝離感というすこし特異な表現には、解説が必要だろう。

戦後日本社会において、民主主義・平和・自由・解放・人間・理性・対話・友情・愛・青春といった美しい観念は、価値として重んずべき尊さを有していた。その理念が思想としての生命力を失い、どこかでよそよそしさ・白々しさを感じさせはじめたことも、時代の所与の情況であった。

見田はその情況を、次のように論ずる。

「現代における人間の構成的思考の営為の基礎をほりくずす、諸々の観念の角質化による思想のいわば自己剝離的様相は、少なくとも潜在的、無意識的には、ひとり学生のみならず、じつはわれわれすべてをひたす時代の全体情況に他ならなかった。しかし同時に「言葉のすきま」のうすら寒さの感覚は、すべての時代の青年たちに繰り返し共有されてきたものであった。それは時代の情況であると同時に、これと交叉し重なり合って、すべての時代の青年の情況でもある。」〔同前：六六頁〕

ここでの歴史認識は、「世代の断絶」というような理解をこばむ。と同時に、「時代の変化」という状況依存的な説明もしりぞけ、変革の問題をもうすこし普遍的なものへと引き上げている。

128 見田が、これらのフレーズをある共感をもって引用していることは明らかだろう。木下順二『夕鶴』に、金もうけに目覚めた「与ひょう」に対して、「つう」が「分からない。あんたのいうことが何にも分からない。さっきの人たちと同じだわ。口の動くのがみえるだけ……」とつぶやく場面がある。見田は、その場面を参照しつつ「バリケードにおける対話の問題は、このことをちょうど裏から照射している」〔「鶴とバリケード」19690603〕と書いた。この一文を含む朝日新聞コラム「標的」掲載の文章をまとめた章が、『現代日本の心情と論理』〔19710531〕において「鶴とバリケード」と題されるのは象徴的で、時代の失語症状況を暗示している。

▼解放のための〈全体理論〉をめざして

私はここで唐突だが、真木悠介名で書かれた論考の、あるパセティックな一節を思いだす。そこに共鳴ともいってよい、同時代の情況との呼応を感じるからである。

それはのちに、『人間解放の理論のために』という一冊の序章となる、一九七〇年一月の「解放のための〈全体理論〉をめざして」〔19700111〕の書き出し[129]である。

「「来るべき七〇年代を輝かしき勝利の時代に！」といった叫びが、そのひとの口元からすぐに寒風にひきちぎられてゆくような朝をぼくたちは生きている。あるいは——まったく同じことだが！——叫びがどこにも達しないうちに、春のかげろうにゆらゆらと変形しながら大空のどこかに吸いこまれてゆくような午後を。」〔「解放のための〈全体理論〉をめざして」19700111：一二三頁〕

ここで描写されているのは「自己剥離感」そのものであり、運動として提示される「問い」と、生身の自己が感じている「思い」とのあいだを吹き抜ける「すきま風」ではなかったか。叫びがどこにも届かないまま、その音量の実質を失っていくことに対する真木のやりきれなさは、見田[130]が「失われた言葉を求めて」で指摘したリアリティでもあった。そして、なぜ人間解放の理論を、真木が用意しなければならなかったのか、にもかかわるものだ。

つまり、ことばそれ自体の空しさが、どうしようもなく感じとられてしまう。そうした情況のなかだからこそ、たんなる「運動」と見くらべられるだけの、たんなる「理論」では足りない。必要なのは、情況そのものを対象化し、理論的に総体化する実践をささえることばである。あるいは「実践的＝総体的理論」〔「解放の主体的根拠について」前掲：一七頁〕ともいうべき、新しい概念の布置連関によることばの再生である。そうした実践において、運動としての「解放」が主題化さ

129　この論考は、表6-1でみると真木名で発表された四番目の論考で、一九七〇年一月の『朝日ジャーナル』への寄稿時にすでに、一冊の序章と位置づけられることは予定されていたのだと思う。収録に際していくつかの印象的な部分がトリミングされ、自分がことばにした運動のスローガンの行方をめぐる、この冒頭の一節も、省略されてしまった。収録された「序」のタイトルは「解放の〈全体理論〉をめざして」だが、初出の「ための」という目的の強調を削除したのは、一冊全体が『人間解放の理論のために』として打ち出されたからだろう。

130　「人間解放」ということばも、この美しい概念をただもちだしただけでは不十分であることを、見田はすでに「失われた言葉を求めて」〔前掲〕で深く自覚し、鋭く提起している。

見田は、「われらにとって変革とはなにか」の特集に学生として寄稿した佐々木幹郎の告白から、次のような一節を切り出している。「――おまえ、おまえの信条ってのは何だ？（中略）反射的にありきたりの返事をしている自分がみじめに縮んでいくのを感じていた。――たぶん、まあ、はっきり言ってそんなものないんだけど、強いていえば自己解放を！　だろうな。それが人間解放につながる……」〔佐々木幹郎「擦過してゆく群青の馬」『展望』一九六九年一月号：七〇頁〕。

その表現をうけて、強いていってみたありきたりの「自己解放」とか「人間解放」といったきまり文句が、すでに時代の失語症を病んでいると説く。つまり、そのことばにもちろんなにものも表現されていないことを、この自己は知っていて、そのやりきれなさを感じている。だからこそ、みじめに縮んでいく自分を思わざるをえないのだと、見田は分析する。そして、ことばそのもののなかに組み込まれてしまった疎外を、いかに克服していくかという自覚なしに、「解放」という言表のくりかえしは力をもたないと論ずる。

この指摘は、「実存的な傾向」という見田の運動理解とも呼応している。と同時に、真木悠介が「人間の根底的な解放はどのように可能であるのか。それはわれわれに、どのような現在的実践を要請するのか。そしてこの現在的実践そのものをとおして、われわれはどのように自己を解放しうるのか」〔「解放の主体的根拠について」前掲：一八頁〕と、「どのように」という遂行性のレベルを、くりかえし執拗に問うていることともつりあっている。

れなければならない。

この意識は、問いかけられた教員の苦悩を見つめなおす実践であるとともに、学生たちの運動の挫折や、ゆきづまりとも共鳴しあうものであった。

であればこそ、対話する主体が、この解放論の審議の場に召喚される。

▼解放の主体的根拠を問う

こうした主体化の課題を、見田＝真木のテクスト空間に位置づけようとするとき、「僕にとっては六〇年安保というのはたいした事件ではなかった」〔「追悼 鶴見俊輔」20151205：一二頁〕、という供述が重要になる。そして、「安保」よりも「戦争」と「全共闘」体験のほうがはるかに大きかった、と語っていることが思い出されてよい。[131] さらにいうならば、1章の戦後の分析において指摘した「実感主義」の止揚が、この全共闘の時代にもういちど問題にされている、と論ずることができる。

まず運動のなかの「実存」が、それらしき傾向の「実感」にとどまっていることが問われる。それが解放や変革の名のもとでの、自己の実感の追求でしかないことが、真木悠介によって厳しく問いただされる。[132] 実存は、たんなる実感への依拠ではなく、主体をなりたたせる選択の根拠であることが執拗に確認される。

「まず最初に問われなければならないことは、それぞれの〈私〉にとって、そもそも解放や変革がほんとうに必要なのか、もし必要だとするならば、それはどのようなやむにやまれぬ根拠によるものなのかということである。」〔「解放の主体的根拠について」前掲：一九頁。傍点原文〕

真木の批判の念頭にあるのは、理論的な知識から導きだされただけの、抽象的な正当性である。人民の解放と変革が必要であることは当然であるとする認識の、ばくぜんとした「革命」の自明性が批判されているのだ、といいかえてもいい。その自明性は運動者の実感のなかをただよって、自らの行動を、どこか超越的に根拠づけているかのように思われている。

たしかに、一時代を席巻したある著名な理論は、さまざまな窮乏化の昂進を根拠に、革命の必然性を説いた。しかしながら一方には「あなたは幸福か?」と質問されて、大多数が幸福だと答える意識調査の結果があり、また物質的な生活水準の向上をしめす社会統計の現状肯定がある。そのように観察された人びとの主観や現状測定の事実は、解放や変革の必要性を導く窮乏化の前提と、あきらかに矛盾する。

他方、そうした事実は虚偽意識であり作為の見せかけにすぎないとする批判と、そう批判することで変革の必然性を担保する議論もあった。また第三世界の他者の抑圧と不幸のうえに、先進

131　同様のことは、他のインタビューでもおなじように語られる。「僕自身は60年安保の世代ですが、10年後の全共闘の問いの方がはるかに刺激的で、深いと思った」〔「人生の贈りもの（5）」20160122〕など。

132　ここでわれわれは1章の見田のモチーフが、「戦後」の名のもとでの自己の実感の、「実感主義」という貧しい追求でしかないことの批判として展開したことを思い出す。

諸国の豊かさと幸福とが成り立っているとする、世界システムの大枠からの解釈もある。

真木の問いかけのポイントは、それらそれぞれの変革の必然性をささえる主体の根拠である。[133]そして、既存理論への依拠はもちろん、それに対する批判をも貫いて指摘しうる、主体的根拠の脆弱さである。つまり、そうした議論のどれが正しかったとしても、そこから主体たる「私」の情況や実感を媒介せずに生まれている運動は、あやういのではないか。あるいは自己否定の論理で「私」の存在をまるごと否定して、根底的な変革と解放の必要性を導きだそうとする傾きもみられる。しかしそうした抽象的な結びつけの飛躍には、じつは自覚されていない脆弱性と欺瞞がかくされているのではないか。そのことを真木悠介は批判する。

その飛躍の空白に、なにがすでに書きこまれてあるのか。それを明らかにしなければ、「〈私〉の解放の主体的根拠」［同前：二〇頁］は明確に定位されない。そして自らの実践が向かいあう、「どのように」を具体的に構想することはできないだろう。

もし変革を駆動する自己の根拠の定位が、あいまいなままであるなら、そのかぎりにおいて運動主体は、①観念の実体化による運動の上すべり、②組織や運動の自己目的化、③方向の恣意性と機会主義的な目的のすりかえ、④安易で不毛な転向、といった多くの困難を避けることができない［同前：二〇頁］と論じられていく。

この一節は、困難の指摘であると同時に、学生運動の現実に対する批判でもあった。[134]そこでなされた「解放や変革がほんとうに必要なのか」という問いのねらいは、次のように真木自身に言い換えられている。

「むしろ〈私〉の情況のなかに、もしそのような必然的根拠が存在しないのであれば、浅薄な「革命的」空語に酔って他人をも自己自身をもたぶらかす遊びをやめて、むしろこの体制の中の現場で、自己の課題と雄々しく取り組むべきであろうし、あるいはまた、この世界の中で得られる生の機会を生きつくすことが、真実の生き方であろう。」［「解放の主体的根拠について」前掲：二〇頁］

めずらしく情動のアドレナリンが前面に出たこの一節において、真木が力をこめて強く批判す

133 あらためて注しておくが、ここで問われているのは、「封建的」共同体を解体する主体ではない。見田は一九六九年に開かれた思想の科学研究会のシンポジウムで「大学闘争」について発言している。ここでの大学問題は、「大学だけが前近代的な社会であって、それが、他は全部近代化されたのに、そこだけ遅れていて、だから矛盾が爆発」［19690611：八二頁］したということではない。そうではなく近代の体系そのものの矛盾であって、近代の論理が「どうしようもない抑圧の体系に転化するという、そういった近代そのものをどうやって乗りこえるかというところにだされている」［同頁］問題であり、権力への抵抗が暴力でしかありえないのかや、「エゴの開かれ方の構造」が問われなければならないのだと論じている。

134 その一方において、ここでの〈私〉のなかでの解放や変革の根拠が問われなければならないという論点は、一九六九年前後の学生闘争の時代にはじめて生まれたものではなく、戦後からの連続を論じうることも指摘しておきたい。たとえば、『現代日本の精神構造』に収録された「貧困のなかの繁栄」という論文に「貧困からの解放」が論じられている。そこに「貧困からの解放は、「だれもかれもを物持ちにさせる」ことによって、自家用車とルームクーラーによって、完成するものであろうか。いやむしろ、貧困からの解放は、物質的な欠乏からの解放を不可欠の前提とし、その上に立って、欠乏によって条件づけられた欲望、および、その欲望を土台として構築された、価値の全体系からの解放によってはじめて完結するであろう」［19631201：五三頁］とある。ここでなぜ人びとの私の「欲望」を問わなければならないのかは、運動に対する批判とも呼応している。

るのは、現代の学生運動にまぎれこんでいる不毛な他者否定と、自己絶対化の抽象性である。〈私〉にとっての必要性があいまいなままにされている、解放の名のりのもとでの運動の実践の欺瞞である。

であればこそ、その根拠が〈私〉という主体の名において求められる。

▼「他の〈私〉たち」というカテゴリーの媒介

もちろん真木自身が慎重に留保をくわえながら論じているように、「〈私〉の解放の主体的根拠」が、つねに〈私〉の自己の情況の内部に明白な形で見つかるとはかぎらない。また、それはいつも、苦悩のかたちで発見されるわけではない。

私自身の個的な状況の内側には直接の根拠を見いだせない、それほどに遠い不幸でありながら、第三世界の人びとの抑圧と貧困と飢えは、まちがいなく、どこかで先進諸国の発展や豊かさとつながっている。従属理論やポストコロニアリズム論は、そうした先進諸国の人びとの無意識や無自覚を告発してきた。しかしながら、深刻な難民問題も大量虐殺も環境問題も、遠く離れた場所を生きる個的な状況の内部に、必ずしも見えやすい明白な根拠をもつわけではない。

そこにおいて、真木の解放論が提出するのが「他の〈私〉たち」[「解放の主体的根拠について」前掲:二〇頁]というつなぎ目となる視座である。おそらく、他の章でふたたび触れるように、サルトルの集列性や溶融集団の考察などに由来する。しかし古典的な社会学では、あまり見たことのない理論的な架橋である。

こうした論点と深く関連していると思われるテクストのひとつが、真木悠介という名の誕生とほぼおなじころに、その名前で参加した座談会の発言である。

それは「被害の論理と加担の論理」〔19690901〕で、これまでの日本の革新運動の原点にあった「被害者の意識」とは異なる、「加害者あるいは加担者の意識」がでてきたことに触れている。そこでは自分がだまっていること、無関心でいること自体に「共犯性」がはらまれるという意識のやりきれなさが、行動の一つのエネルギーになっていることを指摘している。(135)

これは、理論の系としては、あとで検討する「相乗性／相剋性」概念と深くかかわるのだが、さしあたりいまはその「内面化された相剋性」の議論には踏みこまない。

むしろ人間がもつ高度の意識性と共感性、あるいはそうした想像力と不可分な「他の〈私〉」という概念によって、「他者としての〈私〉」あるいは「他者のなかで呼応しうるかもしれない〈私〉」を主題化し、問題化している、とだけとらえておこう。

「しかしこれらのばあいにも、〈他の私〉の問題は、〈外的な「禁欲」や「博愛」によるエゴとの

135 もうひとつ、この座談会では、インクの減り具合が見えることを強調した当時のテレビ広告を踏まえて名づけられた、中味が見えてしまう「ボールペン的人生」への拒否も、現代学生運動の特質として指摘されている。そして、ここでいう加担者意識と、ボールペン的人生を受け入れる自己の拒否の、両方から「自己否定」の主題が出てきていると論じている。

接合ではなくて！）全体状況の真に明確な把握によって媒介され、〈私〉自身の内的な必然性にまで高められたとき、すなわちふたたび〈私〉自身の情況の問題として確実に把握されたとき、はじめて真に〈私〉の主体を賭けた実践の根拠となるだろう。」〔「解放の主体的根拠について」前掲：二〇頁〕

そうした「エゴイズムの止揚」あるいは「欲望の解放的昇華」が生みだされるには、「〈他の私〉」の複数形である「人びと」と、「自我」としての〈私〉自身との協働が[136]必要となるのだと議論は進んでいく。その協働の存立には、情況全体の認識という理論的実践と、必然性の新たな構築が前提となる。

ここにおいて、『人間解放の理論のために』の第一章となる「未来構想の理論」〔19700601〕と、第二章「人間的欲求の理論」〔19691101〕が準備され、真木悠介によって『展望』に書かれることになるのである。

136　真木悠介がもちだした、この「他の〈私〉」「〈他の私〉」というユニークな概念を、見田宗介が独自に展開したものとして、「一人の旅と集団の旅」〔19740701→「方法としての旅」定本真木集Ⅳ〕がある。ここで見田は、ヘーゲルにしても、サルトルやブーバーやミードにしても、その理論における「他者」は、第三者として私をまなざすものか、対象者・対話者として私がまなざし向かいあう存在でしかない。すなわち、「世界をみる私のまなざしの一部としては、とらえられていない」〔19740701：四七頁〕と論ずる。そして、「関係のゆたかさが生のゆたかさの内実をなすというのは、他者が彼とか彼女として経験されたり、〈汝〉として出会われたりすることとともに、さらにいっそう根本的には、他者が私のまなざしのゆたかさであり、私の感受性と欲求のゆたかさをなすからである。他者は三人称であり、二人称であると同時に、また一人称である」〔同前〕と説明している。

7章 「未来構想の理論」［19700601］

――人間的欲求と相乗性／相剋性

なぜ、情況全体の理論的把握が、「未来構想」と「人間的欲求」という二つの主題から、あらためて追求されなければならなかったのか。人間解放の理論にとって、未来と欲求とは、いかなる意味を担う構成要素なのだろうか。

ある情況から逃れ、そこを離れる。そうした結果を欲しているだけならば、ただの破壊もたんなる逃亡も、解放の手段となりうる。しかしながら、ただひたすらにうちこわすために動員された否定の実践はまことに空しい。暴力でしかない力の動員は、憎悪と幻滅の反復を生む。そこにとどまるかぎり、情況の呪縛そのものをのりこえる主体性を形成することができない。

なぜか。真木の議論に則して論ずるなら、未来が獲得されていないからであり、未来が共有されていないからだ。逃げるのではなく、変えることを選択するのならば、情況のあるべき姿の理想を思いえがき、その実現を主体として欲する必要がある。

「この呪縛の構造をのがれうるのは、この呪縛の構造そのものの総体の対自化の上に、そしてそのかなたに一つの自己の未来を、総体的なイメージとして定立することをとおしてのみである。一つの未来をもつことなしに人は自立することができない。そして一つの未来を共有することなしに、人と人とは連帯することができない。」〔「未来構想の理論」19700601：四二頁↓『人間解放の理論のために』19711020：三一頁。原文の太字は省略した〕

「創造的実践の論理」という副題をもつ、この論文でかかげられた「一つの未来」を、たんなる夢物語の意味で受けとめるのは充分でない。ただ漠然としめされている理念でも、遠くにのぞむ目標でもない。それは実践の駆動力となる欲求の構築であり、一つの想像力をささえる論理の獲得である。

▼創造的実践としての未来構想の理論

未来は、まだここにはない時間に属している。だからまだ存在していないし、見えていない。それゆえ、想像するという実践なしには立ちあがらない。法人の定款にある「組織の目的」のように、抽象的で外在的な規定とも異なる。つまり集団を率いる旗として、そこにあるだけでは足りない。私という主体の実践を内側からささえる想像力の根拠として、過去と現在とを巻き込んで、はじめて目標の位置に成立するものだからである。

そうした駆動力と、意味づけを帯びた概念であることが、真木悠介の「未来」理解のひとつのポイントである。もういちど、見田宗介が書いた論考「失われた言葉を求めて」[19690201]にもどって、その内実を考えてみよう。そこで論じられていることの検討は、この概念が『人間解放の理論のために』という真木悠介の著作で占めるべき位置[137]を確かなものにするだろう。

なぜ、「未来」の領有(appropriation)による自立と共有が、呪縛の構造ののりこえと〈私〉の解放において必要なのか。

考える手がかりとなるのが、先ほどの「他の〈私〉」という、ある意味では自他の交流とも循環ともいえるような動きを孕んだ**カテゴリー**である。

私の理解では、それは見田宗介が説く「際限のない**自己絶対化**への傾斜」[「失われた言葉を求めて」19690201:七〇頁]をのりこえるという課題と、強くむすびつけられている。そこでいう自己絶対化とは、別な説明を引用するなら「自己を除いたすべてを「敵」の側においやり、徹底的粉砕の対象とする」[同前:七一頁]など、他者の否定を極限にまで押し進める態度にほかならない。その昂進を、見田は〈私〉の過剰ではなく、むしろ〈私〉におけるなにか大切な要素の欠如として問題化する。その欠如こそが、他者理解を不能ならしめるとともに、〈私〉を変革する契機を見えなくする。

そうした自己絶対化のあらわれが、目のまえの事実として観察されたものだということは興味

137　この「未来」の概念が重要であることは、一九七〇年代の「未来構想」が、一九九〇年代半ばに見田が中心となって編集した「岩波講座 現代社会学」(全二六巻・別巻一)において、構成を締めくくる位置に『社会構想の社会学』の一冊を生み出すことからもわかる。その一冊に、見田は「交響圏とルール圏」[19961128]という論考を寄稿するが、ここにおいてこの章で論ずる「相乗性/相剋性」の議論を全面的に展開している。

ぶかい。すなわち、その風景は一九六八年前後の「学園封鎖」や「街頭実力闘争」のただなかにおいて、しばしば見かけられた。それは、日常性の論理を生きる人びとに対する罵声と侮蔑と無視であり、聞く耳をもたない傲慢であった。それをただ、一方的な主張として浴びせられた側には、行き場のない、やりきれなさだけが残った。「目を泣きはらし手をふるわせる若い事務職員の怒りは、ただ冷然と黙殺される」〔「失われた言葉を求めて」前掲：七一頁〕という経験がくりかえされた。

「そこにあるのは、自己と異なる立場の人の考え方をいきいきと想像し自己の内部にいったんは再現してみる訓練の欠如、「視座転換」の能力の奇形的な欠如である。それが闘う主体の内部に向けられたとき、際限のないセクトの分解と「内ゲバ」抗争を生み出す」〔「失われた言葉を求めて」同前：七一頁→『現代日本の心情と論理』：一七九頁〕

もしも自己の内部において、他者の悲しみや怒りを再現する訓練や能力を有していたならば、自己絶対化の極限への昂進をも止めえただろう。「他者」という概念があらわれる位相と、「未来」という概念が立ちあがる局面とが、ほんとうは想像するという実践のなかで、どこかで重なりあっていくはずであった。なぜなら、未成の未来が想像力をつうじてしか立ちあげられないように、未知なる他者もまた想像力をつうじてしか理解できないからである。

▼未来の構想における「未来性／過去性／現在性」

「呪縛の構造」の切断が「〈私〉の解放」としてあらためて主題化されるのは、そこにおいてである。そのときに実践の駆動力となる「未来」とは、いかなる未来なのだろうか。

くりかえしになるが、真木悠介における「未来」はたんなる時制上の区分ではなかった。それは、ある情況全体の認識に深くかかわる表象である。人間という存在の時間性においてとらえなおされる、もうひとつの自己の存在形態であった。人間が生きる「未来」は、他の生物たちの生における「まだ来ていない時間[140]」とは異なる。なぜなら、それは固有の入り組んだ意味連関をもち、特異な時間認識の構造をもつからである。つまり人間という主体の行為において、未来は次のようにからみあう三つの異質な意味を担わされている、という。

真木は、サルトルの時間の考察に学びつつ、未来の意味を三つに分節化する。すなわち、目的

138　この「日常性」が抱えこんでいる複合的な問題性については、真木悠介名で発表された「ファシズム断章：われらが内なる〈自警団〉」［19700112］がていねいに論じている。そこでは「焼け跡にわれわれが切り開いた街だ。どんなことがあっても守りぬく」［『現代日本の心情と論理』19710531：一六〇頁］という実感にひびく日常性の論理が、歴史的にはファシズムをささえた小市民的なエゴの「逆上」につながってしまうという困難を、どうのりこえることができるかが、主題化されている。

139　ここに見田の大学闘争の体験を色づけるリアリティがみられる。と同時に「ファシズム断章」［前掲］が指摘する、デモの被害を被った側の住民がいだく「殺したってかまわんということですな」という、恐るべき「省略三段論法」［19700112→『現代日本の心情と論理』前掲：一五六頁］における他者の無視にもつながっている。

140　この人間の経験としての時間の構造性を、さらに比較社会学的に拡大して考察し、われわれの時間意識を縛っている近代性を徹底的に相対化したのが、真木悠介『時間の比較社会学』［19811127］であったと位置づけられる。時間の〈無限性〉と〈不可逆性〉という枠組みの感覚の起源に迫っている。

図 7-1　未来の意味の分節化［『人間解放の理論のために』：39 頁］

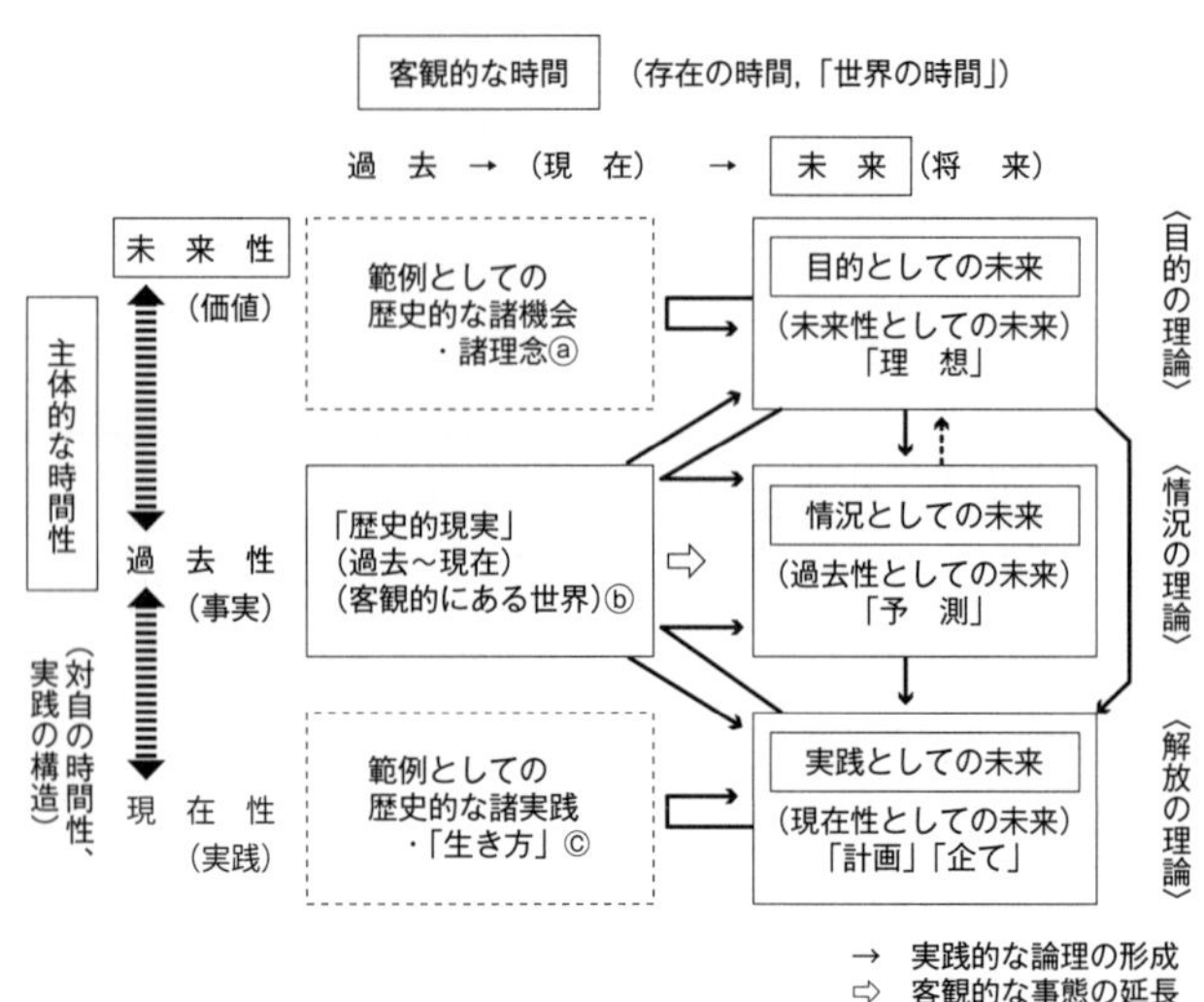

／予測／計画（企て）である［『人間解放の理論のために』19711020：三二―四四頁］。

①未来性としての未来：目的――実践がそれに向かって進むべき、また実践がそれをとおして意味づけられるべき、目的としての未来の観念。われわれの実践を生み出すところの目的であり、価値基準であり、意味であり、方向づけである。

②過去性としての未来：予測――実践がそれを前提せざるをえない、そして実践がそれを利用し、または克服しようと試みる、予測としての未来の観念。過去からの延長として、歴史的な現実の慣性的・継続的な帰結として、すでに世界に書きこまれてしまっている。

③現在性としての未来：計画ないし企て――来たるべき実践そのものである計画、

ないしは企てとしての未来の観念。来たるべき現在としての、現実的で具体的な生き方の設計であり、未来性としての未来と、過去性としての未来がそこで出会う、矛盾のたえざる実践的止揚である。

このように立体的にとらえるべき交錯を、整理して平面に図化したのが、図7-1である。

▼予測としての未来の過去性

真木はまず、「予測」としての未来の限界について検討している。その呪縛をクローズアップするためである。その想像力にかけられた呪いを解くところから、未来構想の議論がはじまる。問われるのは、根拠ある予測というものがつまるところ、過去の既存の事実の観察と理解にしか依拠していないという事実である。

未来予測の確実さは、一見、先がよく見える賢明さのようにもみえる。予測できる主体は、情報を分析する理性に秀でているかのように考えられている。しかし、「未来構想」の総体からすると、予測はすでにあるものの惰性的な延長でしかない。未来の外見をとってあらわれる過去性であって、いわば「死せる未来」〔『人間解放の理論のために』前掲：四四—五六頁〕なのである。(141)

141　この問題意識が、すでに一九六三年の「現代における不幸の諸類型」〔19631220〕のなかにもあらわれていることを指摘しておこう。「彼らの多くは、その将来を物質的に保障されていると同時に、その所属する機構によって、将来あゆむべき道をあらかじめ指定されている。彼らにとって〈未来〉はもはや、彼ら自身が主体的に選択し創造すべき領域ではなく、軌条の定められている過去の時間の延長であるにすぎない」〔定本見田集V：六八頁〕

真木が批判するのは、過去性に縛られてあることの本質的な限界である。惰性の論理と心情の過去性に依存し、過去形の事実や達成の記憶にささえられているがゆえに、予測としての未来は固有の限界を有する。

批判は、主体がになう論理と心情の、双方の限界に向けられている。

すなわち一方で、そうした未来予測をその既知の限界内でささえる人間工学・社会工学的分析理性のテクノロジズムと、理念や願望を単純に投射しただけの「短絡的なユートピズム」〔同前：六八頁、傍点省略〕が批判される。と同時に他方には、テクノロジー批判のラディカリズムの主張がある。ある運動者は、分析理性によるそうした予測の魔力を断ちきるために「われわれは未来は問わず」〔同前：五一頁〕との全否定の心情をあえて選ぼうとするが、そうしたニヒリズムもまた批判される。

工学的思考にひそむロマンティシズムも心情的実存による放棄のニヒリズムも、けっきょくのところ同じ位置で対立しているイデオロギーにすぎないからである。両者ともに、自らが依拠する観照的で超越的な明晰さゆえの「**罠の契機**」〔同前：五〇頁〕にあまりにも無自覚であり、その罠が真の明晰さゆえではなく「**明晰さの不徹底**」〔同頁〕に由来することを見抜いていない、という。

▼手段に従属してしまった目的の解放：虚構としての未来

技術主義のユートピズムも観念主義のラディカリズムも、あきらかに過去性に縛られている。

その呪縛を、いかにのりこえることができるか。まず、未来という観念の内なる過去性と、ユートピアあるいは理想としての未来性とを、明確に切りわけることが肝要である。

「〈死せる未来〉として現れる情況の既定性の呪縛からわれわれが自立しうるのは、価値定立を情況分析に論理上先行させること、いいかえれば目的（理想）としての未来を、予測としての未来にたいして先行させるということをとおしてのみである。」〔『人間解放の理論のために』前掲：五二頁〕

この先行は、すなわち切断であり、目的の解放である。手段の現実性の呪縛のうちに埋没し、従属してしまった目的の理想の価値が、もういちど問われる。

未来を構想として、企てとして存立させるには、まず過去性の呪いをたちきることが必要になる。その切断において、めざすべき果てを指ししめす目的が要請される。すなわち、純粋にたちあげられた理想である。(142)

その窮極の位置にあらわれる目的を、真木は「極限＝未来」と名づけた。現在性を指ししめす「実践＝未来」と区別するためである。

そして「極限＝未来」が、心情を反映しただけの「幻想」(143)としてではなく、現実を踏まえた「虚構」として立てられなければならないことを論じてゆく。

「要するに未来構想が、極限＝未来と実践＝未来を、理念的・現実的にそれぞれ徹底させてゆくというかたちで、緊張をたえず生み出す構造を内包することがないとき、それはたんなる平板なユートピズムか、たんなる平板な「社会工学」として矮小化してしまうだろう。」〔『人間解放の理論のために』同前：六八頁〕

つまり、主体の一方的な願望を、夢として投射しただけでは不十分である。願望と同一化してはならず、そうした同一化にたいしては切断の実践が必要である。未来は、現実とは異なる「虚構」の自覚をともなって存立しなければならない。つまり実現までには距離がある、非在であることの必然性と根拠とを掘り下げていく意思が要請される。

▼「現実性」と「実現の蓋然性」のちがい

ところで、虚構としての「極限＝未来」の価値を評価する基準もまた、当然ながら「一つの現実性」〔同前：六九頁〕だと真木は議論している。ただし、そこで踏まえられている現実性とはなにかについては、すこし立ち止まっての注釈が必要だろう。

実現の蓋然性ではないからである。

達成できる確実さの度合いという、通常の意味での「現実性」ではまったくない。「ある価値理念が、現実に生きている人間たちの欲求にどれほど深く立脚しているか」〔同頁〕において測られる現実性[144]として、提示されなおす。

であればこそ、次の文章が導きだされる。

「極限＝未来の批判の基準とは、「その実現が可能か」ということではなく、「人間にとって本当に望ましいか」ということのみである。」〔『人間解放の理論のために』同前：七〇頁〕

ここにおいて、われわれはこの論考がなぜ「未来の理論」ではなかったのかに、もういちどあらためて気づくだろう。

142　この議論は「価値空間と行動決定」〔19720801→定本見田集Ⅶ〕で詳細に検討される、諸価値の「線形的」すなわち一次元的な序列づけ（「線形順序集合」の形成）と行為者としての主体的決定として論じられた問題と、正確に呼応している。「価値は観察者の相からみれば、ア・プリオリに線形であり、行動者の相からみれば現実に非線形である。対象的には線形であり主体的には非線形である。事後的には線形であり事前的には非線形である。この奇妙な価値現象の両義性は、主体的な未来の多次元性を客観的な過去の一次元性へとたえず濾過する、人間的な時間の両義性の当必然的な帰結に他ならない」〔定本見田集Ⅶ：七五―六頁〕。そして次のようにいう。「観察者の立場からする価値の事後的な線形性とは、げんみつにいえば、すでに事実としての結果の一義性に他ならず、価値の価値それ自体としての線形性ではない。したがって過去を解明する説明の道具ではありえても、未来を選択する行動の論理ではありえない。」〔同前：七八頁〕

143　ここで、われわれは後に注目されることになる「虚構の時代」という区分を思い出すべきだろう。

144　ということは、当然ながら「極限＝未来は永遠不変のものでなく、あくまでもわれわれの極限＝未来である」〔『人間解放の理論のために』前掲：七一頁〕ということになる。すなわち「極限＝未来」もまた、それぞれの時代の人間たちがいだく望ましさの内実の現実性において、固有の歴史をもつ。

なぜ未来の「構想」をめぐって、その根拠と理論とが問われなければならないのか。未来は、望みすなわち欲望に根ざす、実践のなかの構想としてしか存在しないからである。なるほど世の中には、さまざまな局面の「予測」が、あふれかえっている。その横溢する重力に抗して、望ましさに根拠をもつ自立した構想が問われる。自覚的な「虚構」としての理念をいかに明晰に定立するか。それが未来の構想のポイントとなるからである。

未来構想は、人びとが動詞形においていて「めざす」目的の立ちあげであり、たどりつこうとする目的地の想像である。そして真木悠介の考察は、目的地そのものの検討からひるがえって、出発点へと向かう。[145]という以上に目的の内側に踏みこんで、ある意味では、すでにそこに書きこまれている出発点の確認へと進んでいく。すなわち、めざすべき「極限＝未来」の「望ましさ」の内実に分け入るために、出発の駆動力となる「人間的欲求」が検討されていく。

▼人間的欲求の重層的・立体的な構造

第三章の「人間的欲求の理論」[1969I101]が、『人間解放の理論のために』収録の論文のなかでもっとも先にまとめられたという事実は、すこしばかり示唆的である。欲求の存在形態に主題をしぼる。それが「意識」の固有の実践であり、[146]価値の観念が不可避的にまとわりついているからである。そして、人間の欲求であるがゆえの困難から議論をはじめている。

ここで論じられる欲求は、主体の想像力に根ざした多様な投企である。

そのひとつひとつは、たとえば「望む」「欲する」「願う」「求める」「好む」「愛する」などという、さまざまな動詞であらわされる具体的な行為の形態をもつ。こうした多様な動詞形であらわれる欲求の、固有の内的なメカニズムが問われる。この論考は、人間の欲望が向かいあう根元的な三つの論理的困難（欲求の無限拡大性、相互背反性、自己背反性）の一般的な検討からはじまる。そして、表7-2に引用したような統括的な論点表を掲げて、その概要を整理している。[147]

真木悠介の検討がそこから開始される、三つの困難の輪郭をなぞっておこう。

第一のアポリアである「無限拡大性」とは、人間がつねに新たな欲望をいだき、充足の水準が限りなく高くなってしまうことである。それは、人間の欲求が他の動物のように本能による規制

145　執筆された順序に即して考えると、この「向かう」という説明は誤解をまねくかもしれない。じつは論理的な出発点を構成する「人間的欲求の理論」が最初に書かれたからである。次に序論となる「解放のための〈全体理論〉をめざして」が成立し、つづいて「未来構想の理論」がかたちになることで、一冊の構成が決まったからである。執筆の順序ではなく、論理の順序として「向かう」のである。

146　真木の「欲求」を扱ったこの理論的考察は、じつは初期の見田宗介の『価値意識の理論』の深化であり、増補改訂版とも位置づけうる。「未来構想」もまた構想という積極的な意識の形態を論じているわけで、真木の『人間解放の理論のために』が、見田の社会意識論の展開形態であったことは、本文中でも論じられるだろう。

147　真木はまず、この三つの原理的なアポリアに対し、直感的・断片的な「素朴な反問」を出している。たとえば人間の欲求の「無限拡大性」について、「飢えている人間のまえに一片の食物もないことの不幸」と「食後の果物にグレープフルーツが欲しいけれどもネーブルでがまんすることの不幸」とのあいだには、量では割り切れない「質の差」があるのではないか。「相互背反性」についても、「スポーツや芸術において優越を競うライバル相互の関係」と「権力によって他者の自由や生命を奪う抑圧者と被抑圧者の関係」は、はたして同じものなのか。この論点は、相乗性／相剋性の理解にもかかわる。そして欲求とは、「さまざまな層位や位相をはらむ動的な構造の総体として、明確に把握されねばならない」［『人間解放の理論のために』前掲：一〇一頁］ものなのではないかと説く。

表 7-2　人間的欲求の構造［『人間解放の理論のために』：103 頁］

位相	欲求	派生体			必要	要求	欲望
		必要 requisite 欲求の客観的基盤 （絶対要件・完結可能）				**要求** need-disposition 欲求の一般的傾向性 （相対要件・無限展開）	**欲望** desire 欲求の特定的方向性 （自由による選択可能）
		客観的・原決定 →					← 主体的・自己決定
即自欲求〈存在〉の位相	「生理的」欲求	外界との新陳代謝 （飲紅・排泄・呼吸）				より豊富・快適な生活諸条件への要求	特定の文明化された対象 （食物・衣裳・住宅・施設および異性）への選好（「文明的」欲求）
		否定的諸条件の回避 （危害・熱冷・etc）					
		種族の再生産 （生殖）				性的要求 （生殖自体から自立）	
	「社会的」欲求	条件的派生体 派生体Ⅰ	稀少性 ↓ **相剋性への主体の対応** 派生的な必要性	他者の欲求への**拮抗**		物的資源・手段の占有 **所有欲求**	特定の所有対象（財）への選択的関心
						他者への支配力の獲得 **権力欲求**	特定の社会的地位への選択的関心
				他者の欲求への**適応**		他者の欲求の内面化 **「道徳的」欲求**	特定の道徳律の選択
	「文化的」欲求	自己条件的派生体 派生体Ⅱ	**人間的諸能力の自立的展開と享受** 「必要」からの解放 （非効用性）			身体的諸能力の自立展開 （活動欲求）	身体的なあそび →**スポーツ**（各種目）
						感覚的諸能力の自立展開 （美的欲求）	感覚的なあそび →**芸術**（各ジャンル）
						認識的諸能力の自立展開 （知的欲求）	知的なあそび →**学問**（各分野）
						統括的意志能力の自立展開 **主体性欲求**｛**自由の要求**／**根拠の要求**	特定の制約からの自由 諸々の**思想（宗教・哲学）**
対自欲求〈対自〉の位相	「実存的」欲求	対自存在としての存立要件	〈存在〉との関係における対自 **労働**			〈存在〉を媒介とする肯定的自己確認 →**創造**の要求	特定の対象・様式における創造の選択
			〈他者〉との関係における対自 **交流**			〈他者〉を媒介とする肯定的自己確認 →**愛**の要求	特定の対象・様式における愛の選択
			〈自己〉との関係における対自 **自己意識**			自己自身を媒介とする肯定的自己確認 →**統合**の要求	特定の自己統合軸 ＝**生き甲斐**の選択

をつよくもたないことに根拠をもつ。それゆえに統制しにくく、克服するのがむずかしい。

そして、人間の欲求のうちのあるものは、あるひとにおけるその獲得が、他者における喪失を必然的に生み出す。そうした関係構造のもとにおかれていることで、欲求は、他者との関係性において第二のアポリアである「**相互背反性**」をしめす。

第三の「**自己背反性**」は、いささか逆説的だが、駆動力としての欲求そのものが生み出す疎外である。それは、自己との関係において浮かびあがる。たとえば、すべての欲求が充足されたときの退屈さや、幸福でしかない日々の連続の耐えがたさのような、意味喪失・価値喪失の不条理である。

ただし残念ながら、この表はかなり複雑である。

論ずるべき概念群の当面の一覧であるため、直観的には理解しにくい。統合された表にまで練りあげられて、提示されたものではないことも考慮に入れておいたほうがいい。表中に引かれた二重線や三重線の枠が、その並列的で試案的な性格をものがたっていると解釈できる。いわば設計図でもあるために、本格的に解説しようとすると、もともとの論考以上の長さの説明を必要としかねない。

ここでの議論に最低限必要なのは、むしろ、この表の**アーキテクチャー**の解説だろう。表の組み立てから、論じようとする主題と方向性とが読み取れる。

▼人間的欲求の意識性と社会性

表の読解の基本となるのは、人間という生物の欲求の特質である。

そこに想像力が深くからみついているがゆえに、人間的欲求は高度な〈意識性〉と〈社会性〉とを有する。自己の身体をもその一部として含む自然に対する意識性と、他の諸個人すなわち他者たちに対する社会性という二つの軸が、この図表が指ししめす空間の基本構造である。

さて、表のヨコ方向には、「必要」「要求」「欲望」がならんでいる。

この三つの概念が、欲し、求め、望むことをめぐる「意識」の位相と水準の序列に光をあてていることは明らかだろう。すなわち、欲求を規定する力の差異と、形態のちがいである。別ないいかたをすれば、身体という自然の基盤をもつ生物としての人間の欲求の特質が、〈意識性〉の自由度において類型化され、順序化されている。

「必要」が設定されるのは、もっとも基礎的な水準においてである。それは、満たされなければならない客観的な要件を根拠にしている。

たとえば、食糧や空気や安全や生殖に対する欲求は、生命の再生産に欠かせない。だからこそ、身体やその集合としての社会という実体的な基盤の「生理的」な要件としてあらわれる。この「必要」は、それを要する実体に依拠するがゆえに、他方でその基盤に制約されている。そのため、この位相における欲求は一定の限度を有し、充足という形で完結する。

これに対して「要求」という概念が固有に指ししめすのは、異なるもうひとつの水準である。

すなわち必要において充足する欲求の延長上にあらわれ、人間が高度化させてきた文化的・社会的な対象や諸機能に対する駆動力である。それは、必要を根拠づける基盤の制約から離れ、自立的に動きはじめたという位相をしめす。より多くを求めるだけでなく、実際の実現可能性からも遊離しうる一般的・相対的な傾向性を孕んでいる。そこにおいて欲求に、自然の制約をこえて、さらに高く展開しうるという特質が加わる。[148]

「すなわち必要が**完結可能**であるのにたいし、要求は**無限の展開**を特質とする。」〔『人間解放の理論のために』前掲：一〇八頁〕

真木は「飢えた難民が何かの食物をとること」と「一応満腹した人が食後のお茶や果物を求めること」〔同頁〕を例に、欲求における「必要」と「要求」の差異をイメージ化している。

こうした要求の昂進可能・拡大可能の自立的な傾向性のうえに、第三の水準である「欲望」があらわれる。それは、いまだ獲得していない特定の対象に対する、主体的で自律的で自由な選好である。そして、人間的で文明に固有に規定された駆動力の位相が形成される。あらゆるものに

148　このように「必要の層位をもたない」〔一〇五・一一五頁〕ことは、図表の構造にも反映されている。「必要」と対応するのは実質的には「生理的」要求だけで、以下の同欄は派生という変化が位置づけられ、必要からの解放を前提に、すこし性質の異なる概念が入れられている。

欠乏や不足を見いだし、飽くことなく、無限に増大しうるという特質が欲求に付加される。

真木が設定したこのヨコ軸の概念群は、人間の個体が向かいあう自然としての身体性に光をあて、〈意識性〉の一般的な深さや高度化の度合いを分別している[149]のだが、そのねらいはなにか。「欲望の自己変革（価値転換）」を、呪縛からの解放の理論の根拠地として主題化するためである。


「人びとの今ある欲望を絶対化してこれに追随するかぎり、現存秩序の呪縛の外に出ることはできない。人間の主観的な欲望は、しばしば自身の人間としての真の欲求をうらぎり圧殺してしまうかたちで精神を呪縛する。（…中略…）しかしまた逆に、この主観的欲望の層位の底に、客観的な必要とそれに根ざした要求の傾向性という原決定の層位を見出さないならば、人間はどのような客観的情況のもとにおいても「気持のもち方」ひとつで幸福になるといった幻想や欺瞞を正当化することになる。」〔『人間解放の理論のために』前掲：一〇九頁〕

だからこそ、人間的欲求は、こうした意識性の「重層構造と相互のダイナミズム」〔同前：一一〇頁〕としてとらえられたうえで、「気持のもち方」次第の相対主義にのみこまれることなく、それがはたして望ましいものなのかが検討されなければならない、という課題が設定される。

真木の解放理論が、外的な倫理規範による解決を目指しているのではないことを確認しておくべきだろう。たとえば欲望の否定において必要の水準への回帰を説く、精神主義的で宗教的な禁欲を基盤とした解放論もありうる。しかし、ここで構築される解放の方向は、そうではなかった。欲望の今ある形態が批判されなければならないとしても、欲望それ自体を「悪」として否定してしまうのは性急である。そこに人間主体の積極性を読み、共存の場としての社会という、人間に特徴的なもうひとつの可能性のなかで解決しようとするところに、この解放の理論の特質のひとつがある。

▼関係性の積分的総体：相乗性と相剋性

図表のタテ軸にならぶ概念群がとらえようとしている課題は、まさにそこに関わっている。そこで新しくくわえられた要素は、ひとことでいえば〈社会性〉である。そして〈意識性〉の軸の検討で浮かびあがったと同じ、様態の高度化が論じられる。すなわち、自然の規定力に制約されないレベルにおいて、駆動力となる人間的欲求がいかに構成されるかが重要な論点となって、分析が進められる。(150)

149　この試みが、いわゆるタクソノミーの分類の平板な実践ではないことは、吉田民人・廣松渉との鼎談［「分類の思想」19770415］で次のように述べている。「これは発表以来、「欲求」の分類であるという誤解を何度もうけてきた。たしかにここでは、論理的整合性への嗜好のようなものが付加されているから、欲求のアカデミックな分類のような印象を与えるかもしれないけれども、ここでの主眼は、近代主義的な市民社会論と反近代主義的な共同体論を止揚するものとしてのコミューンのイメージを、「人間性論」を楯にとって不可能と断ずる人たちから防衛するために、必要ないくつかの理論装置の明確化ということにあったわけです」［同前：五〇頁］。

ここにおいて独自の構成要素として、他者という身体の存在が、理論の枠組みに含まれてくることを見落としてはならない。あるいは、諸個人としてあらわれる他者たちの欲求が、人間解放の理論の視野に本格的に位置づけられてくるといってもいい。「他の〈私〉」が、そのように社会的存在としての人間に関与してくるがゆえに、人間と人間との関係構造が問われることとなる。

具体的な課題のイメージとして、真木は「たとえばスポーツや芸術において優越を競うライバル相互の関係と、権力によって他者の自由や生命を奪う抑圧者と被抑圧者の関係は同じものなのか」〔『人間解放の理論のために』：一〇〇頁〕という問いを、人間的欲求の相互背反性にかかわる論点として出している。もちろん、真木が積み上げていく解答の進め方は、ライバルの競争と抑圧の情況は当然ながら本質的に違うものであり、そうであるからこそ、その違いを明晰に対象化しうる理論枠組みを構築しなければならない、である。

まさに、このタテ軸の概念の展開において、真木悠介の理論枠組みでとりわけ重要な役割を果たすことになる、「相剋性／相乗性」の論点があらわれる。それは、前述の根元的困難のひとつ、「相互背反性」をいかにのりこえるかに深くかかわるものだ。

相互背反性が「必然的に強いられる」〔『人間解放の理論のために』：一〇四頁〕原生的な情況として、生きるのに必要な資源の不足など、欲求に対する「希少性」を原点においているのは、人類史的にもよく理解できる。

素朴な生産力理論ならば、未来における増産の豊饒が希少性を克服し、共産の幸福をささえることになるだろうという類の、自然発生的な解決としての解放を提示するところだろうが、真木の理論枠組みはそれほどナイーブではない。サルトルやマルクスとともに、さまざまなレベルで希少性をもたらすと同時に、「自由に内容をあたえてくれる」〔「共同体の条件」19990514〕他者の存在を、本質的に省略したり飛び越してしまったりすることのできない構成要素にすえる。つまり、解放の理論において人間的欲求が向かいあい、のりこえていかなければならないのは、資源の希少性ではなく、相互背反性そのもの、すなわち「〈関係の背反性〉という現実」〔『人間解放の理論のために』：一五五頁〕なのだという構図が、ここにおいて提案される。(151)

▼平板な誤読に抗して

しかしながら、概念としての「相剋性／相乗性」は、残念なことに真木が期待したよりはるかに平面的に受けとめられ、ここでくりひろげられた考察よりはるかに静態的で、対立的なものと

150　必要・要求・欲望の〈意識性〉が、人間の想像力の独自性に根ざすように、ここでも基本は存在を乗りこえていく固有の特質である。図のタテ軸が、「〈存在〉の位相／〈対自〉の位相」という説明を付した「即自欲求／対自欲求」の二つの大分類で構成されていることに、その問題関心を読みとることができるだろう。あるいは本文で論じられる「本源的な欲求」と表に記された「派生体」や「媒介」の概念の関係にも、呼応する主題を論ずることができる。さらに「生理的／社会的／文化的／実存的」というかたちで欲求を提示しているが、この並びからも読みとれる。

151　この課題が、「人間的未来の構想」を論ずるものとして位置づけられた最終章の「コミューンと最適社会」で展開される。と同時に、この課題は見田が原問題として掲げる、「〈愛とエゴイズムの問題系〉」〔「越境する知」定本見田集Ⅷ：八頁〕の中心的な主題であることも、思い起こすべきだろう。

してとらえられたように思う。その誤読の不用意を全面的にただす準備は今はないが、典型的な誤解だけはとりのぞいておきたい。

しばしば見られる誤読の典型は、この対の概念を平板に、市民社会と共同体の本質に対応させ、多数性と一体性の抽象的な対立に還元してしまう縮約である。そうした理解の文脈のうえに、真木悠介のコミューン論は、反近代主義の共同体憧憬の原点回帰にすぎない[152]という貧しい批判が生みだされる。

しかし、人間的欲求の理論において、真木が丹念に論じている「自乗化された相剋性」や「内面化された相剋性」〔『人間解放の理論のために』：一〇五頁、一二四頁、傍点省略〕、「疎外化する相剋性」「弁証法的に豊富化する相剋性」〔同前：二〇三頁、傍点省略〕などの概念をたどれば、「相剋性／相乗性」が一次元的に対立する理念でないことは明白であろう。

また、「コミューンと最適社会」〔1971020I〕論文の以下のような一節は、この対概念が静態的で固定的な分類にとどまらず、また対立に終始しないことを明らかにしている。

「希少性の世界における多数性という、人間とその歴史との基礎的な条件そのものは、人間たちの実践の相剋性の条件となりうるばかりではなく、同時にまたその相乗性の条件ともなりうるということ、したがってそれは、人間たちの生の疎外の条件となりうるばかりではなく、同時にまたそれは、人間たちの生の充実と豊饒化の条件ともなりうる」〔『人間解放の理論のために』：

一八八頁〕

他者がそこに存在し、複数の主体が共存することを本質とする人間社会の存在構造において、その解放と変革の理論を問う「交響するコミューン」論は、真木悠介の最初の単行本であるこの『人間解放の理論のために』を滑走路として、飛び立っていくのである。

▼解放理論と存立構造論

いささか補注的な追記になるが、『人間解放の理論のために』の一冊を生みだすための見田宗介・真木悠介いりまじってのテクスト群(153)（表6－1参照）の執筆が、見田自身にも研究の「未来構想」をあらかじめ提示し、読者と共有するというひとつのスタイルを生みだしたことは興味ぶかい。

152　こうした批判の基底に、一九七〇年代のカウンターカルチュアの若者文化論や反近代主義的な自然回帰等に対する、いささか微妙な評価とともに、原始共産制を始点においた古典的で発展段階論的な歴史認識や、日本の戦後社会科学の出発を枠づけていた「共同体規制」「封建遺制」論の影があることも、見落とせないと思う。

153　「解放の主体的根拠について」という論考は、「ここに記された文章は、私自身の行動・討論・学習・思考をとおしての理論追求のプログラムであると同時に、私がいま夢想している一つの（もしくは複数の）サークルにおける討論のスケジュールである」〔：一六頁〕とはじめられている。このサークル活動への希望は、『人間解放の理論のために』の「あとがき」の「著者と読者というあくまで自由な関係を基礎としながら」それぞれが自己解放＝共同解放を模索する「一つのゆるやかな全国的な相互ゼミナール」〔：二二一頁〕への期待や、「一つのいわば有機的に結ばれた共同探求者の集団」〔：二二二頁〕形成への呼びかけにつながっていく。

表 7-3　作業の全体的な構想［19690801］

Ⅰ　解放の主体的根拠の問題
- 1　自己情況論Ⅰ：〈私〉にとって解放の根拠とは何か
- 2　全体情況論Ⅰ：〈人びと〉にとって解放の根拠とは何か
- 3　全体情況論Ⅱ：現代社会論——情況の〈前進的〉把握
- 4　自己情況論Ⅱ：〈対自的エゴイズム〉欲望の解放的昇華

Ⅱ　根底的解放のヴィジョンと原理
- 1〈あるべき〉社会と人間の理論
- 2　解放の現実的基盤の問題
- 3　解放の方法的原理の問題

Ⅲ　解放主体の情況と課題
- 1〈労働者〉の理論：現代における情況と課題
- 2〈学生〉の理論：現代における情況と課題
- 3〈市民〉の理論：現代における情況と課題
- 4〈知識人〉の理論：現代における情況と課題

Ⅳ　根底的解放の展望と課題
- 1　解放の具体的方法論
- 2　解放主体の組織論
- 3　解放拠点の組織論
- 4　自己解放の理論

表 7-4　今後の課題とプログラム［19691101］

人間解放の理論のために

序章	主体的＝客観的理論の構想
第Ⅰ部	人間と社会の基礎理論
第一章	人間的欲求の理論（本号）
第二章	稀少性・相剋性・および抑圧
第三章	解放の現実的根拠と基軸
第Ⅱ部	現代社会と人間の理論
第一章	近代市民社会の構造
第二章	現代世界における展開
第三章	現代日本社会の構造
第Ⅲ部	人間の未来と解放の理論
第一章	未来社会と生の構想
第二章	解放の現実的過程の理論
第三章	諸社会層の課題と情況
結章	自己解放と共同解放

おそらくそのもっとも早い試みが、「解放の主体的根拠について」［19690801］に付された「作業の全体的な構想」［同前：一六―七頁］である（表7－3）。しかもじつはこのテクストは、一九六九年四月二日の日付を有する「態度表明」［19690402］というビラに「付」として掲載された「東大闘争の現段階と教官の主体的課題 69-3-14」の末尾の「根源的解放の理論」構想を初出とするも

ので、まさに闘争が生みだしたものである。[154]

この未来構想は、「人間的欲求の理論」〔19691101〕の『展望』初出時に、「付 今後の課題とプログラム」〔同前：四五頁〕という形に更新される（表7－4）。そこで「人間解放の理論のために」というタイトルが定まり、「探究のプログラム」〔同前：四五頁、傍点省略〕の全体が、改訂されて公表される。

さらなる改訂として『人間解放の理論のために』が一冊になったとき、素材となった四つの稿とは別に書きくわえられたのが、「付 現代社会の理論の構成（ノート）」という理論の未来構想である。「本書に直接つづくべき部分の基本的なプラン」〔『人間解放の理論のために』：二二一頁〕として載せられた。「人間的欲求の理論」の段階でのプログラムを、さらに徹底的に組みかえて、共同解放の主題を現代社会論に展開した改版である。そこでは大きな主題領域として、現代社会の「存立構造」「法則構造」「支配構造」「実存構造」「主体構造」〔同前：二一七―九頁〕の五つが設定され、探究されなければならない情況の重層的なレイヤーが明確にされていく。

その意味で、真木悠介『現代社会の存立構造』〔19770315〕[155]はマルクス『資本論』の物象化論的

154　ただし、私自身は現物未見である。「態度表明 1969.4.2. 見田宗介」のタイトルをもつビラが「東大闘争資料群」（「68・69を記録する会」寄贈）として国立歴史民俗博物館が受け入れたなかに所蔵されているが、付いていたと覚しき「付」の部分がない。東京大学文書館蔵の「最首悟資料（整理中・仮）」に含まれている「授業再開拒否宣言」のタイトルをもつ「駒場共闘事務局」発行の謄写版冊子形のビラに、全文引用として載録されている「態度表明 69-4-2 見田宗介」によって内容を確認した。

な再構成に挑んだ作品として、『人間解放の理論のために』の直接的な展開と位置づけることができる。[156] そして、この『現代社会の存立構造』においても、「現代社会の存立構造論の総体的な展開」〔「現代社会の存立構造」19730505：二八―九頁〕が、研究のひとつの「未来構想」として付される。

こうした研究の構想総体の提示というスタイルは、同じ時期に発表された「まなざしの地獄」〔19730501〕という論考でも踏襲され、後のいくつかの研究プロジェクトにおいても引き継がれていくこととなる。

155　この仕事は、ある意味で『価値意識の理論』がそうであったような、理論学習の徹底したノートという側面も含んでいると思うが、明確で強靱な問題意識をもつ主体によってなされたという点で、未踏の水準をひらいた。その問題意識について、見田は「〈ふつうの古典〉としての『資本論』」〔19910701〕で、マルクスの限界として、①ヨーロッパ中心主義的な偏見、②人間中心主義的な偏見、③「社会主義」への幻想の三つをあげる。「資本主義の構造的矛盾についてのマルクスの洞察は基本的に正しいが、だからといって社会主義がよりよいとは限ら」ず、それが資本主義以上にひどいシステムになる可能性を有することを考えていない。しかし「近代社会の基本的な構造と矛盾と動態について、最も的確な洞察に富む理論を提示している」ため、現代的な諸現象も、その論理の展開・応用・純化として解くことができる。従って重要なことは、資本論の論理から、①②③の限界を取り除き、「現代社会の構造と矛盾とダイナミズムの理論としての骨格を純粋に取り出し、社会科学の理論として精錬し展開することである」〔：四〇頁〕と述べている。まさしく、この問題意識こそが『現代社会の存立構造』を生みだしたのである。

156　このことは、真木悠介自身が初出の「現代社会の存立構造」〔19730505〕の「補注」において、確認しているところである。そこでは『人間解放の理論のために』の「付記ノート」の参照を要請しており、この存立構造論の仕事が「第一部門」の着手に位置づけられると述べている。

8章　「まなざしの地獄」〔19730501〕
——場としての〈個人〉と社会意識論の本願

ここでとりあげるのは、「まなざしの地獄」〔19730501〕という、見田宗介を論ずるとき、けっして捨ておかれることがない代表作である。

一九七三年五月の『展望』に初出稿が発表されて以降、意外なことにしばらくのあいだ単行本に入れられなかった。[151]「さまざまな時代のさまざまな論者によって言及、展開がなされ」〔『まなざしの地獄』20081130：九七頁〕注目された作品であったにもかかわらず、論文のままにのこされたのはなぜか。時間が許すのであればもっと大きなモノグラフに再構成したいという著者の思いがあったことと、真木悠介としての仕事の繁忙期にあたっていたこと、さらにインド・メキシコへの旅のはじまりと重なったことなどが、たぶん複合的に作用している。あらためて広く読まれたのは、

151　見田によれば、「約百枚という中途半端な長さであることと、併録するとよいような大きい仕事もなかったために、単行本とすることは難しかった」〔「あとがき」『まなざしの地獄』前掲：九七頁〕という。筑摩書房から「百枚文庫」というコンパクトなシリーズの一冊で出すことが検討されていたというが、実現しなかったのだそうだ。結局、一九七九年にスタートした『現代社会の社会意識』〔19790425〕の巻頭論文として収録され、見田自身の意思によってではないが、一九八五年にスタートした『リーディングス日本の社会学』（全二〇巻）のなかの『文化と社会意識』〔東京大学出版会、一九八二〕に再録される。

表8-1　物と実存（現代社会の実存構造）

Ⅰ.	家郷論	風化、解体する共同体。〈覗く〉。〈走る〉。〈穿つ〉。家族、近隣、学校。他者の原像。「性格」の呪縛。
Ⅱ.	都市論	〈上京〉。〈就職〉。市民社会。まなざしの地獄。
Ⅲ.	階級論	〈進学〉。派手好き。階級の呪縛。貧困の意味。「労働力商品」の意味。
Ⅳ.	国家論（＝犯罪論）	〈密航〉。下降。犯罪。秩序の意味。自由の残骸。
Ⅴ.	言語論	「学問」。「文学」。認識と表現。「知による解放」の射程と限界。
Ⅵ.	革命論	「石になりたい」。テロルの意味。マルクス主義。同胞との関係の意味。
Ⅶ.	被害者論	〈N・N—被害者〉。関係の非条理。ガードマン論。被害者の家族。憎悪論。支配の構造。
Ⅷ.	「第三者」論	〈〈N·N—被害者〉—「第三者」〉。無関心の構造。関心の構造。「知識人」論。全体化と「穴」。弁証法・対・実存。
Ⅸ.	歴史構造論	〈〈N・N被害者〉—「第三者」〉関係の場。支配の構造。非理性の狡智。歴史の弁証法。および死者たち。

河出書房新社による復刻の一冊を待ってであったように思う。

復刻版に付された大澤真幸の解説〔「解説」『まなざしの地獄』前掲：九九—一三三頁〕は、優れた力作である。この論考が書かれた高度成長後期の情況を踏まえ、二〇〇〇年前後において起こった現代的な殺人事件の特質と比較しつつ、その固有の意義に光をあてた。一点だけ注文をつけるなら、初出から加除されたテクスト[152]がもつ重要な意味を、解説してくれていないのがさびしい。

初出には、じつは『現代社会の社会意識』版では省略された、重要な「後記」がつけられていた。とりわけ、読みとばせないのが、見田自身によって読者に開示された、この論考の問題意識の拡がりとしての「全体化的モノグラフ」の構想（表8-1）である。それは本文の分析を補完するものであるという以上に、独立した研究の「未来計画」

でもあった。それだけではない。この表で押さえられている研究がこののち進んでいく先を、見田自身がどう見ていたのかが暗示される文を含んでいたあたりも興味ぶかい。

この「まなざしの地獄」という著名な論文は、見田＝真木のテクスト空間のなかで、どのような位置をしめているものなのか。

まずは「後記」の検討からはじめよう。

▼現代社会の実存構造

最初に押さえておきたいのは、「まなざしの地獄」が、真木悠介の誕生のあとの見田宗介によって書かれたという事実である。力点を変えていうと、『人間解放の理論のために』〔19711020〕を書き、『現代社会の存立構造』〔19770315〕を準備していく真木悠介の伴走がなかったならば、この論文が見田宗介によって書かれることはなかったのではないかと、私は思う。

いかなる意味において、真木悠介は、この論文の必要条件なのか。

その根拠の第一は、前述の「後記」の「全体化的モノグラフ」構想である。

---

152 加除の「除」すなわち、削除された主要な部分は、本文で指摘している「〔後記〕」〔前掲：一一九頁〕である。初出から『現代社会の社会意識』に収録されるときに、省略された。後にふれるが、副題も改訂されている。一方「加」の加筆部分だが、同じく同書への収録時、文末に「＊」のあとほぼ三ページにわたる、「相剋性」をめぐる結びの新たな説明がくわえられた。これについては、小形道正「まなざしの誘惑」〔『現代思想』四三巻一九号、二〇一五：一八〇―九三頁〕が、その増補のきっかけとなった主婦からの投書の存在を指摘している。

そのプロジェクトは、「物と実存（現代社会の実存構造）」を名のっていた（表8－1参照）。このメインタイトルの「物」が、モノ化としての「疎外論」や主体・客体の関係の「物象化論」を指し、「実存」が個の実感をその内に含む「実存主義」を象徴していることは明白だろう。そして前章で述べたとおり、括弧のなかの「現代社会の実存構造」という成句は、一九七一年の真木悠介の『人間解放の理論のために』に付されたノートの基本プランの、以下に引用する第四項目の内容メモに、そのまま対応している。

「**Ⅳ　現代社会の実存構造**　このような法則構造・支配構造に内在する諸個人の、それぞれの一回限りの生が、どのように歴史的に性格づけられているか。実存する諸個人の側に視点を移して、その〈人生の構造〉の把握。すなわち、現代社会の客観的な諸構造の人間的意味の追求。（中略）その怨恨や野心や幸福や絶望や倦怠の諸相。具体的な他者たちとの諸関係――愛とにくしみ、孤独と連帯、関係の苦悩。とくにエゴイズム、ニヒリズム、および死の恐怖について。〈実存社会学〉的な分析。」〔『人間解放の理論のために』前掲：二一八―九頁〕

このように関連づけてみると、見田が「まなざしの地獄」の「後記」に書いた、次のような事情説明を、ひとつの証言として解釈できる。

「本稿ははじめ「都市における人間と疎外」という依頼原稿を書いているうちに、不当にも増殖してしまったものである。」〔「まなざしの地獄」19730501：一一九頁→定本見田集Ⅵ：一七六頁〕

つまり、そもそもの原稿依頼からみて道理にたがうほどの「増殖」を励起させたのは、じつは真木悠介が取り組んでいた課題との協働だったのである。

じっさい、この論文の初版の副題は「都市社会学への試論」であった。それが『現代社会の社会意識』版への改訂において、「現代社会の実存構造」へと書きかえられ、さらに河出書房新社版の復刻において、「尽きなく生きることの社会学」[153]へと付けかえられた。それは原稿依頼が最初に設定した「都市」という場としての境界の限定をこえて、「〈実存社会学〉的な分析」が前景化していくことでもあった。

▼「べつな宿願」への還流

真木悠介との深い関係を私が主張する、根拠の第二は『現代社会の存立構造』への屈折を含んだ接続であり、還流である。この論文からすればすこしだけ未来の時間に属するできごとだが、

153　もちろん、この題名そのものは初出の本文において、すでに用意されていた。この論文は、都市とはものいわぬ建造物の集合ではなく「ひとりひとりの「尽きなく存在し」ようとする人間たちの、無数のひしめき合う個別性、行為や関係の還元不能な絶対性の、密集したある連関の総体性である」〔19730501：九八頁→定本見田集Ⅵ：一一頁〕とはじまる。

「後記」が書かれた時点において、すでに見すえられていた展開の進路である。

刊行日からの推測になるが、見田宗介の「まなざしの地獄」と、真木悠介の「現代社会の存立構造―物象化・物神化・自己疎外」〔19730501〕はほぼ重なる時期に書かれた。この『現代社会の存立構造』の第一論文にも、じつはかなり長い「補注」が付けられている。そこでふたたび「人間の自己解放」の根拠を示すことに関連して、救済・解放の実践を論ずる前提として、「現代社会の存立構造、法則構造、支配構造、実存構造、主体構造の理論化」〔同前：六七―八頁〕という企てが不可欠である、と真木は述べる。

ここでもういちど「まなざしの地獄」の初出の「後記」にしるされた、「全体化的モノグラフ」の構想をめぐる、見田の留保を読みかえしてみよう。

「ただし私自身には、このモノグラフよりまえに完成してしまいたいべつの宿願があって、その方の仕事に十数年はかかるし、あまり長生きをするつもりもないから、この構想が実際に陽の目をみることはたぶんないだろう。」〔「まなざしの地獄」前掲：一一九頁→定本見田集Ⅵ：一七七頁〕

夭逝の主観的な予測が当たらなかったことを私自身はことほぐが、ここで見田の念頭にあった「べつの宿願」とはなにか。

端的にいうと、真木悠介としての総体的・根底的な現代社会理論の構築である。(154)

具体的には、物象化のメカニズムを通して存立し貫徹する、法則構造・支配構造・実存構造・主体構造を明らかにすることであり、「経済形態・組織形態・意識形態」における「貨幣・国家・神」という普遍的なるものの理念の存立機制、もしくは「三重の現われ方」〔「現代社会の存立構造」19730505：二五頁〕の理路の解明であった。[155] そして、さらなる理論的な目標として見すえられていたのが、「事物・他者・言葉」を媒介とした「再・共同化するメカニズム」〔同頁〕を追究することであった。

ここで思い出すのが、安田常雄との対談での見田の発言である。

「「まなざしの地獄」は、最初「構造の悪霊」という題名でした。「高度成長期の社会という

154 もちろん、私も見田の当時の思いを知っているわけではないし、直接にこのフレーズが意味するところをたずねたこともない。しかし、この宿願は、今日の読者がすぐに思い浮かべるであろう別な新しさ、すなわち『気流の鳴る音』をひとつの画期とする、いわゆる「それ以後の生」〔定本真木集Ⅰ：二〇七頁〕のしごとを直接に指すものではなかった、と思う。愚直な書誌学者としてはまず、少なくともこの「後記」が書かれた時点においては、一九七三年から七四年にかけて書かれた、定本未収録の『現代社会の存立構造』〔前掲〕の系列をイメージしていたのだということを強調するだろう。

じっさい、小阪修平との対話において、一九八〇年代半ばの見田は、七〇年代前半の時期は自分のそれまでの仕事において「第二期」ともいうべき「過渡期」であると整理している。そしてその時期において固有になしえた仕事としては、「『人間解放の理論のために』という生硬な試論と、『現代社会の存立構造』だけがまとまったもので、「まなざしの地獄」「現代社会の社会意識」「ユートピアの理論」「価値空間と行動決定」（すべて『現代社会の社会意識』所収）を補論とする」〔『現代社会批判／〈市民社会〉の彼方へ』19860205：一四五頁〕という脚注をくわえている。

155 この課題を自らの「未来計画」の研究ノートとしたのが、「現代社会の存立構造」〔19730505〕初出の結論の一部として、二頁にわたって付けられた「現代社会の存立構造の理論の総体的な展開」〔：二八―九頁〕のプログラムである。その結びの章は「共同性と個体性の弁証法――現代社会の歴史的存立構造」と題されていて、「まなざしの地獄」の結論の位置にある「歴史構造論」と微妙な呼応を感じる。

一つの構造が必然的に生みだす悪霊というか、恨みをもった霊魂のような、そういう取り返しがつかないものを捉えたい、と思ったのです。」〔「対談 同時代をどう叙述するか」20121101：七頁〕

「構造と実存との不条理な関係のなかで歴史が動いていく」〔同前〕、そのなかでかすかに聞こえるだれかの一瞬の叫びを、どうしたらとらえられるかが主題だったのだと述べる。しかしながら「まなざしの地獄」では、表8－1で挙げた「Ⅱ都市論」と「Ⅲ階級論」の一部だけしか論じられなかった〔「まなざしの地獄」19730501：一一九頁→定本見田集Ⅵ：一七六頁〕、という。

そのような探究のズレと分担の包含関係を含めて、まさに真木悠介の存立構造論に向かう活動は、見田宗介の「まなざしの地獄」という論文誕生の基盤であり、必要条件だったのである。

ついでだが根拠の第三は、家出少年の感覚の共有である。しかしながら、この論点はすこし入り組んだ相互作用でもあるので、もうすこしこの論考の周辺を論じたあとでもういちど話題にすることにしよう。

▼永山則夫との出会い

さて、それなら「まなざしの地獄」の素材であり、触媒でもある永山則夫の人生の物語と、見田はいつ出会ったのだろうか。テクスト空間にのこされた痕跡の時系列を確かめてみよう。

その出会いは、表6－1がしめす真木悠介の形成の初期、おそらく一九六九年五月にはじまる。

この年の五月二〇日の朝日新聞「標的」というコラムに、見田は「(鉱)」という署名で[156]「空間の思想」〔19690520〕を書いた。ここにあらわれる「連続ピストル事件の少年」への言及が、永山則夫との最初の遭遇である。この素材それ自体は、寺山修司がおなじ月の『思想の科学』に書いたエッセー「幸福論」に教えられたものである。見田はこの短い半匿名のコラムを大きく増補改訂するかたちで、二週間ほどあとにもういちど、今度は文化欄の論説「空間の思想・時間の思想」〔19690606→定本見田集X〕で「拳銃少年永山則夫」の経験をとりあげる。

この二つのテクストで「空間の思想」としてまず主題化されているのは、「家出」という地理的な移動による自己救済である。コラムでは、「人は、歴史に見捨てられると、地理を援用する」という、寺山の暗示的でアフォリスティックな章句を鋭く切りとっている。文化欄の論説ではもうすこし具体的に、ここでいう「地理」の含意を、歴史的につくられた現在からの脱出として解説している。

すなわち、網走の貧しい母子家庭、田畑もなく生活保護をうけながら行商する母、むさくるしい八人兄弟の平屋、小学校のときから新聞の配達をしながら「こんなところにゃ　長くいられねえ」と想った孤独など、それが少年の生活史(歴史)の現在であった。その貧困の具体性を踏ま

156　一九六九年一月から、見田は毎日新聞夕刊の「視点」欄と、朝日新聞夕刊の「標的」欄でコラムを定期的に書いている。その一部が『現代日本の心情と論理』〔19710531〕に「視点抄」「標的抄」として収録されるが、初出時の新聞では、執筆担当者の短い署名が付記されていた。それが「視点」では「(未)」であり、「標的」では「(鉱)」である。一九七一年一月から半年間、もういちど朝日新聞で「標的」を担当したときのペンネームは、「(破魔弓)」であった。

えつつ、永山が家出を選択していく心の状況を、見田は寺山の文章の引用によって紹介している。

「近代化の遅れた北国の農村で、発展の必然性を待ちきれなかった永山が、自分の心の抑圧を地理によって解放しようとしたとしても、それはムリのないところである」〔寺山修司「幸福論第十三回 歴史」『思想の科学』五月増大号：一四一頁＝見田宗介「空間の思想・時間の思想」19690606〕

見田もこの理解に共鳴し、ここではないどこかを求めての移動に「空間の思想」の名をあたえる。その移動を選ぶ者は、その地域における発展や時間による変化という「歴史の思想」を信じず、そこに身を委ねようとしない。そのようにして若者たちが離村し、家出し、転職し、漂流し、亡命し、密航を試み、そして「「解放区」を築く」〔「空間の思想」19690520〕ことに、あるいはそうした主体の「〈走・る〉思想」〔定本見田集X：二一一頁〕に、寺山も見田もひとつの可能性を論じていく。

その一方で、どうしようもなく高度に構造化されシステム化された現代社会には、「しかし少年が地の果てまでも脱出をつづけたとしても、ユートピアはない」〔同前：二一二頁〕。永山もまた、その残酷な現実にぶつかり、可能性のユートピアが不在であるという事実に、漠然と気づいていた。であればこそ、永山はそのうっとうしい暗さから逃れようとする。そして、その暗さから解放される空間を、強引に現出させるためのなにかを手探りでさがす。そして、その威力を本当に知っていたとはいえない「ピストル」という道具を手に入れたことで、悲劇を起こしてしまう。そこで寺山とともに、見田も「永山が最後に手に入れたのがピストルではなく想像力だったとしたら……」〔同前〕と問いかけるのである。

ただこの段階では、永山の手記である『無知の涙』〔合同出版、一九七一〕は、まだ出版されていない。また「まなざしの地獄」の分析で縦横に活用されることになる、鎌田忠良『殺人者の意思』〔三一書房、一九七〇〕[157]の踏査もまとめられておらず、見田はおそらく目にしていなかった。

▼全共闘運動へのまなざし

むしろ、出会いのはじまりを証言する時期のテクストにおいて、私が強く感じるのは、全共闘運動への視線とのシンクロナイズである。

この問題意識の意外な連接は、私自身もこれまであまり意識してこなかった。

永山則夫の事件をとりあげた見田の二つのテクストは、その一方で「空間の思想」の担い手として「指導者たちの説く発展や改革や進歩や革命の手形を拒否して、かれらもまた今ここに解放区としてみずからの空間を創りそれを普遍化していくという戦略を選ぶ」〔「空間の思想・時間の思想」

157　鎌田のこのルポルタージュは、横須賀線爆破事件の若松善紀と連続射殺事件の永山則夫の二人の犯罪者をとりあげ、事件にいたるまでの生活史的な具体的事実を詳細に調べあげるとともに、逮捕までの報道や捜査の経緯や、公判の審理経過を丹念に描いている。永山則夫のばあい、関わった人びとに対するインタビューはしつに幅広く行われたと思われ、小学校や中学校の「指導要録」のような個人記録まで徹底して参照しているのには驚く。

〔定本見田集X：二一三―四頁〕こととなった学生たちを見つめている。それは学生たちが提起した「解放」との向かいあい方を問うという、明らかに真木悠介に属するテーマでもある。

コラムの「空間の思想」〔19690520〕に、次のような印象ぶかい風景が言及されている。

> 「寺山の主宰する「天井桟敷」の団員で東大全共闘の闘士でもある別の少年は、全共闘は問題を論理として提起したのではなく、「場として」提起したのだという意味のことを、機動隊にへし折られた前歯をみせて楽しげに幾度も強調していた。」〔「空間の思想」19690520〕

寺山修司の天井桟敷の劇場空間は、「場として」提起された「反日常の世界」であった。同じように、「大学のバリケード空間」は、全共闘運動がつくりだした一つの反日常の、「場として」あったことにその意義があるのではないかという。見田がこの闘士(158)の運動に対する実感を肯定的に引用しているのは、いくつかの意味で示唆的である。

何十年か後には成就するであろう革命、その約束手形を待ちきれない人びと、すなわち「自己の内部につきあげる願望の時間の速度と、外の社会の時間のよどみのひきつれに耐えきれぬ若い世代」〔「空間の思想」同前〕が、既存の時間や歴史の外に逃れて、「場として」固有の意味をもつ空間に、主体性の実現と自分の未来を賭けていく。

同質の思いが、じつは連続射殺事件を起こした永山則夫にもある、というのが、ここでの文脈のシンクロナイズである。この少年の家出や上京や転職や密航や詐称の体験と、全共闘運動に参加した学生たちの反日常の場への欲求は重ねあわせうる質をもつという理解が[159]、この一九六九年五月の出発点では強調されている。

▼『無知の涙』を読む

このあと、見田が永山則夫をもういちどとりあげるのは、ほぼ二年後の朝日新聞の書評［「社会への報復の一石：永山則夫『無知の涙』」19710412→定本見田集Ⅹ］である[160]。

これが、その一ヵ月前の三月に『無知の涙』が合同出版から刊行された、その作品を匿名書評でとりあげたものであることは、あえて解説するまでもない。ただ、この新刊書は「悔い改めた死刑囚の美しい物語」［同前］などに位置づけられるものではなかった。無知でしかありえなかっ

158　これが学生時代の小阪修平であったことを、私は二〇一一年になって「定本解題」［定本見田集Ⅱ：一七八頁］で知った。

159　「永山則夫は高校に進学するために、内申書を書く先生に血書でまで懇願しており、その願いを放置されると「明治学院大学生」の肩書を偽造している。学歴を得るということがいわば垂直の地理学によるもうひとつの脱出であるとするならば、ほんものの大学生は、体制の波打ち際まで来てしまった少年たちである。」［「空間の思想・時間の思想」前掲］

160　朝日新聞の書評欄の選書の細かい仕組みを私は把握していないが、この時期、見田はあまり多くの書評を書いていない。ざっと見たところ、ロジェ・カイヨワ『遊びと人間』［19701214］、クラカウアー『カリガリからヒトラーへ』［19710208］ていどで、その意味で『無知の涙』への注目はすこし異質である。ところが、「まなざしの地獄」がまとめられた一九七三年前半に、見田が朝日新聞書評欄でとりあげている作品をみると、どこかで差別・偏見や運動にかかわるものが多い。たとえば、ディー・ブラウン『わが魂を聖地に埋めよ』［19730105］、野本三吉『いのちの群れ』［19730129］、フォナー『ブラック・パンサーは語る』［19730205］、石牟礼道子『流民の都』［19730402］、大熊一夫『ルポ・精神病院』［19230423］などである。

ただだれかを、犯罪という行動へと追いつめていった、「この社会」に対する報復という、尖った「危険な毒」〔同前〕を含んでいる。そのことを、見田は書評でしずかに指摘している。

そして、この書物のいっけん奇妙な題名もまた、型通りの後悔と反省に終わる懺悔録を満たす「涙」ではなかった。ここでいま、知ることで生まれた「涙」を意味していた。

ほとんどまともには中学卒の学業すら身につけなかった永山が、読めない漢字を覚え、辞書を片手に難解な熟語を調べ、心に響いた一節を万感こめて書き写し、そして揺り動かされた実感や思索を記した。獄中約一年半におよぶ勉強は、『資本論』[16]の思想から実存主義、精神分析や反植民地主義の作家の作品までにおよぶものだったという。貪欲に執拗に倦まずに、それまで手にとったこともない思想書を読むなかで「獲得されてゆく新たな視座から、自己の犯罪とそこにいたる生とを凝視し、その考察や情念を、すでに十冊をこえた大学ノートにびっしりと」〔定本見田集X：一三二頁〕書きつけた。それを手記として、添削なしに公表したのが、この一冊だと紹介している。

見田はのちに回想している。

「『無知の涙』初版本は忘れられません。中卒の永山が刑務所の中ではじめて勉強した漢字練習帳で、アイウエオ順に心に刺さったと思われる字だけを、力強く4回も5回もくり返している。喘ぐ、喘ぐ、喘ぐ。垢染みる、垢染みる。齷齪、齷齪、齷齪……。（中略）家族、都会、差別、偏見など、社会学の重要なテーマがすべて入っていると思いました。」〔「人生の贈りもの（6）」20160125〕

自らの実存を新しい空間において生きなおす（自己形成の）自由を欲しながら、貧困がもたらす社会的な隔壁を含め他者たちのまなざしの相剋性の規定力のなかで、不自由にも自分の未来を選ばざるをえない（自己成形の）人生がある。

そこで作用している「まなざし」とは、他者の眼にみえるかのように感じられる表層の表象・刻印において、ひとりの人間の本質を規定し、先取りし、決めつけてしまう力である。その現代的で都市的な構造が主題化され[162]、ひとりの人間の生活史の実存にもたらされた悲劇を、「N・Nは東京拘置所に囚われるずっと以前に、都市の他者たちのまなざしの囚人であった」と分析した「まなざしの地獄」が書かれるのは、この初版『無知の涙』との出会いから二年後である。

161 鎌田忠良の『殺人者の意思』の公判傍聴ノートに、たいへん象徴的な、永山と裁判官との対話が記録されている。それは見田の書評が、公判において「ほとんどかたくなに沈黙を守りとおしていっそう無気味な印象を与えていた」のが「とつぜんセキを切ったように語りはじめた」[19710412]と指摘している第一一回の法廷でのできごとである。永山は裁判官にむかって、公判などそっちで勝手にやればいいと激しくいい、「覚悟はできているんだ。こんな時間があるなら、オレはもっと勉強していたいんだ、トーコーダイで」[：二九四頁]と叫ぶ。「トーコーダイ」の意味がわからなかった裁判官が聞きなおすと、永山は「ぼくがどこからきているかは、あんたも知っているでしょう。こういう事件が起きたのは、あの頃、オレが無知だから起こったことだ。それは貧乏だから、無知だったんだ。いまようやくわかったんだ。東拘大で勉強してからわかった」[同頁]と机をたたきながら叫ぶ。トーコーダイは、東京拘置所大学の意味を省略したもので（東拘大）、永山にとって拘置所は、大学生という偽の肩書を名詞に印刷するほどに、行くことを欲していた「大学」だったのである。

▼家出少年の感覚

ところで、二〇一六年の朝日新聞のインタビューでは聞き手の記者が、永山則夫を分析の対象としたのはなぜかを尋ねている。それは恵まれない生い立ちへの同情なのか、それとも学問的な研究としての興味なのか、と質問したのにたいし、見田は次のように答えている。

「どちらも違いますね。特に同情ではまったくない。これはオレ。という共鳴かな。」[「人生の贈りもの（6）」20160125]

ここでいわれている「これはオレ」の共鳴[163]は、私が学生時代に読んで学んでいた頃には、まったく気がつかなかった補助線である。

しかし今ならば、あるていどの理解の筋道を組みたてることができる。とりわけ同じインタビューで、見田は「僕の小中学時代はほぼすべてが、貧困の底」[「人生の贈りもの（3）」20160120]だったと回想しているのは、手がかりのひとつだろう[164]。

見田の子ども時代は、父の見田石介が一九五二年に大阪市立大学に職を得るまで、暮らしは不安定で、失業者だった時期も長かったという。住まいも低所得者が入る共同炊事場のある都営住宅で、そこでの暮らしを次のようにふりかえる。

「家にはラジオもなかったので、妹と二人で押し入れに入って、ベニヤ板で仕切られた隣の家から聞こえてくるラジオドラマを聞くことが楽しみだった」［「人生の贈りもの（3）」同前］

このベニヤ板ごしにラジオドラマを聞く楽しみは、永山則夫の子ども時代の低所得者住宅での暮らしの経験と重ねあわせることができ、ある実感の共鳴を生みだしうるものであった。

162　私が学生のころにこの論考を読んで、感銘をうけた分析のひとつは、職業の分類をめぐるものである。それは、社会の構造をとらえる、重要な分析枠組みである。

「さまざまな職業の人たちがあつまっている研究会で、研究上の必要から、現代社会の職業を分類することになった」［：四三頁］のだそうだ。見田が自営業や労働者等々の社会学の標準的な分類を考えていると、さまざまな職業を渡りあるいた経験のある参加者が「履歴書の要る職業と履歴書の要らない職業」という意外な分類を提案した。見田とともに、この分類の実践的な明晰さは鋭いと思う。「たとえば在日朝鮮人の多くは、被雇用者として勤務することに挫折し、あるいは当初から見切りをつけて自営業者になっていく。（中略）しかしこのことは、階級的な「上昇」でもなんでもない。彼らは日本の体制の中で、プロレタリアにさえなれないから、自営業主となるにすぎない」［同前］。そしてそのような自営業者になることすらできなかった人びとが、「履歴書の要らない労働者」になる。

この分類の発案者である「参加者」は、正確には思い出せないけれども、上野博正ではなかったかと思うということを、ずっとあとになってだが見田から聞いた。鶴見俊輔『「思想の科学」私史』［編集グループSURE、二〇一五］に、一九七〇年代の「思想の科学研究会」は上野がひきいる集まりであり、見田も参加していた「記号の会」の中心でもあったことが述べられている。

163　もちろん、都市に生きる人びとが被る、他者のまなざしにあわせた「演技」をつうじての「自己成形」のメカニズムにふれて、「N・Nの話ではない。われわれのことだ」［定本見田集Ⅵ：四七頁］と書いたのを見落としているわけではない。複数形の一般性においてではなく、単数形の「私」において重ねあわせられることが、私には意外だった。

164　二〇一七年の朝日新聞のインタビューでも「ぼくも子供時代に貧困を体験し、大学時代は「学生スラム」とあだ名される宿舎にいた。N・Nの言葉に共鳴しました。また、読んでいくうちに「これでぼくが本来やりたかった仕事ができる」とも思いました」［20170322］と述べている。

永山が北海道の網走町から、母親が以前暮らしていた青森県板柳町に移ってきたとき、一家が住んだのは棟割り長屋だった。その長屋は終戦直後にマーケットとして建てられ、しばらくは飲み屋街になっていたが、永山一家がたどりついた頃はその一部を住居として貸していた。永山が暮らしていた部屋は、ベニヤ板一枚を隔てて、となりに一杯飲み屋があり、夜ごとに大人たちが騒ぐ嬌声が聞こえてきた。「幼いN・Nはベニヤ板に穴をあけ、毎夜覗き見をしていたという。飲み屋は穴をふさぐのであるが、すぐにまた破られてしまう」〔「まなざしの地獄」定本見田集Ⅵ：六頁〕というくりかえしがあった、と書いている。

見田は「まなざしの地獄」のなかで、この「ベニヤ板の穴」を覗きこむ実践の意味を考察している。それは、別世界をかいま見ることであった。別の世界につき抜けた穴であることにおいて、「魂を存在から遊離させるもの」〔同前：七頁〕であるとともに、また自己の現在の現実を「一つの欠如として開示するもの」〔同頁〕として機能したと分析している。

「N・Nよりはもうすこしゆたかな多数の村人たちにとって、こんにちではテレビのブラウン管が、地域と階級の壁にうがたれた小さな覗き穴であり、〈別の世界〉への魂の通路をなしている。それは彼らの、所属集団から遊離する準拠集団、すなわち〈ここより他の地〉への視線の方向性をなす。」〔「まなざしの地獄」定本見田集Ⅵ：七頁〕

この視線の欲求のさきにあらわれるのが、「家出」という〈走る〉実践である。この家出も、じつは見田の共鳴のもうひとつの基盤である。

「家出」は〈ここより他の地〉へという空間の思想の実践であり、「存在」から遊離せざるをえない「魂」が夢見る未来でもある。[165]見田は加藤典洋との対談で、自分が「家出少年」であったことについて、次のように解説している。

「中学の頃から家出のことばかり考えていました。特に家が悪い家だったわけではなかったのですが、家族とか家庭というものが一般的に嫌だったのですね。（中略）寺山と気が合ったのは、そういう家出少年的なことがあったからです。」［「現代社会論／比較社会学を再照射する」2015I225：二四頁］

たぶん、中学三年生の秋、大阪に移り住んだ見田にとって、一九五六年の東京大学への進学にともなう上京は、だれにも怪しまれることのない、おのずからなる自然な家出だったのである。おもしろいのは、「真木悠介」というペンネームの役割である。

165　内田隆三が、『宮沢賢治』の解読において指摘する「思想的放蕩」も、家出というモチーフの変奏である。「見田の場合も、その修辞学の部分は、社会学の系譜から見れば「思想的放蕩」と呼んでいい要素を含んでいる。しかし、その放蕩への志向は、社会学の思考がそこで〈こわれている〉ような空隙から湧出しているとすれば、それを単なる過剰と呼んで済ますことはできない」［内田隆三「宮沢賢治のりんご」『現代思想』四三巻一九号、二〇一五：八〇頁］。

これもまた、ひとつの「家出」だったと同じ対談で語っている〔同前：二五頁〕。見田宗介の名前で書けば、世間にすでにあるイメージの過去性にしばられる。だからペンネームは、それまでにつくられてきた過去性からの脱出であった。とりわけて悪い名でも嫌だったわけでもなかったとは思うのだが、「自分を純化して解放する方法」〔同前〕として、あたらしいペンネームが選ばれた(166)。

「まなざしの地獄」のあとの「べつな宿願」については、すでに論じた。

それは総体的・根底的な現代社会理論の構築であり、真木悠介の『現代社会の存立構造』となった。そこでの『資本論』を中心とした、マルクスの社会論の徹底的な読みなおしは高く評価された。その実践を、永山則夫の獄中の『資本論』の読書と直接に重ねあわせてしまうことは、いうまでもなく安直で不明瞭なこじつけにすぎない。

しかしながら、見田宗介と真木悠介とのあいだにある切断が、ここでいう「家出」に擬してよい、いわば空間性を有していたことは注目されていい。

▼集合的なデータと〈社会的なるもの〉の措定

もうひとつ、どうしても触れておかなければならないのは、この論文が方法論的に、ひとつの転換を試行しえた実験だったことである。

すなわち『現代日本の精神構造』以来、いくつかの著作において見田が格闘してきた、方法論のアポリアをのりこえる工夫が生まれている。それは、「量的／質的」な研究方法の対立[167]である。さきほどの全共闘運動の闘士の劇団員が好んだ言い方にならうと、その克服の方向性が個人という対象設定において、まさに「場として」提起されている。

社会学における「量的／質的」な研究法の二項対立については、4章の質的データ論で、その概略を論じた。しかしながらそこでも触れたとおり、この対立の地平の呪縛はまことに深く、「相互補完」などという美辞では容易に縫合できないほどに、それぞれの方法意識は分裂していた。

見田自身は、しばしば「名人芸」と評される手際の良さで、データの特質を活かした分析を組織してきた。しかしながら、そのそれぞれの達成は、微妙なバランスと複数の視点間の緊張の調整のうえに成りたっていて、方法論の問題を共有できるかたちで解決したというわけではなかっ

166　この「家出」のテーマはじつは奥行きが深く、見田のテクストのなかでもさまざまな変奏のバリエーションがある。たとえば、個人誌『野帖から』の第6号［19850531］に「〈野帖から〉について」という文章があって、そこには文学への家出を示唆する、次のような一節がある。「少年のころのわたしは、「作品(もの)を書く」ということにあこがれをもっていた。作家か詩人になるつもりだった。今かんがえるとこのことは、わたしがわたしの「家族」という具体的な共同体の中で、不幸であったということとつながっているように思う。わたしはわたしのことばが通じる人たちが、わたしの生きていた世界の外部に、おそらくはこの時代の外部に、はじめているような思いをもっていた。文学とはわたしにとって、ラブレターをたたんで作って知らない世界に向かって飛ばす紙ヒコーキだった。」このメディアとしての紙ヒコーキが乗せているのも、「家出」の欲求である。さらに拡げるならば、「それぞれの空ある如く：愛の変容／自我の変容」［19911105］がとりあげている、居住外国人に対する「指紋押捺制度」のもとでの、一六歳の女子生徒が針で指紋をつぶす行為も、「親密性の構造転換」［20010605］がとりあげた「リストカット」も「家出」ととらえられるだろう。

167　大澤真幸は、この対立のアポリアを「「社会学」という学問に宿痾のようにとりついている分裂」であると表現し、その分裂を「縫合し、完全に乗りこえている」［「解説」『まなざしの地獄』前掲：一〇二頁］と評価している。

にしても、おそらく見田本人を含めて、その手法の有効性を普遍化しにくいことをめぐる不満や、もろさ・あやうさに対する批判がないわけではなかった。さまざまな集列性をしめす集合的なデータを、どう処理・分析していけばよいのかは、かんたんにいつでも正しいやり方が導きだせる問題ではないからである。

ここでいう「集合的なデータ」とは、数学的な意味での「集合」の特質をもつ、データの存在形態である。

やや乱暴な単純化だが、社会学が向かいあっていた方法の問題は、次のように定式化できる。「集合的なデータ」においては、要素のひとつひとつが「単位」としてあらわれるとともに、その「集合」もまた、ときに論理の階梯が異なる対象の混在の、複雑な包含関係を有する諸要素のひとつとしてあらわれ、それ自体が分析すべき固有の意味をもつ。

そうしたパラドックス含みの構造的な特質は、社会学が対象とする多くのデータに共通するものでもある。しばしば質的なデータとして例にあげられる身上相談、投書、ベストセラー、流行歌、らくがき、流言などだけでなく、量的なデータとされる質問票をつうじて集められた意識調査の回答などまで含めて、である。ある意味では、集合のそうしたありよう自体が、社会のひとつの写像とも考えられる。だからこそ、そうした要素の「集合」から、いかに「社会」という概念をはじめとする〈社会的なるもの〉を抽出し、あるいは構築し、規定力として把握するかは、社会

学的想像力のまさに中核となる。(168)

ところで、いわゆる「量的データ」の行動主義（behaviorism）的な整理と処理は、この問題に簡便で近似的なかたちでの、閉じた解決をあたえていた。

まず回答者ひとりひとりを「単位」として、質問紙調査をつうじて行列形式のデータを集める。多くのばあい、そうして収集されたデータの全体集合を、そのまま「社会」もしくは「部分社会」と見なしてしまう。それゆえ〈社会的なるもの〉は、具体的なデータの「分布状態」として実体的に措定できるようになる。そうした理解の形式を、一般性をもつものとして構築してきた。そこでは平均や分散の算出や相関係数の処理が、その分布状態を要約してあらわし、「社会」のありようを代理表象するものとしてあつかわれる。

この解決を、科学の「明瞭さ」であると信じるものも少なくないけれども、冷静に考えれば、さまざまな「見なし」の条件設定のうえで成りたっている。そしてここでは、要素のさまざまな「集合」から、いかに〈社会的なるもの〉を構築するかという、社会学的思考における本質的なむずかしさが、意識されなかったり、見過ごされたり、敬遠されたりしやすい。

168　ここでわれわれは、見田が「分析理性的な実践論の射程と限界とを確定した」［「あとがき」『現代社会の社会意識』前掲：二四七頁］と位置づける「価値空間と行動決定」［19720805］が、「まなざしの地獄」とはまったく異なる文体でありながら、「おなじ時期に平行して構想されたものであり、おなじ問題感覚につらぬかれている」［同前］ことを思いおこしてよい。この論文で、見田は「多数決原理」や「パレート最適」の問題を集合論の枠組みで検討し、「線形順序集合」への変換における疑似解決をていねいに批判している。

▼フィールドとしての個人

これに対し、見田は質的なデータの分析の方法論の課題として、この「社会」の措定と〈社会的なるもの〉の探究を受けとめていた。いわゆる質的データを、恣意的にではなく、組織的で経験科学的に、分厚く活用することをつよく意識してきたからである。

そうした立場に立てばこそ、データの集合の集列性から〈社会的なるもの〉をどう引きだすかの問題からは逃れられず、深刻に向かいあわざるをえない。私が5章において、流行歌から分析しようとしたのはさまざまな心情の分布ではなく、いわば、ひしめきのようなものであったと論じたのも、この課題と対応している。その解決は、すでに触れたように容易ではなかった。

しかしながら、「まなざしの地獄」の試みにおいては、考察の対象としたテクストやデータそれ自体が、ひとつの「解決」を導く方向性を暗示している。

すなわち、ここで探られ、集められたデータそのものが、ある特定の個人を結節点としている。そうした条件によって、分析や考察が焦点を結ぶ「場」が形成される。見田はここでは「不幸の諸類型」の身上相談のように、さまざまな人びとの人生の多数の物語を対象にする手法をとらない。むしろあえて、ひとつの事件に集約されていくひとりの人生を、分析の場として用意する。

そのことによって、その個人の生活史に現出するさまざまなできごと（＝イベント）[169]に探究の光をあてる。そのできごとそれぞれに、作用や規定力としてあらわれる社会を解読しようとする。個人を単位としてではなく、場としてとらえるという反転において、力や作用の構造的な様態としてあらわれる「社会」を対象化する準備をととのえたのである。

これは「個人を分析しても社会学にはなりにくい」とか「社会学的な分析を志すならば、複数の個人の集合を対象とし、あるいは集団どうしの比較をしなければならない」という、固定観念もしくはイメージをくつがえすものだ。すなわち、一人の生（人生）に集約されていくデータやテクストの集合を、ひとつの場としてとらえ、そこに作用として重層していくメカニズムや諸構造を解読するという方法によっても、社会は分析しうる。こうしたかたちで個人に焦点をあわせることは、じつは〈社会的なるもの〉を把握するオルターナティブな戦略でもあった。

さらに議論を進めるなら、それはただ主体が一方的に解釈し解読するだけの、研究対象の構成あるいはデータセットの構築ではなかった。

その対象、すなわちテクストやイベントの向こう側に、「まなざしの地獄」論文が使ったことばでいえば、「尽きなく生きようとする」人間を措定することができる。しかも、その対象＝主体は他者としてあらわれ、研究する主体の孤独な解読の「対話」の宛先ともなりうる。[170]

169　具体的に永山則夫の生活史でいえば、父母の家族形成、父の博奕、母の家出、母子家庭としての再会、長期欠席、蒸発した父の死、上京用の衣服のかっぱらい、高級フルーツ店への就職、密航、転職など、すべてをそれぞれ「イベント」としてとらえることができる。そして、それぞれのイベントにおいて、現代社会の構造がどのように作用しているのかを、個別に解読し分析していくことができる。

170　その意味で、見田が自分で書いた原稿を、永山本人に送っていることは注目されていい。「狷介といわれる人だから厳しい返答を覚悟していたら、予想外に暖かい返事が届いた。未完成だった「被害者論」の完成を待っています、と。鋭いと思いました。」［「人生の贈りもの（6）」20160125］

こうした分析の根源的な可能性を普遍化してしめすために、私自身は「ライフヒストリー研究」の方法を評価した論考において、「フィールドとしての個人」〔『社会調査史のリテラシー』新曜社、二〇一一：一四二―五一頁〕という視点を提案した。「代表性」概念の、越権に属する支配を無効化させるためである。村がフィールドワークを可能にさせるのとまったく同じ論理において、個人という場はフィールドワークを可能にする。

この「まなざしの地獄」での方法的な試みは、ひとりの人物の解読を、ひとつのモノグラフとしてまとめあげた『宮沢賢治』にもつながっていく。

▼二つの社会意識論のあいだに

いささか図式的な整理の補足だが、「まなざしの地獄」という論文がテクスト空間のなかで位置するところとして、さらに押さえておかねばならないのは「社会意識論」の転回[17]という文脈である。

見田の「社会意識」概念は、この論文が書かれた一九七三年前後で、ゆるやかにそこで提示される相貌を変えていくように思う。

福武直編『社会学新事典：現代人の社会学』の大学院生時代〔「社会心理と社会意識」19630510〕から、教科書としてまとめられた綿貫譲治・松原治郎編『社会学研究入門』〔「社会意識論」19680625〕の一九六八年までは、どちらかといえば古典的で静態的な規定にとどまっていた。すなわち「ある社会集団の成員に共有されている意識」という、きわめて形式論的な定義をあえて基礎においたうえで、どことなくデュルケーム的な規定の動きをくわえる。すなわち「それぞれの存在諸条件に規定されつつ形成し、それぞれの存在諸条件を維持し、あるいは変革するための力として作[172]

171　社会学の一分野としての社会意識論は、5章で論じた「社会心理学」と一部分重なりながらも、その成立も展開の道筋も異なるものであった。一点だけ注しておけば、社会意識論の「意識」は「存在」と対比される概念で、7章で論じた人間的欲求の表7‐3の「〈対自〉／〈存在〉」の対とも重ねあわせられ関連づけられる位相を有する。

ちなみに、社会意識をタイトルに掲げた日本での書物は、ボリシェヴィキの哲学者ボグダーノフの訳書『社会意識学概論』［白揚社出版、一九二七］がもっとも早く、岩波講座哲学に書かれた新明正道『社会意識の問題』［岩波書店、一九三二］が戦前には眼につくくらいである。内容的には同時代に紹介された「知識社会学」と重なるような、実証的・経験的な研究というより、哲学的で認識論的な問題提起に終わっている。戦後になって、国際社会科学協会編『社会意識』［二見書房、一九四七］という論文集が出されるが、戦前の研究の延長で、哲学的・概念的な考察に終始していた。福武直編『日本人の社会意識』［三一書房、一九六〇］にいたってはじめて、官僚・政治家、労働者、農民、ホワイトカラー等の諸集団の社会意識が実証的に研究されるようになる。その点では、社会心理学と同じく、戦後に発展していく研究分野であった。

もうひとつ補足だが、「転回」というと本質の転換のように受けとめられてしまうかもしれない。しかし私自身は見田の「社会意識」の理解が本質的に変わったとは考えていない。むしろ、ここにおける「〈管理化〉対〈総体化〉」の導出は、廣松渉のマルクス解釈における「上向」的な展開と同質のものととらえるべきだろう。

172　もちろん、この段階でもまったく形式論理学的な分類概念にとどまっているとは思わない。戦後の分析の章で論じたような、主体の変革という主題を内蔵したものであることは、同論文の次のような記述に明確にあらわれている。「社会意識の研究は、民衆の心理や行動を操作する技術の研究であってはならない。社会意識の研究は、民衆自身の自己認識の科学でなければならないだろう。そしてあらゆる変革は、民衆自身が無限の主体化の困難な道程なしには、ついにむなしく空転する他はないという歴史認識と、一つの焦燥がわれわれをそこに駆りたてる。こんにちの時代の状況の中で、社会意識研究に課せられた課題は重く、底知れず深いといわなければならない」［「社会意識論」綿貫・松原編『社会学研究入門』：二一九頁］。そして、そこにおいて求められる学問的精進と個性に根づく「独創」について、「独創にもいろいろあって、糸の切れたアドバルーンのように華やかでむなしい独創もあれば、さまざまな暗雲や乱気流をぬって目標に向かって飛翔をつづける翼のような独創もある。君たちの学問的精進と個性のつばさは、どこに向かって飛んでいこうとするのだろうか」［同前］と問いかける。

用する」〔「社会意識論」同前：一八九頁〕というダイナミズムを読みこむ構成をとっていた。

しかし、真木悠介の誕生と「まなざしの地獄」というテクストをはさんで、一九七六年の見田宗介編『社会学講座12 社会意識論』になると、人間解放の理論を思わせる動態的で現代的な規定を、明確に前面に押し出すようになる。とりわけ「総体化」という、全体認識をめぐるキー概念にスポットライトがあてられる。この編著の総説として書かれた「現代社会の社会意識」[173]では、社会意識論の課題を、次のように定義しなおす規定をくわえている。

「社会的存在としての人間の被規定性と主体性——歴史の必然と人間の自由——の弁証法的に交錯する現実の深部の構造を、実証科学の武器をもって開鑿する企てであり、この諸成果を総体化的な把握のうちに内化しつつ、民衆のアイデンティティと主体性とを拡大する活動として定位される。」〔「現代社会の社会意識」19760115：一頁〕

その内実として、規定性の「三つの水準の重層的な構成」〔同前〕が粗描されるが、そうした展開はあきらかに真木悠介としての存立構造論の仕事を基盤に生まれたものである。

第一の水準に、集合態的で集列的な個人の集合と「近代的自我」の規定力が置かれる。そして、第二の水準に、私的な占有すなわち他者たちの疎外を基軸とした「資本制世界における諸階級の意識」〔同前：二頁〕による規定の層を重ねる。そして、第三の水準において把握されるべき現代における規定性の特質が、「〈管理化〉対〈総体化〉の拮抗するダイナミズム」〔同前〕である。

この第三のレイヤーにおける、相対立する全体化・透明化の拮抗[174]の把握は、旧弊なマルクス主義社会科学者の「階級意識の古典的な諸規定を無為に反復する不毛」〔同前〕からも、近代主義的な現代化論者や社会学・社会心理学者たちの「現象的な諸変化を無概念的に列挙し分類整理するような空虚」〔同前〕からも、十分な距離を保ちつつなされなければならない、と提起される。

「まなざしの地獄」というテクストは、重なりあういくつかの意味で、真木悠介として走りだしたあとの見田宗介によって書かれたのである。

173　この論文は「現代社会の存立構造」〔前掲〕という序説の結びに掲げられた展開の構想の「意識形態の存立構造」にあたることが、単行本『現代社会の存立構造』のあとがき〔：一八九頁〕に述べられている。

174　ここでいう「管理化」とは、既成の支配構造のもとで「支配する諸個体のがわからの全体の透明化の企て」であり、「総体化」とは「支配される諸個体のがわからの全体の透明化の企て」〔『現代社会の社会意識』前掲：二頁〕であると、さしあたり簡便に定義される。しかしながら、この概念が古典的な階級論の内側にとどまるものでないことは、本文で触れた「三水準」の粗描からも、また第二水準の分析から引きだされる「実践の現在的な様式（style, 作風）に内在する consummatory な意味への感覚」〔同前：一五頁。傍線・傍点省略〕への言及からもあきらかであろう。だからこそ、管理化における「意味の多次元性の粛清」〔同前：一九頁〕が批判され、総体化における「個体的現実性」と「関連の全体性」の奪回〔同前：二二―三頁〕が、解放＝自己回復の課題として掲げられる。

9章　「「共同体」のかなたへ」［19760901］——比較社会学の翼にのって

一九七三年五月の序説［「現代社会の存立構造」19730505］の提示にはじまり、一年後の五月［「外化をとおしての内化」19740505］、七月［「階級の論理と物象化の論理」19740705］、八月［「疎外と内化の基礎理論」19740805］と三回にわたって分載された経済形態の存立の基礎理論が、『現代社会の存立構造』［19770315］としてまとめられたのは、三年近くあとの一九七七年になってからであった。[175]

すなわち、初出論文の執筆と単行本の刊行とのあいだに、インド・ブラジルへの旅とメキシコでの客員教授としての滞在[176]がはさまる。この単行本の「あとがき」は、この本は自分が取り組んできた存立構造論の骨格のデッサンにすぎない、と限定している。しかしながら、「台座をここまで固めておけば、組織形態、意識形態を含む諸分野・諸制度・諸事象の分析による豊饒な展開という作業は、時間さえ与えられれば確実に可能である」［19770315：一八九頁］という見通しを語っ

175　加藤典洋が『現代社会の存立構造』と『気流の鳴る音』の時期的な並行の経緯を質問したのにたいし、見田は「書いた年代は全然違っているのです。旅の前後ですから。『存立構造』のほうはもともと『思想』に連載した後ですぐに外国に行ってしまったから単行本にならなかっただけで、自分からすると旅の前に昔書いたものが後で単行本になった、というだけのことなのです。『気流の鳴る音』と出版年が同じ年になりましたけど、旅の前後の三年間は私にとって全然違う転回の前後なので、単純な話なわけです」［20151225：二五頁］と答えている。

ている。

その自信の一方で、真木悠介は一九七七年時点での自分の仕事のこれからについて、次のような見通しを述べた。

「当面の私の主要な関心は、いわば〈社会構想論のための比較社会学〉におかれているので、本書の仕事の直接的な展開としての、現代社会の理論の完成という課題にたちもどるのは[17]、何年かあとになるだろう。」〔『現代社会の存立構造』19770315：一八九頁〕

この主要な関心が、『気流の鳴る音』の一冊にまとめられる、「コミューン構想」のための比較社会学の諸論考を指すことは、あえて解説するまでもあるまい。見田が「全身の血が入れ替わるような経験」〔20160126〕をしたという「旅」のあとに、人類学者カスタネダの呪師修行のフィールドノートを素材にした作品「気流の鳴る音」〔19761001、19761201→定本真木集Ⅰ〕がまとめられる。その最初の序説として書かれたのが、「「共同体」のかなたへ」〔19760901→定本真木集Ⅰ〕であった。

▼コミューンという概念

この比較社会学の評価をめぐって論議の焦点となったのが、「コミューン」である。

この概念は真木悠介の『人間解放の理論のために』が固有の意味をこめて使いはじめ、やがて見田宗介にも重要な意味をもつものとして帰還していく。[178]

論議だけでなく、その意味やイメージをめぐる、共鳴や反発のさまざまな解釈をも生みだした。「コミューン」は、異なるそれぞれの立場から、じつに断定的に価値づけられてきた。マルクス主義運動論が掲げた「共産主義（コミュニズム）」の古典的理解や、近代主義者が批判した「共同体」規制、原点回帰の幻想、一九七〇年代のカウンターカルチャー（対抗文化論）に対する賛否までもがからんでいた。極端な断定のなかには、真木を反近代主義[179]や神秘主義[180]にくくるものすらあった。

176　インドへの旅は、一九七三年一二月から約一ヵ月間、インド各地を旅行したもの［「時間のない大陸」19740301］であり、メキシコでの滞在は、一九七四年九月から一九七五年七月までの約一年間、エル・コレヒオ・デ・メヒコ（El Colegio de Mexico）のアジア・北アフリカ研究センターの客員教授としての海外研修であった［「骨とまぼろし」19751003／「メキシコの社会と文化」19751110］。これ以外に、一九七六年二月下旬からブラジルのリオデジャネイロをはじめ「中南米八ヵ国を旅行」［「ファベーラの薔薇」19760517］などの記録がある。その他、一九七〇年代末の「スリランカ」［「ブーゲンビリア」20030908］や一九九〇年の「コモリン岬」など、多くの旅への言及はあるが、旅譜はまとめられていない。

177　そして、この時点で明確にその実現の形態が見とおされていたとは思わないが、「現代社会の理論の完成という課題」と対応するのが、『現代社会の理論』［19961021］と『社会学入門』［20060420］および『現代社会はどこに向かうか』［20180728］である。

178　この還流についてはいくつもの証言を引用できると思うが、ここでは「幸福感受性が、未来の社会をデザインする」［20091015］という博報堂の雑誌『広告』に載った一文をあげておく。ここで見田は、ソビエトを中心としたコミュニズムがなぜ七〇年ていどで破綻したかは、コミューンがそもそも具体的な小さな単位でしかありえないにもかかわらず、それが全社会的に可能だと幻想したまちがいにある。そして「共存し合う社会」にとって不可欠なのは、「多様性の重視と真の民主主義です。ひとつひとつの集団は固定的でなく流動的で、ある種の限界をわきまえながら、その中では直接的な共存の歓びを感じている。そして、ある一定のルールを守りつつ、他の社会やネットワークと関わり合う。私が長年唱えてきた、「交響するコミューン」という理念は、まさにそのような社会のあり方を指すのです」［前掲：九一頁］と述べている。

図 9-1　コミューン概念の位相

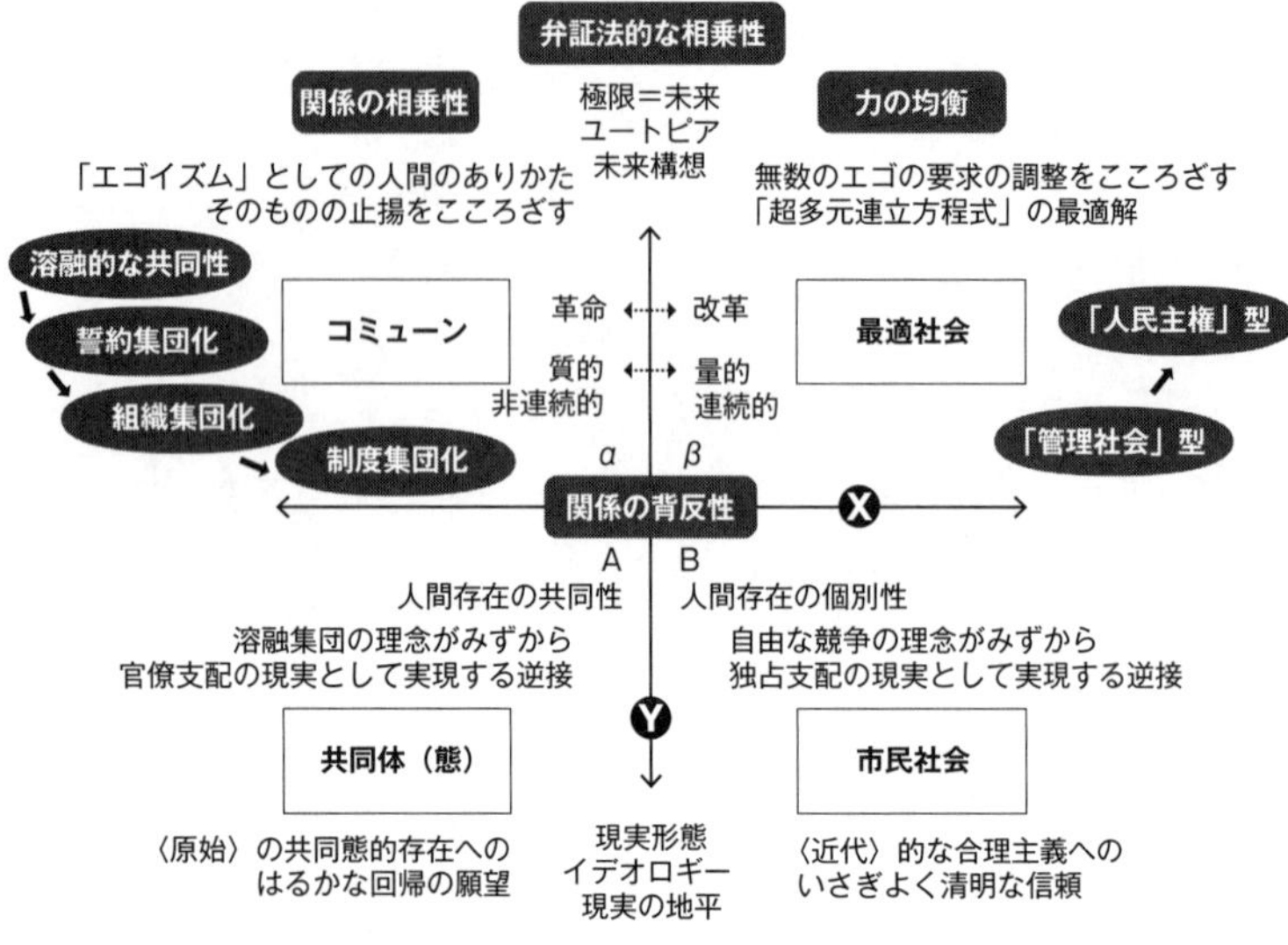

私の今からの再論も、そうした混乱を整理する用意からはじめざるをえないだろう。

「コミューン」をどう位置づけるか。あるいは、いかなる理論枠組みのなかに、どんな意味の動きをもつ概念として配置するのか。

真木悠介がこのことばを、ていねいに説明したのは、「コミューンと最適社会」[19710201→定本見田集Ⅶ]においてである。その二年後に書かれた、のちに『気流の鳴る音』に収録される「欲求の解放とコミューン」[19730105→定本真木集Ⅰ]も、さらなる展開として重要である。

「コミューン」も「最適社会」も、7章で検討した未来構想の理論に位置づけられることばとして議論される。真木悠介の戦略に私なりの注釈をくわえ、新たな座標軸での整理を試みてみよう。
その眼目となる諸論点を、一覧の図に盛り込んだのが、図9－1である。

179　これに対し橋爪大三郎は、対談において「まず見田さんは断固近代を擁護する、という譲れない線があると思います。近代主義者であり合理主義者です」[19971001：一三二頁] と、その本質を正しく指摘している。

180　一九七八年の見田の「比較社会学ゼミ」に参加したという上田紀行は、自分たちの耳に聞こえてきた「見田評」に、こうした断定が混じっていたことを証言する。すなわち「その多くは「見田氏は優秀な社会学者だったのに、メキシコに行って頭がイカれてしまい、神秘主義やらの『あっちの世界』に行ってしまった」という批判だった」[「両極化し、越境する」『現代思想』四三巻一九号、二〇一五：五四頁] と回想している。もっとも、こうした批判は、すでに『気流の鳴る音』に織り込み済みであったとも解することができる。「自分の知らない曲のオーケストラ演奏などが、音声を消しているテレビジョンの画面に映っていると、指揮者の身の動きがこっけいに気狂いじみてみえる。〈中略〉〈外の世界〉から来たものや帰ってきたものが、その内面の世界を共有することなしにたんに外面からながめられるとき、それはこの世界の秩序へのたんなるスキャンダルとして、すなわち欠如や違和として存在する。いいかえれば痴者、あるいは狂者として対他存在する。」[定本真木集Ⅰ：六三―四頁]。余談だが、この例示はすでに「大学紛争」のテレビでの見られ方などをコラムで論じた「音のないテレビ」[19690422] でとりあげられている。

　こうした外野の断定とは別に、『気流の鳴る音』は、私を含めた学生たちに大きな影響をあたえた。上田の回想とほぼ同じ頃のことだと思われるが、酒井啓子もまた、見田ゼミの学生たちのほとんどが、『気流の鳴る音』のもつ「精神性」や「解放理論」に憧れてあつまった人びとであったとふりかえる [「国際関係の社会学」同前：四〇頁]。上野千鶴子は『気流の鳴る音』に、自分たちの一九七〇年代の残響を感じ、「近代産業主義と管理社会批判だった七〇年学生闘争の後、エコロジーとスピリチュアリティは、ゆきくれた若者たちの救済の地だった」[「孤峰としての見田社会学」『現代思想』前掲：三八―九頁] と述べる。また、大倭紫陽花村には、一九七八年当時、毎月のように『気流の鳴る音』をかかえた若者が訪れたそうで、村内にある「緑のふるさと奈良事務所」の「Ｉさん」は彼らのことを「気流族」と呼んでいた [新島淳良「宿の思想」『グラフィケーション』一二巻一二号、富士ゼロックス、一九七八：五頁] という。たぶんこの「Ｉさん」は、野草社の石垣雅設氏ではないかと思う。

▼相剋性の原理的な否定と合理的な調整

真木悠介のコミューンの意味の検討において、基本となる座標軸は、「関係の背反性」に対する解決の方向性である。

なぜなら、真木悠介の立論が、B象限にあらわれる「人間存在の個別性」という現実からはじまるからである。人間集団の個別性をその理解の「原理」としたばあい、それぞれの欲求や欲望は個々別々なものとして、基本的に対立し背反する。それは、われわれが生きる現実の困難の根拠でもある。そして、その困難は、そこからの解放の原理をも規定している。すなわち、この社会が万人にとって望ましい世界ではないという事実の解釈も、それをどうのりこえるのかという変革の理念も、〈関係の背反性〉を根本の原理としている。

それゆえ、座標軸の原点に〈関係の背反性〉が置かれ、その変革の方向性がX軸を構成する。

変革のひとつの方向は、連続性をもつ「改革」である。「背反性」を動かしがたい原理として認めたうえで、もっとも合理的な「調整」による解決をめざす。すなわち「相剋する無数のエゴの要求を、いわば**超多元的連立方程式**による**最適解**として解いていこうとするもの」〔定本見田集Ⅶ：一〇八頁〕である。この方向で、望ましい未来を描こうとする解放のパラダイムが「最適社会」である。

これに対し、もうひとつの方向は、非連続性すなわち断絶を有する「革命」である。「背反性」それ自体を原理的に否定し、弁証法でいう「止揚」による解決をめざす。すなわち「エゴイズム」としての「人間のあり方そのものの止揚を志すもの」〔同前〕である。この方向で、望ましい未来

を描こうとするパラダイムが「コミューン」である。(181)

すなわち、一方の極に「合理的な調整」による問題解決があり、他方の極に「原理的な否定」をめざす解決がある。

▼言い換え・置き換えの陥穽

ところで、この図があたえてくれる二項対立の明瞭性は、諸刃の剣である。

平面的な「二次元」の図では、配置したさまざまな論点が、並列のまま対立しているかのような理解をあたえてしまう。だから、左の象限と右の象限のあいだの概念や命題の対比には注意が必要である。それが必ずしも、同一の位置関係にあって、平行の直線性を有するものでないことは強調しておかなければならない。(182)

すなわち、それぞれの固有の対比を、大文字のひとつの対立に統合・還元してはならない。

181　「関係の背反性」に対する変革の実践を水平線のX軸として設定すると、現状の分析および変革の方向性にかかわる、概念の基本的な対比は明瞭になる。それぞれの解決の方向性において、現実の社会に生まれてしまっている二種類の「逆接」が、これもまた対比的に位置づけられていることを、見落とさないでほしいと思う。

182　なぜそんないっけん細かいと見えてしまうことを強調するのか。すでに生まれている論議の混乱と、こうした多様な二項対立の各項の位置の同一視とが深く結びついているからである。二項対立の陥穽については、佐藤健二『論文の書きかた』[弘文堂、二〇一四]の第8章を参照。もちろん、それぞれの対比対立をむすぶ個々の線分は、まったく無作為に無関係な方向を向いているわけではない。呼応し類似する側面も多いように感じる。けれども、意味するところそのものはけっして同じではなく、論理的にも平行の状態にはない。そうした直線どうしの交差は、多次元的・立体的に考えなければならない。

たとえばいま論じてきた、図9－1の座標軸である背反性をめぐる「合理的な調整／原理的な否定」という解決の方向性の対立は、図中の人間存在の「個別性／共同性」という特質がもつ意味のちがいと、そのまま重ねてしまえるわけではない。もちろん「調整／否定（あるいは止揚）」の方針と、変革運動のイメージにおける「改革／革命」の対比はあるていど平行と考えてもよい語感を感じるかもしれない。しかしながらそのどちらもが、そのまま関係の「相剋性／相乗性」の論点や「インストゥルメンタル／コンサマトリー」[183]の理念に置き換えることはできない。

平行性を措定してしまう同一視は、複雑性の拒否であり有害な短絡である。

さらに対象と向かいあったときに「量的・連続的な考え方」をとるか「質的・非連続的な考え方」〔定本見田集Ⅶ：二一〇頁〕をとるかは、4章での議論を思い出すとおもしろい対称だが、そこに基本軸が表現している方向性のちがいを還元してしまうのも、まちがいである。

この図において、「関係の背反性」と「関係の相乗性」とを、あえてX軸との平行性に置かず、しかも直交という関係でもない位置に配した意図も、そこにある。

▼未来構想の論理と現実形態

さて、図の戦略の解説をつづけよう。直交する座標軸は、未来と現在である。

この軸も、すでに7章の未来構想と人間的欲求において論じたことと深くかかわる。目的としての未来を一方の極に、そして現実の地平を他方の極において設定される。別なことばでいうと、ユートピアとイデオロギーとをむすぶ直線として、Y軸は位置づけられるだろう。

ところでY軸を独立に設定する意義はなにか。「望ましさ」の検討を、実現可能性すなわち蓋然性の呪縛から解き放つためである(184)。

つまり、「コミューン」と「最適社会」はいずれも、現実の実態を記述したり分析したりする論理として設定されているのではなく、解放の構想を検討する論理として、立ちあげられている。もっと踏みこんでいうと、解放の構想を社会のあり方という観点から検討することをつうじて、座標軸の原点に置かれた〈関係の背反性〉という原理の絶対性を棄却するために配置されている。

だから、αおよびβの象限という、未来構想の枠におかれるべきだろう。

そして、実態解明や現状分析の位相で使われ、その特質の対比をあらそう社会科学的な概念としては、A象限に「共同体（態）」、B象限に「市民社会」を配置して利用するほうがふさわしい。

183　コンサマトリーの概念について、見田宗介はなんどか、適切な日本語に訳せないと述べている［『現代社会はどこに向かうか』20180620：一五四頁など］。もともとパーソンズの「インストゥルメンタル（道具的、手段的、何かの役に立つ）の反対語」で、それ自体が喜びであり充足の快をもたらすのだが、「即時充足的」というとすこし違ってしまう、と加藤典洋との対話では語る［20151225：一七頁］。『時間の比較社会学』の序章［19800905］では、「その時自体のうちに完結して充足する感覚」と説明している。英語のconsummateの活用だと思うが、小さな辞書では載っていない。動詞形には完成することや頂上・至上のイメージが含まれていそうだが、他方で性交によって結婚を完全なものにするという意味もあって、日本語ばかりではなく英語でも意味のゆらぎがありそうである。真木悠介は「現時充足的」［定本真木集Ⅱ：三二七頁］と訳していたりする。

184　「コミューンと最適社会」論文は、『人間解放の理論のために』の最終章として、第6章・第7章の議論をふまえていえば、めざすべき「究極の未来」とはいかなるものなのかを論ずるために書かれた。つまり、それがほんとうに万人にとって望ましいものなのかという目的の位相すなわち「極限＝未来」の内容を検討する局面である。

これが基本的な配置である。

このような配置を踏まえることで、真木の解放論の基本的な戦略が明らかになる。真木は最適社会とコミューンの対比的な考察を、次のように中間総括する。

> 「ではわれわれのまえには、およそどのような**永続的**な解放のイメージも存在しないのだろうか。もしわれわれが、〈市民社会〉と〈共同態〉という、この対をなす社会の形態によって限界づけられた歴史的情況の地平にとどまり、このいずれかの項の理念的昇華のうちにみずからの未来を託し、したがってそれを、**集列的**な(185)〈**最適社会**〉か**溶融的**な〈**コミューン**〉かのいずれかとして（シニカルにかロマンティックにか！）構想するかぎりはまさに然りである。」［「コミューンと最適社会」：一二三頁→定本見田集Ⅶ：一三〇頁］

だからこそ〈関係の背反性〉という原点それ自体を、想像力においてのりこえるという戦略が組みあげられなければならない。

▼二つの軸の必要性

ところで、「コミューン」をめぐって、あらためて注意をうながしておきたい論点がある。

それは、「コミューン」に対する多くの批判が、X軸とY軸の存在と意味のちがいを踏まえていないのではないかという疑いである。つまり、その批判がけっきょくのところ、意図的か無意識にかは問わないとして、二つの軸の重ねあわせ（すなわち同一視）か、Y軸の意味の省略または無視のうえで成りたっているのではないか。

この二つの軸を重ねあわせてしまうと、論理の空間にある種の視野狭窄が生まれる。理念の「望ましさ」の検討が、純粋には立ち上がりにくくなるのである。[186] そのことで、解放や変革の想像力が制限される。

つまり軸の同一視すなわち違いを無視するなかで、「コミューン」は「共同体（態）」と等値され、「最適社会」は「市民社会」と区別されなくなる。変革への駆動力の立ちあげにおいて重要なY軸の作用を溶解させてしまうと、「コミューン」の理念は実際の「共同体」のさまざまな現実に引き寄せられ、「最適社会」の説明は「市民社会」の理念と理想に溶かしこまれてしまう。そこに理念の分析と現実の分析とを混淆させた、平板であやうい理解が生まれる。そして、その理解がまるでリアリティをもつ洞察であるかのようにふるまう。[187]

185　この「集列的」という最適社会の形容が、初出では、多くの個所で「数列的」になっている。このことは、単行本化において直され「集列的」に統一されてしまうにしても、たいへん興味深い。たぶん図9-1にも盛り込んだ「〈最適社会〉論者がいっぱんに量的・連続的な考え方をとり」［定本見田集Ⅶ：一一〇頁］という理解と共振しているのであろう。一方で、初出の段階でもサルトルの概念の説明のなかでは「集列性」も使っている。

186　7章の「未来構想」で論じているように、その理念の展開の可能性を検討することが、さまざまな現実の条件に意識・無意識を問わずに限界づけられた、歴史的な実態を分析し評価することと混淆し、混乱してしまうからである。

たとえば、「〈原始〉の共同態といったものへのはるかな回帰の願望」〔定本見田集Ⅶ：一一〇頁〕に導かれただけの「コミューン」の反近代主義[188]よりも、すでに歴史的に自由を獲得してきた「市民社会」の近代的合理主義のほうが望ましいという主張なども、その癒着への無自覚のうえでリアリティをもつ理解の典型だろう。この評価は、図でいえば「コミューン」と「市民社会」とを斜めに結ぶ線分のうえに像をむすぶ。すなわち、X軸とY軸を斜めに重ねあわせた結果である。もちろん、重ねあわせるためのそれぞれの軸の回転は、45°でも135°でも可能なので、「コミューン」を理想に選ぶ主張も可能である。いずれにせよ、そのことで原理的な「否定」と合理的な「調整」という、一元的な変革の選択肢のみが強調され、結果としてY軸が消滅してしまう。[189]

「関係の相乗性」の位置も、この問題にかかわっている。

「関係の背反性の原理的な否定」はけっきょく「関係の相乗性」と同じなのだから、冗長だと区別を設けずに同一視すれば[190]、この図にある「関係の相乗性」や「弁証法的な相乗性」に必要な場所が失われてしまう。そして「力の均衡」ということばが指ししめす交流を媒介とすることで、即自的な「関係の相乗性」が対自的な「弁証法的な相乗性」を生みだすのだというダイナミズムが見えなくなってしまう。

真木悠介のいう「コミューン」の射程を正確に測量するためには、Y軸をきちんと交差させることが必要である。理念をその論理的な展開において分析する場を用意するだけでなく、「目指す」という動詞をやどす、未来時制を内蔵した軸だからである。そうしてはじめて、真木の「コミューン」をふちどる諸要素の共在と、位置づけを描く空間が用意される。

▼集列的な「最適社会」における「合理的な調整」の棄却もしくは不可能性

そうした用意のもとで、論文「コミューンと最適社会」は、いかなる検討を組織しているのか。

187　長谷正人「見田宗介における「相乗性」の限界」〔『作田啓一VS.見田宗介』弘文堂、二〇一六：七五―一〇〇頁〕は、『近代日本の心情の歴史』の流行歌分析の評価において、この「相剋性／相乗性」の概念を用いて、ユニークな解釈を展開している。しかしながら、「内発的な心情が生き生きと表現されるような相乗的なユートピア世界」〔：九七頁〕という表現や、「人間たちは互いに相剋的にしか社会を作れないと認めるところから思考を出発させるしかない」〔：九八頁〕という立場の表明など、あるいはマツコデラックスの身体的表象の意味の解説におけるこの二つの概念の用法などをみると、真木悠介の議論の枠組みを正確に踏まえているとはいえない。

188　真木悠介の比較社会学の試みを、前近代の理想化であり、共同体回帰の願望にすぎないとしか読もうとしない論者も少なくない（たとえば、「前近代の思想のあり様がまさに近代を救うというおかしなおかしな方向にいってしまったのである。それがまさに『気流〔の鳴る音〕』であり『時間〔の比較社会学〕』である」〔辰巳俊一「真木悠介論のために」『指』三八三号、一九八三：一八頁〕など）。これらの批判は、近代と前近代、市民社会と共同体とを、均質な二項の対立としてとらえている点で、不十分であり不適切である。ともに「コミューン」を「共同体」と同一視している。

189　軸の回転のさせ方を強調したのは、二通りの重ねあわせかたがあるからである。具体的にいえば「コミューン」の方向にY軸の「ユートピア」を向けさせる重ねあわせもあれば、「市民社会」の方向にその理想の極をあわせる重ねあわせもあるということは、無意識な同一視では失われやすい。それは当然で、二軸を論理的にわけることなくして、二通りの重ねあわせかたを想像するのは不可能である。

190　こうした想像を相対化するために、あえてX軸と同じようなかたちで「関係の相乗性」を原点においた独立の軸を、設定してみたらいいのではないかという提案をしてもいい。すなわち、「関係の相乗性」の「原理的な否定」と「合理的な調整」という両極をもつ三つ目のZ軸である。ただこの提案は、図を立体化しなければならないぶん複雑にはなって、かえってわかりにくくなるかもしれない。しかしながら「関係の背反性の原理的な否定」と「関係の相乗性」を同一視する見方は牽制できるだろう。

この二つの発想が、どのような社会構想を導くのか。それに、真木は望ましさという観点だけからの検討をくわえる。

「最適社会」という社会構想でまず浮かびあがってくるのは、その「合理的な調整」を管理するのはだれか、という主体の問題である。すでに神という超越主体はもちだせず、市場の「見えざる手」の摂理にゆだねてしまうわけにはいかない。そうした局面において、方程式に投入される変数であると同時に、演算する主体でもある人間を考える以外にない。

そこで、二つの下位類型が論じられる［定本見田集Ⅶ：一一二頁］。

管理の主体と客体とを実体的・機能的に分ける「〈管理社会〉型」の最適社会と、全人民が主体であるとともに客体でもある「〈人民主権〉型」のそれである。細かい論証は必要なら原典にもどって確かめてもらいたいが、真木はこの中間的な類型の設置と、その現実化に作用している条件の検討をつうじて、発想としての「最適社会」の原理的な限界を導きだしていく。

すなわち、〈管理社会〉型が成果としてのよき調整を生みだしうるのは、主体である「よき〈善意の〉エリート」なり「制禦されたエリート」なりが適切に機能しえたばあいである[191]。しかしながら、官僚制の理論が明らかにしているように、この類型の管理社会は、どうしても形骸化し有名無実化する傾向を免れない。チェックの諸装置をつねに作動させつづけるための管理コストが[192]大きくなるからである。結局のところ原理としては、エリートという形での管理主体を固定化せず特権化しない〈人民主権〉型に接近せざるをえないと論じていく。

一方の〈人民主権〉型においては、合意形成の手続きを含め、管理の「効率」の問題が従来から指摘されている。対象となる社会の範囲が広く、複雑さが増すと、それに対して要求される各人の情報処理能力も大きなものになる。この点は、近年の情報技術の革新によるラディカルな高度化が新たな便宜をあたえつつあるものの、その情報管理においてまた、エリートとしての管理主体設定のアポリアがよみがえる。

どのようにして、この「関係の背反性」という原理の地平で、「合意」による一般意思を決定しうるのか。そこにおける「力の均衡」という解決を検討するなかで、「関係の相乗性」というもうひとつの原理が導きだされる。

「したがって、欲求や利害の背反する個人あるいは集団間の「合意」による「協力」という理念が、実質上あらたな抑圧の体系に転質することをまぬがれるのは、それが少なくとも他面における関係の相乗性の存在に依拠し、これを基軸として背反性の契機が処理されるというば

191 「よきエリート」とは、真に大衆のために奉仕するという善意を現実的な動機づけとしてもっているエリートであり、「制禦されたエリート」とは、そのエリートのもつ権力が自己の私的な利害のために行使されることをチェックし、阻止しうる有効な制度が現実に機能する構造のなかに置かれていることを指す〔前掲：一四頁〕。

192 管理情報の公開性を高めたり、あるいはエリートの監視を持続したり、リコールの制度の整備したりなどのことを意味する。また委託することで生まれる依存や無関心を、いかにコントロールし、強制や抑圧にならない動員を組織するかもコストとなる。

あいにかぎられる。」［「コミューンと最適社会」：一八頁→定本見田集Ⅶ：一二〇頁］

すなわち、ここで真木が導きだす中間的な結論は、つまり原点の前提を批判する議論である。結局のところ関係の背反性という磁場のなかでは、「最適社会」の理念は、それだけでは根本的な解決は導きだせない。「最適社会」がうまく機能しうるのは、「コミューン」のもつ関係の相乗性を「第一次的な原理」としつつ、それを具体化するための道具的・媒介的な制度として存在するばあい以外にはない。

▼溶融的な「コミューン」における「原理的な否定」の棄却もしくは不可能性

そして検討は「コミューン」と「共同体」が位置する左側の象限に移る。

すでに述べたように、「コミューン」を「関係の相乗性」という原理そのものに、そのまま置きかえてしまう読解はまちがいであり、すでにある混乱を拡大し誤解を深めるだけだ。だからこそ、議論は、A象限におかれた「人間存在の共同性」からはじめられる。そこにおける集団や社会の理解は、まず人間の欲求の共通性や同一性にはじまる。

そこで、それぞれの欲求や欲望が、共同の同一性をしめす「溶融集団」の考察が出発点になる。この「溶融集団」の基本的なイメージは、パリ・コミューンのような革命の変革主体の集団であった。伝統的であると主張されることが多い前近代の共同体ではない。ここにはおそらく倍音のように、全共闘運動時代の運動主体が重ねあわせられている。

真木悠介が、フランス革命下で成立した「溶融集団」の分析に注目したのは、そこに「人間存在の共同性」の純粋なあらわれを感じ、「関係の相剋性」の原理的な否定をみたからである。純粋に理念的なものであれ、あるいはある昂揚のなかでの一時的なものであれ、そこでは溶融という情況ゆえに私と他者が対立しない。

「このいわば発生機のコミューンにおける溶融状態のなかで、人間たちの関係は、集列的惰性の地平におけるそれとはちょうど逆転している。（中略）そこにあるのは、いわば自己表現の共同性である。一切の多様性がのりこえられたこの純粋の溶融状態においては、いわば〈他者〉としての他者はもはや存在せず、複数の〈私〉自身だけが存在する。」〔「コミューンと最適社会」：二〇頁→定本見田集Ⅶ：一二四—五頁〕

しかしながら、そうした溶融状態は、現実にはそのまま永続しない。集団はその共同性の解体を防ぐために、規範・規則を立ちあげる。裏切りや逃亡の恐れを阻止し、不信の生成をはばむために、成員を「誓約」によってしばる。

それは、共同的な意思の外化であるとともに、他者および自己の内面に対するひとつの暴力である。

一体的な「溶融集団」から「誓約集団」への変容は、共同性を根拠に成員相互の自由をしばる規範が存立しはじめ、違反や逸脱を裁く権力を析出させる。そこにおいて、裁くものと裁かれるものが分化し、権力の行使が特定の個人に集中し、もしくは集団に独占される危険性が生まれる。共同的な意思〔共同性〕の集団への委託が、成員の欲求を外的にしばる規範や権力を成立させる。集団の機能分化を押しすすめられるなかで、溶融の祝祭的な一体性から、日常的な支配‐抑圧の構造が存立しはじめる。

この集団の機能分化が、権限や職務、役割の体系として安定したかたちをもつのが、「組織集団」である。誓約が公式・非公式の司法権に変容するのも、この「組織」の成立においてであると位置づけることもできよう。そうした職務の体系が、さらに整備された位階制をもって制度化されたものを、真木は「制度集団」と概念化する。「ヴェーバーが「生ける機械」と名づけた近代の官僚制こそ、このような制度集団の極致に他ならない」〔定本見田集Ⅶ：一二八頁〕。そして、そこに「骨化したコミューン」〔同前：一二九頁〕という形容を添えている。

真木が、ここで引きだしたのは、「関係の背反性」を原理として否定するという旗をかかげたはずの「コミューン」が、その背反性の地平のなかで出会ってしまう、ひとつの不可能性である。「溶融集団」のイメージのもとで、その可能性を構想しようとしても、結局のところ「コミューン」という革命の理念を装った、官僚的支配の貫徹としての「スターリニズム」の抑圧にゆきつくしかない。

▼抽象的な原理の提示をこえる「メタ・ユートピア」

やや紙数を使いすぎたので、急いで真木の考察の結論を要約しよう。集列的な「最適社会」と溶融的な「コミューン」の双方を否定して、真木が提示する解決・解放の方向性とはなにか。

それは、図9－1で「極限＝未来」の位置に配された「弁証法的な相乗性」の創出において、原点におかれた「関係の背反性」の呪力を変容させていくという実践である。

そこにおいて提示されるのは、くりかえしになるが「個別性／共同性」「市民社会／共同体」「自由／溶融」「近代／反近代」あるいは「最適社会／コミューン」の、どちらかを選ぶという実践ではない。つまり必要なのは、こうした二項対立のどちらかを選択するという想像力の枠組み自体を、不十分なものとして乗りこえていく弁証法の実践である。

「まさに稀少性の世界における、個体の多数性、相互の他者性という、人間とその社会との存在論的な規格そのものを、諸個人の生の弁証法的な豊饒化の契機に転化せしめること、永続する現実的な〈コミューン〉への展望はただ、このような相乗性においてはじめて拓かれるだろう。」〔「コミューンと最適社会」：二八頁→定本見田集Ⅶ：一四一頁〕

つまりコミューンによる解放は、合理的な調整を夢見る「最適社会」の構想とはたしかに異なる。しかしながら、一体性や溶融性の幻想に即自的によりかかった「コミューン」では、その解放は達成することができない。「諸個体間の弁証法的な相乗性をはっきりとその原理とするコミューン」〔同前〕において、はじめて可能になるのだと提示する。

真木はこのように「コミューン」ということばに込められた、ユートピアのイメージを調整(チューニング)する。しかしその「極限＝未来」の構想も、関係の相乗性[193]への反転も、「この方向にしか可能性はない」という否定形の要請にとどまっている。いわばメタの水準での抽象的な原理の提示にとどまって、一般に使われている「ユートピア」に期待されているような具体性を、まだ十分にもっていない。そのことを、深く自覚している。

その一方で、社会構想の作業にかんする次のような引用にふれると、「コミューン」に真木悠介がこめた可能性が、単純に目指すべき理想として設定されていたわけではないことがわかる。つまり、たんにユートピアの理想としては「抽象的」で「具体性」を欠くばかりとは否定してしまえない、ポジティブな構想力にむけて開かれていたことがわかる。

「あたかも一つの代数式が、さまざまなじっさいの数値を代入しうると同様に、さまざまな具体的イメージをそこに代入することによって、無限に多様なユートピアを構想しうる、基礎的な「構造」それ自体としての、メタ・ユートピアとして考えることができよう。」〔「コミュー

ンと最適社会」：四一頁→定本見田集Ⅶ：一六六頁〕

これは「コミューン」ということばのメタ・ユートピア性についての言明でもある。

そして、われわれが「コミューン」の名づけのもとに論じてきた、さまざまな現実の失敗と成功とは、「それぞれの時代や民族の歴史的・文化的規定性のもとで、多様に描かれ実現されつつ、たえずのりこえられてゆくべき実践＝未来」〔同前：一六四頁〕として、構想力の「代数式」に代入すべきできごとという、かえがたい価値をもつ。

ここにいたって、さまざまな時代や民族の歴史的・文化的事実に目をむける比較社会学が、なぜ一九七〇年代の後半に真木悠介のもとで実践されるのかがわかる。

その納得とともに、『気流の鳴る音』が、なぜ「「共同体」のかなたへ」という、向こうがわに乗りこえていくような構想力において語られなければならないのかの理由とも、読者は出会うだろう。

そして、ここで提示される「ユートピア／メタ・ユートピア」の構造としての重層が、やがて『気流の鳴る音』の通奏低音としての「トナール／ナワール」という、主体の「意志」の重層性の現

193　ここで導きだされてくる「相乗性」の理論的な展開として、『現代社会はどこに向かうか』における「欲望の相乗性」〔20180620：一三六―一四一頁〕や、「幸福感受性の奪還」〔：一三五頁〕の議論がでてくるのだが、二〇〇〇年代以降のテクストだけを読んでいると、『気流の鳴る音』以前のこととのつながりがみえにくく、その直接の実現可能性の隘路が目について、ことさら宗教的で反近代的だというような解釈が強調されてしまう。

象学的な理解と深く共鳴していくことを知るのである。

▼気流の鳴る音

『気流の鳴る音』という、どこか分類しがたさをにじませる作品も、「コミューン」の運命と同じように、読者のさまざまな共鳴と反発のなかで読まれてきた。いま、そうした読解の拡がりを過不足なく整理する余裕は私にはない。むしろ自分が学生だった時代の実感に立ちもどって、私がインスパイアされた要点をとりだしておこう。

この本が私にあたえたインパクトの中心は、「反転」の驚きとおもしろさであった。対象に対する認識の反転でもあり、主体のあり方をめぐる転回である。「自明性」の解体ともいえる。私がとりわけ引きつけられたのは、自らを特定の歴史や文化にしばりつける「明晰さの罠」の危うさの、さまざまなレベルにおける気づきである。あとからふりかえると、この比較社会学は、当時「社会史」[194]を勉強していた私が、歴史社会学を主張しはじめる反転のはじまりでもあった。

「「明晰」とはひとつの盲信である。それは自分の現在もっている特定の説明体系（近代合理主義、等々）の普遍性への盲信である。」［「気流の鳴る音」19761001：三七―八頁↓定本真木集Ⅰ：八三頁］

もちろん、近代合理主義に言及しているからといって、「不明晰」や「非合理」や「説明（因果法則による把握）の拒否」や「改宗」を推奨しているのではない。「明晰」を捨てるのではなく、使いこなすために「メタ明晰」の超越にまでたかめなければならない。そのために必要なのが「〈世界を止める〉」(195)という作業である。すなわち「自己の生きる世界の自明性を解体する」〔同前：三六頁→真木集Ⅰ：七九頁〕という作用が要請される。

比較社会学は、そうした幾重にかの「反転」を受けとめうるという用意においてはじめて、「Ⅰ異世界を理解すること、Ⅱ 自世界自体の存立を理解すること、Ⅲ 実践的に自己の「世界」を解放し豊饒化すること」〔同前〕が可能となると説く。このプロセスこそ、真木が「弁証法」の名において指しめす変容のメカニズムであり、『気流の鳴る音』という作品で語られる具体的なできごとの話題のなかで、なんども変奏されるモチーフである。

具体性ということで、小さな話題を付けくわえておく。

194 一九七〇年代の後半、日本では何度目かの「社会史」ブームだった。阿部謹也の『中世を旅する人びと』〔平凡社、一九七八〕と網野善彦『無縁・公界・楽』〔平凡社、一九七八〕の「アジール＝無縁」への注目は象徴的であり、歴史のとらえ方の大きな転回を感じた。その当時の「反転」の実感をなぞるようにして一九八四年に書いたのが、『読書空間の近代』〔弘文堂、一九八七〕の第一章「「近代」の意識化」である。

195 「世界を止める」というと、魔術的で「時間よ止まれ」の呪文を思い出してしまうが、真木がこの実践にくくっている内実は、フッサールの「現象学的判断停止」であり、レヴィ＝ストロースのヌアー族の双生児理解を「非合理」ととらえてしまうわれわれの側の人類学的な説明の停止であり、マルクスの資本論における「商品」のリアリティの認識論的切断である。真木自身のもうすこし踏みこんだ説明については、「窓は視覚を反転する」〔「気流の鳴る音」19761001：四七―八頁→真木集Ⅰ：一〇二―五頁〕などを参照。

ずいぶんと後になってから、見田になぜあの本に「気流の鳴る音」という、ひょっとしたら神秘的に誤読されかねないタイトルを選んだのかをたずねたことがある。「明晰さの罠」でも「自明性を疑う」でも「ナワールの教え」でも、あるいは「近代の呪縛」でもよかったのではないか。しばらく考えたあとの見田の答えのポイントは「具体性」であった。正確な文言を確かめてはいないが、主体のなかに起こった変化を、具体的な感覚の動きをともなうイメージで伝えたかったからだ、という意味のことだった。

なるほど、このタイトルのもとになるエピソードは、ヤキ族の青年のイニシエーション（一人前と認められるための通過儀礼）での経験であった。その場にのぞみ、儀式で用いられる幻覚性植物を青年が噛むところを、調査者のカスタネダがみる。その場面での記述に、この語句があらわれる。その前の機会の通過儀礼への参加ではなんの意味を見いだせず、漠然と「他者の体験」を外側からながめて終わっていた。しかし、このときは幻覚性植物を噛んだ青年の、そこでのふるまいを見つめることから、他者の内側にある実感にもつながるなにかがみえたように、この観察者は感じる。

「頭はこれが限界というところまでうしろにそり、腕は目をかくすように組んでいた。私は彼のまわりでひゅうひゅうと気流の鳴る音を感じた。私は息をのみ、思わず大声で叫んでしまった。」〔「気流の鳴る音」：二八頁＝定本真木集Ⅰ：六一―二頁〕

つまり他者の体験を、自分とは関係のない呪術的な無意味として囲いこんでしまうのではなく、できごとを見た主体として、そこで見えたことの意外に驚く。[196]他者として、その経験を言語化するなかで、この「気流」は具体的に見え、その「音」が実際に感じられた。このタイトルは、そうした主体の内なる見え方の「反転」と、対象と主体との共鳴とを象徴していたことがわかる。

▼インドひとり旅

すでに分析は、真木悠介の読者にとっていわずもがなの領域に入りつつあるが、最後に見田が「それ以前の生と、それ以後の生に、わたしの生は分けられる」［「定本解題」20121010：二〇七頁］と語る、インドの旅の位置をすこしだけ補正しておきたい。

ここで問題にしてきた「コミューン」論の展開から、である。

インドへの一ヵ月ばかりの最初の旅に出たのは、一九七三年一二月である。

196　今回の文献目録をつくるなかで、見田が竹内敏晴との対談のなかで、「相手の周りでその気流の鳴る音が聞こえるか、聞こえないかということが、やっぱり決定的な問題だと思うんです」［19780701：七一頁］と、その重要性について語っていることに気づいた。余談だが、この対談で竹内は「いまぼくは東大にレッスンにいってる」と語っているが、これはおそらく教育学部が出していた「言語表現と教育」という授業で、七徳堂という剣道場で行われた実習のことだろう。私も、一九七七年度前期に行われたこの授業を履修し、虎やサルの歩き方をやってみたり、「通りゃんせ」を身体を使って歌ったりするなかで、いろいろなことを考えた。

そこでの体験の一端が、二ヵ月後の「時間のない大陸」〔19740301〕で書かれている。「行く川の流れは絶えずして……」という『方丈記』の「気ぜわしい無常観」と、どちらに流れているのかもみわけることができないガンジス河が許容するものの対比から、このエッセイははじまる。

この大河は、無数の人間たちの糞尿や死体の灰を受け入れて、ゆっくりと流れていく。ともに、人びとの日々の乾きを癒やし、沐浴の清めをささえるものとして、そこにある。「ガンジスは人びとの生活と死とのすべてを包容しやがて運びさる」〔同前〕という無常は、日本中世の法師が嘆じた無常の気ぜわしさとだいぶ異質である。淀みに浮かぶ泡もすぐに流れさるほどの水が映しだす諸行無常をイメージする日本人と、「清潔」とはほど遠いガンジスの実態が暗示する異文化の世界観は、どこで出会うのか。

それは、河をみる主体の、あるいはことばや音を聞く主体の「反転」をつうじてである。[197]

「清潔とは何か。それはおそらく、身体や精神についた異物を排斥する思想、異物と共生することを拒否する感覚だ。」〔19740301→定本真木集Ⅰ：一七七頁＝定本真木集Ⅳ：一五頁〕

そこにおいて、われわれ人間という存在自体が異物ではないかという、反転が啓示のようにあらわれる。人間もまたモノであり、人間主義すなわちヒューマニズムもまた「このモノの抱くこわれやすい幻夢」〔「時間のない大陸」前掲〕なのではないか。

見田は、南インドの古都で親しくなった青年が別れぎわにさりげなく言った「また会いましょう、この生のうちに（イン・ジス・ライフ！）」ということばにふれて、このエッセイを次のようにまとめている。

「この世にかつて存在し、これから存在する生命はすべて、このように今も存在し、永劫にこの宇宙のどこかに転生しつづけるだろう。この感覚はぼくを、ほとんどもの心ついて以来の、永劫の死への恐怖といったものから解放してくれる。日本の風土の中では、それはただ言葉にすぎない。水と草木と虫たちと人間たちとが、たがいに発生し交響し発散し分解し合う南インドの空の下では、この感覚は、疑いようもない真実としてぼくたちの存在をつつむ。」〔19740301→定本真木集Ⅰ：一七八頁＝定本真木集Ⅳ：一七頁〕

このインドの旅で、見田が『時間の比較社会学』や『自我の起源』につながっていく「反転」のような大悟を得たことはたぶん疑えないし、あえて疑う必要もない。

197　「ことばを聞く」は、「この生のうちに（イン・ジス・ライフ！）」のエピソードである。「音を聞く」は、本文での説明を省略したが、おなじく南インドの小さな村での体験である。見田は、拡がる星空の下で立ち小便をしながら、すばらしく神秘的な宗教音楽が「家々の影をつつんで流れる」のを聞き「宇宙を感じる」。あとで、村でたった一台のトランジスタラジオをボリューム いっぱいにまであげて、村中で聞き入っていたことがわかるが、見田はその近代の利器の混入に幻滅しない。「その時のぼくに感じられたのは、逆に「近代」をこともなげにのみこんで包摂してしまう、共時性の深淵のごときものであった」。

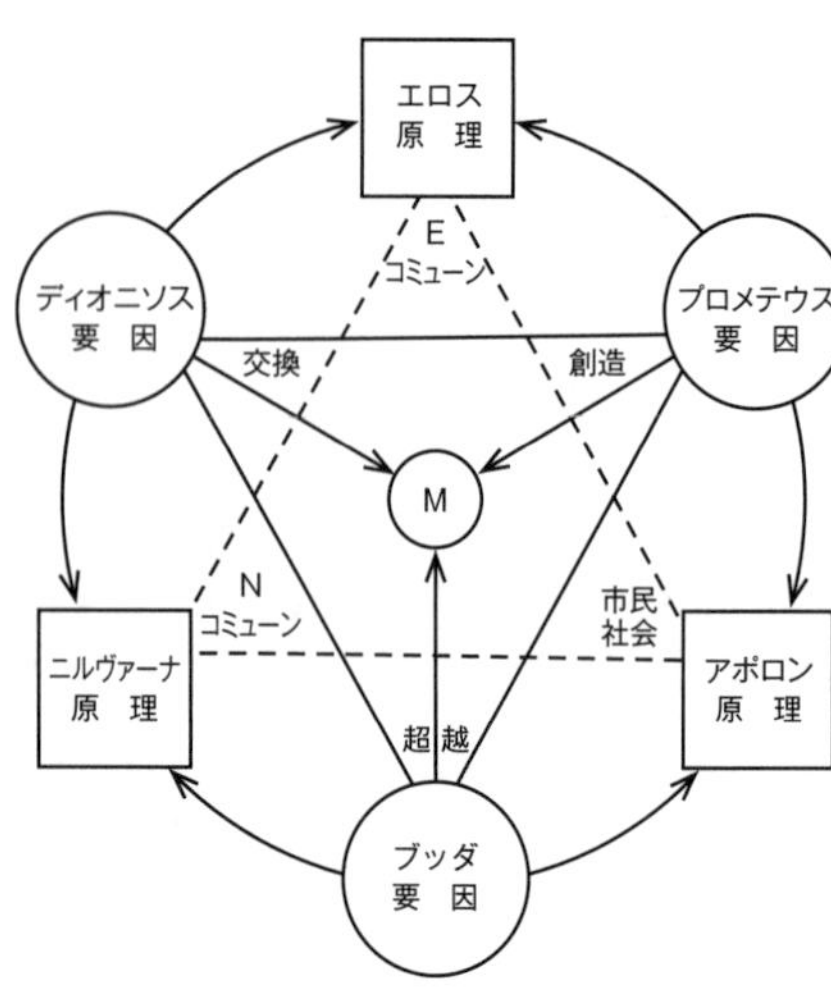

図 9-2　欲求解放の原理

しかしながら、テクストの森のフィールドワーカーとしては、その悟りをすでに予言する思索が、旅に出るほぼ一年前の「欲求の解放とコミューン」〔19730105〕で語られていることをも、視野に入れておきたい。

▼「コミューン」のかなたに

『朝日ジャーナル』に寄稿された「欲求の解放とコミューン」[198]は、いくつかの断片からなるエッセーである。そして、じつは『人間解放の理論のために』の思索と、『気流の鳴る音』の想像力をしっかりとつなげている。そこには「彩色の精神／脱色の精神」[199]の対比や、幻想の解体や認識の透徹におけるニヒリズムの克服、あるいはマルクスにおけるコミューン主義のとらえ直しなど、印象ぶかい話題が多く盛り込まれている。

とりわけ、欲求の解放において融合を志向する「ニルヴァーナ原理」と、交響を志向する「エロス原理」[200]の対比を考察し、『価値意識の理論』〔19660805〕で参照したモリス（Charles W. Morris)

の生き方論〔「〈人生観〉の社会学」19660601〕が提示した、創造を生きる「プロメテウス要因」と、交感を生きる「ディオニソス要因」と、解脱を生きる「ブッダ要因」を配置して、さらにディオニソス要因に正対する位置に、均衡を志向する「アポロン原理」をくわえた曼荼羅図（図9－2）のような鳥瞰は、じつに大きな構えで人間の生き方の解放を論じている。[201]

この図は、本章の前半を費やしてきた「最適社会とコミューン」の対比をものみこんで、さらにその対立をも相対化するメタ・ユートピアの原理への言及であり、その図解となっている。と同時に、じつは『気流の鳴る音』の向こうがわ、そこで論じられている「反転」の先までを暗示

198　これは『気流の鳴る音』に収録されるに際し、「交響するコミューン」と改題された。『定本真木悠介著作集』Ⅰの「定本解題」〔20121010〕によると、この一文は「一九七二年、徹底した社会闘争の敗北の後の時代に、新しい世界のあり方を必死で求める若い人たちの熱気であふれる集会で語られたことの、要約である。発想されたばかりのコミューンのまだ固まらないイメージが、いろんな胚珠のわき立ってぶつかり合うままの仕方で、投げ出されている」〔：二〇七頁〕という性格を有すると説明されている。

199　「彩色」への注目も、このテクストの森の諸処で見かける。柳田国男の「天然の禁色」に対する「色彩の解放」という論点も、深く関連するだろう。さらにさかのぼって、『近代日本の心情の歴史』が、流行歌という「鏡」が映しだしているのは、時代の民衆の心情そのものではない。「虚構あるいは幻想の中に仮託された真実」〔定本見田集Ⅳ：三頁〕なのだから、それを解読するには「いくつかの固有の屈折と彩色の傾向性」〔同前：一〇頁〕をとらえなければならないと論じていることとの呼応なども、指摘できるだろう。

200　このエロス原理については、『自我の起源』〔19930927〕の「誘惑の磁場」の章や、現代社会論として書かれた「声と耳：現代文化の理論への助走」〔19970627〕などで展開している。

201　この図の中心におかれた「M」には、「モリスが三要因の統合型を「マイトレーヤ」型と名づけたことにもとづく」という注がつけられている。しかし、ほんとうは真木悠介と見田宗介に共通する「M」であり、かけがえのない個の普遍性をあらわすものではなかったか、というのが私の勝手な深読みである。

しているのだが、ここでは論点の指摘にとどめよう。

いまテクストに戻って確かめたいのは、こうしたメタ・ユートピアの大きな枠組みを検討した論考のむすびである。

「人類の歴史はたとえみじかいとはいえ、一億や二億の年月はおそらく生きつづけるであろうし、その最初の一〇〇分の一ほどの歴史のなかに解答を見いだせなかったからといって、われわれの想像力をその貧寒なカタログのうちにとじこめてしまってはならないだろう。われわれとしてはただ綽々と、過程のいっさいの苦悩を豊饒に享受しながら、つかのまの陽光のようにきらめくわれわれの「時」を生きつくすのみである。」〔「欲求の解放とコミューン」前掲：二二三―四頁↓定本真木集Ⅰ：二〇二頁〕

すでに「自分の身体の細胞が、すみずみまで入れかわるような旅」〔「解説　劈くもの」19880126：三〇七頁↓定本見田集Ⅹ：三三頁〕にでかける一年近く前に突きつめられ、見はるかされていた思索が、「大死」の実感をささえていたのである。

このことを、どうとらえたらいいのだろうか。

▼くっきりした立体のように

いささか突飛な連想なのだが、『社会学入門』の書き下ろしのコラムに、一九九〇年四月に、「コモリン岬」を旅人として訪れたときのできごとが記されている。

その朝、見田はベンガル湾の日の出に立ち会おうと、暗いうちから磯を歩いていた。光がさしはじめてすこし明るくなったとき、磯の岩場にわたろうとすると、うじゃうじゃと集う子どもたちの、切迫したいくつもの声で制止された。見田は、これは知らぬままに立ち入ってはならない地元の「聖域」を侵してしまったのだろうかと思って引きかえすのだが、理由はちがった。磯はところどころが突然の深い淵になっていて、子どもたちはハラハラしながら、ずっと見ていたのであった。子どもたちは、口々によかったといって、うれしそうにほんとうに喜んでいた、というだけのエピソードである。気のいい子どもたちと仲良くなって、陽が高くなるまで笑いあって過ごしたが、見田自身にも人に話しておもしろい「事件」もなにもないから、とりわけてこの日の話をすることもなかったのだという。

ところが、その一五年後のスマトラ沖大地震のときに、別なかたちで、そのかつての経験がよみがえる。沖の岩場に取りのこされ、空軍のヘリコプターからも手が出せなかった数百人の旅行者を、このコモリン岬の漁師たちが助けたという報道によってなのだが、細部は興味のある向きが原文を参照してもらえば足りる。

私がいま奇縁を感じるのは、この文章のなかほどにあらわれる、見田の次の記述である。

「一五年もたって、二〇〇四年の一二月になって、突然この朝の経験の「意味」が、くっきりとした立体のように、わたしの中で立ち上がってくるということがあった。」〔「コモリン岬」『社会学入門』20060420：四六頁→定本真木集Ⅳ：九頁〕

この意味の突然の発見というできごとをすこし変形すると、先ほど述べたインドの旅の「経験」の位置を、指ししめすことができるように思う。

すなわち、一年もあとになって、突然あの論文での思索とことばの意味が、くっきりとした立体のように、「私」の実感のなかで立ち上がってきたのである、と。

10章 「柳田国男『明治大正史世相篇』解説」[19780725]

――幾千の目と幾万の心

『気流の鳴る音』の最初の論文「「共同体」のかなたへ」のなかにある、真木悠介の宣言の一文を読むと、大学一年生のときに感じていた小さな不安と、ほのかに見えた光明への昂揚とをすこしだけ思いだす。

あのとき、受験競争のゲームから幸いにも解放され、故郷の家を離れて暮らしはじめた自由のなかで、さて大学という新しい場でなにを勉強したらいいのか、まさにばくぜんとさまよっていた。社会学という学問との最初の出会いが、「気流の鳴る音」のスケールの大きな明晰さだったのは、いま思うと偶然ながら望外の幸運であった。

「私がこれから数年の間やりたいと思っていることは、〈コミューン論を問題意識とし、文化人類学・民俗学を素材とする、比較社会学〉である。私は人間の生き方を発掘したい。とりわけ、その生き方を充たしている感覚を発掘してみたい。」[19760901：六八頁→定本真木集Ⅰ：二九―三〇頁]

ここから私は比較社会学を、ひとつの可能性として学びはじめた。

この宣言が率直に表明している「発掘」[202]の対象は、普通の人びとの「感性や理性の次元」であった。そのかつての平凡は、容赦ない文明の土砂に埋もれて失われ、いまは感じられたり考えられたりしなくなってしまっていた。つまり、この社会学が提起した比較は、異邦に現在する見知らぬ事実や事物との見くらべではなく、失われたものや忘れられたものの語られていない意味や価値の見いだしという歴史性をはらんでいた。

私が『思想の冒険』〔筑摩書房、一九七四〕グループの再評価などをつうじて、多少の興味をもっていた柳田国男の作品をあらためて読んでみようと思ったのも、このゼミナールがきっかけである。冷静に考えてみて、もし『気流の鳴る音』と学部生時代に出会わなかったならば、柳田国男のテクストの魅力を、私が見つけだすことができたかどうか。そして『読書空間の近代』で掲げた「方法としての柳田国男」という主張が、いま歴史社会学や民俗学に取り組もうとする次の世代に、独創的なものとして認められるようになったかどうかはあやしい。

▼民俗学と社会学

自分の研究を、無邪気に「独創的」と形容するのは、なんとも慎ましさに欠ける。

しかしながら、常民[203]を「読者」の理念型においてとらえ、研究の方法の解釈に「メディア論」をもちこむ私の解釈が、一九八〇年代当時に支配的であった柳田国男論とだいぶ異なるスタンスに立っていたことは事実である。そして、その方法にかかわる視点を私は真木悠介の作品との機縁のなかで得た。真木の比較社会学は、近代の常識をあざやかに相対化してみせてくれる光源であって、私はその光のもとで柳田国男のテクストを読んだのである。

個人的な思い出になるが、私の研究者としての最初の依頼原稿は、じつは師の見田をつうじてもちこまれた、ある「学問のすすめ」シリーズへの寄稿だった。あれは大学院の博士課程に入って一年を終えたころ、一九八二年の春前後である。

演習のあとですこし話があるといわれてのこると、「民俗学と社会学」という原稿を書く気があるかと尋ねられた。四〇〇字詰めで二〇枚ばかりの短い論考で、筑摩書房が企画した宮田登・谷川健一編『民俗学のすすめ』という本のために依頼されたものだという。しかしながら見田自身は「いま民俗学についてあまり書く気がおきないので、断ろうとも思っている。でも君が引き受けるなら推薦するのでやってみないか」という提案だった。即座にありがたくお受けして、当

202 「発掘」というとマヤのピラミッドの探検や捜索するイメージがあるが、しかしピラミッドはすべて人びとが「水を汲み市場を行き交って生活している」〔前掲:同頁〕場所から遠くはなれたところに、高くそびえているだけではないのか。あるいは、ピラミッドの高さはある種の疎外の表現であり、巨大な遺跡が作られないところにこそ、日常を生きる人びとの生のくりかえしの幸福な充実があったのではないか、と問いかける。

203 もちろん、見田宗介だけが私を柳田国男に導いたわけではない。たとえば鶴見和子、谷川健一、橋川文三、黒羽清隆、高取正男らの同時代の新たな再評価に学んだことも多い。とりわけ社会学の周辺では、『明治大正史世相篇』等を柳田国男の社会変動論として解読した、鶴見和子『漂泊と定住と』〔筑摩書房、一九七七〕の内発的発展論という立場が評価されていた。あらためて驚いたのだが、「漂泊と定住と」の初出は、「気流の鳴る音」と同じ『展望』の一九七六年一〇月号であった。

時としては精一杯の論考を、夏休みになる前に書いた。

いまのこされた原稿を読みなおしてみると、二つばかりの独自性がある。[204]

第一は、フィールド科学に共通する方法である調査としての「旅」と、人びとの実践としての「読書」との同型性への注目である。柳田は『青年と学問』のなかで、読書の意義も旅行の価値も、じつは同じことだと、次のように論じていた。

「いくら本を読んでも、志が高くないか、選択が悪ければ、ただ疲れるばかりで自分にも人にも益無きごとく、旅行にも愚かな旅行、つまらぬ旅行は多々あって、しかも一方にはまた非常に貴重な可能性もあるのである。(中略)良き旅行というのもやはり良き読書と同じで、たんに自分だけがこれによって良き人となるのみならず、同時にこの人類の集合生活にも、なにか新たなるものまた幸福なるものをもたらしうるか否かに帰着する」[205]〔柳田国男「旅行の進歩および退歩」『柳田国男全集』第四巻、筑摩書房:三八頁〕

この一節は、社会を調査することと書物を読むこととのあいだに、本質的な呼応といっていい特質があることを主張している。

社会調査やその方法論の意義について当時考えていた私は、そう解釈した。そのどちらもが主体化の実践であると同時に、新たな知識の獲得であり、フィールドワークの実践であると同時に、比較の方法なのだと位置づけたのである。この読書という実践との重ねあわせは、のちに「読書空間の近代」というメディア論の視点を生みだし、「常民」とは読者であるという議論にもつながっていく。

第二は、民俗学ではあたりまえのように踏まえられていた、資料の「三部分類」［柳田国男『民間伝承論』全集8：九八―一〇五頁］の新たな意味づけである。それを、あえて表（図表10－1）に図示したあたりにも、見田宗介の意外な影響がある。

この「三部分類」は、柳田独自の資料論でありデータ論であった。その分類の方法の『民間伝承論』と『郷土生活の研究法』での提案を、私は主体である調査者の実感において受けとめ、二つの身体論的な秩序を軸として設定する図式のなかで位置づけた。すなわち、視覚・聴覚・触覚等の五感の協働を組織する感覚論的秩序と、旅人・寄寓者・同郷人という研究主体の区分と研究対象と

204 けっきょくこの本は、理由は知らないのだが刊行されなかった。ちょうど翌年くらいに私は就職し、職場にあったワープロで練習がてら作った清書のコピーを素材に、袋とじにして煉瓦色のレザックの表紙をつけた私製本が、ほんの何冊かこの世にある。しかし、この機会をもらったことは、私の研究にとってじつに有意義な出発点であったと、いまも思う。そのまましばらく放っておかれた原稿は、やがて『読書空間の近代』［弘文堂、一九八七］という、私の最初の著書でバラバラに活かされることとなる。図にあげた三部分類論も、ここで日の目をみることとなった［同書：二五九頁］。

205 この文章には、別な角度から『人間解放の理論のために』の他者論を重ねあわせることもできる。たとえば、真木悠介の「コミューンと最適社会」のなかでの、「労働」の意味をめぐる『経済学ノート』の引用である。マルクスは、労働という「私の生産物を君が享受あるいは使用する」実践のうちに、まさに人間という社会的存在の本質に関わる欲求とその充足をみるのであって、それはすなわち私の労働が「他の人間的存在の欲求に、その適当な対象を供給したと意識する喜び」であると述べている［「コミューンと最適社会」19710201：二六頁］。

図表 10-1　資料の三部分類論の解釈

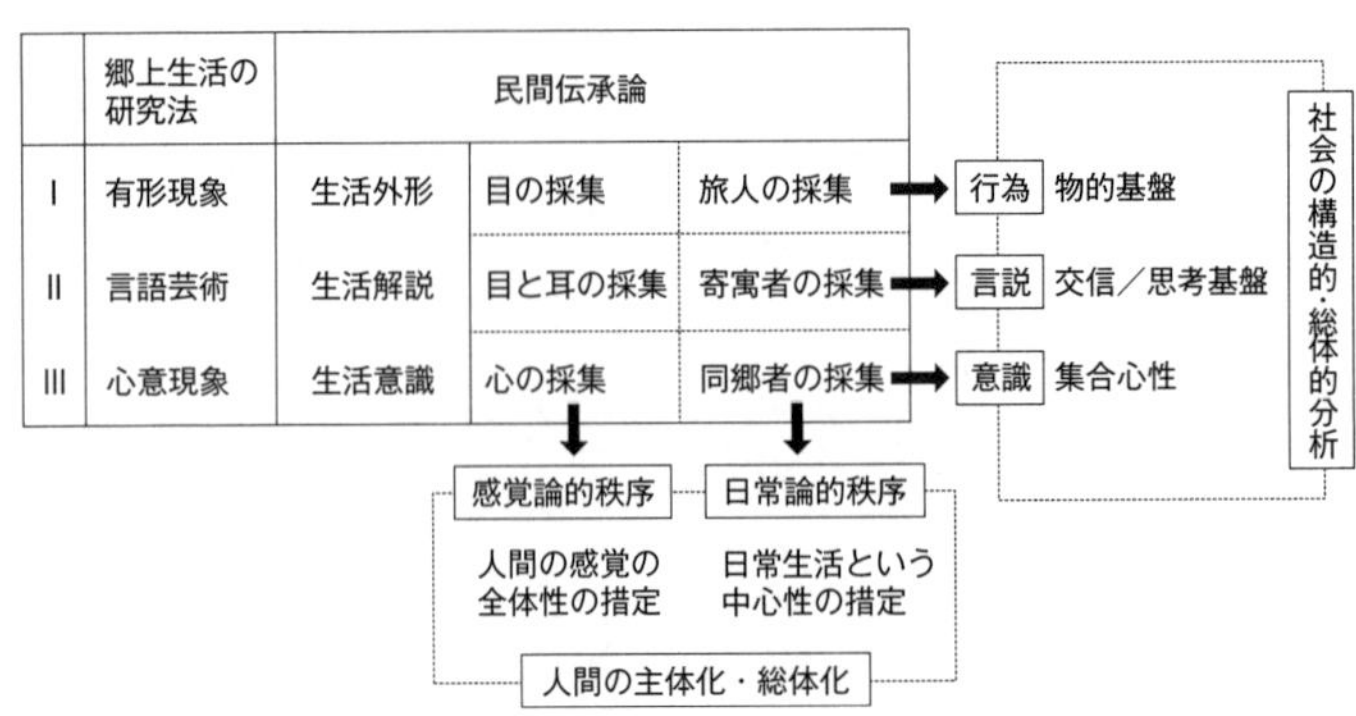

の関係にかかわる日常論的秩序である。じつはこの論考の全体が、この図の解説として展開しているといってもよかった。

一九三〇年代半ばの柳田の方法意識の可能性を分析的に位置づけなおした図表の工夫は、私の「方法としての柳田国男」の原点であった。

あらためて強調するが、こうした解釈それ自体が二つともに、じつは『気流の鳴る音』の読者であったことによって生みだされている。私の最初の、しかし未刊の論文は、あの比較社会学が問うた「感覚」と「主体」のありようという主題を、私なりに受けとめて考えた習作だったのである。

▼明治大正史世相篇の解読

ふたたび、学部学生の時代の話にもどる。私自身がさらに柳田国男のテクストに深く入りこんでいくきっかけとなったのは、見田が書いた『明治大正史世相篇』（以下、基本的に『世相篇』と略す）の異色の解説［19780725→定本見田集Ⅳ］である。

そのとき、私は文学部で社会学を学ぶ四年生であった。

この解説は、見田宗介の読者としてのなみはずれた眼力と、鋭敏で柔軟な感性とをうかがわせる問題提起だった。かつて吉本隆明はその『共同幻想論』［河出書房、一九六八］において、柳田国男のしごとを『遠野物語』のただ一冊において読みつくすという戦術を選んだ。立場はだいぶ異なるけれども、見田の柳田理解もまた、まさにこの『世相篇』の一冊の解読において透徹している。

あとでもうすこしくわしく検証するが、見田が柳田のこの作品をじっくりと読んだのは、おそらくまだ二〇代の一九六五年の秋ごろであった。一九六八年二月に日本読書新聞で『世相篇』について書く［「幾千の眼をもって歴史をみる視座」19680212→『青春・朱夏・白秋・玄冬』19790901］が、これは東洋文庫から復刻版［平凡社、一九六七］が出版された機会をとらえての書評であり、見田としては再読であろう。(206)

この最初の書評では、批評家的な読みと技術者的な読みの双方を退け、独自の読み方を提案している。批評家たちは柳田の知識の該博さや天才のひらめきへの讃嘆にうずくまり、エピゴーネ

206　このあと少なくとも二度、見田宗介はこの本を「私の一冊」として論じている。一九六八年六月に『展望』において［19680601］と、一九九九年三月の『読売新聞』の「わたしの古典」として［19990314］である。読売新聞の寄稿では「何年に一度かわたしはこの本を、社会学や日本社会論、日本文化論のテクストとして使うことにしているのだけれども、この本を使った年のゼミナールはいつも楽しい、明るい雰囲気のゼミとなる」と述べ、その理由のひとつを、柳田自身のものごとをみる視線が明るく肯定的で「向陽性」ともいうべき姿勢をもつからだと述べている。

ンの技術論者たちはこの作品から模倣できる方法論を抽出しようとする。しかしながら、柳田の作品の魅力は「方法論を選び編みだす方法論」〔『青春・朱夏・白秋・玄冬』前掲：二五一頁〕にあるのであって、いわばその「メタ方法論」のありようを読まなければ、ほんとうに受け継ぐことなどできはしない、と見田宗介は断言する。

それはいわば「幸福に風化することのない精神」〔同頁〕ともいえるもので[207]、現実には物心両面にめぐまれたエリートでありながら、なぜそれを保ちえたのか。それは「さまざまな共同体の苦悩をみずからの苦悩として担い、共同体の課題をみずからの課題とすることによって、共同体の底に流れる霊感の泉にふれる」〔同前：二五一―二頁〕想像力＝創造力があったからである、と見田は論じている。

そうしたゆるがない下ざさえがあればこそ、「日常の事象をとおして根源の問題を浮き彫りにする透視光線としての方法」が、「実感」を武器に生みだされ、「幾千の目をもって物事を見、幾万の心をもって歴史を思う術」〔同前：二五三頁〕が可能になったのであった、と評する。

▼「われわれ」という主語の位相

一〇年を隔てての『新編柳田国男集』の「解説」〔19780725→定本見田集Ⅳ〕は、このメタ方法論の評価を、さらに具体的かつ普遍的に展開させたものだ。書評で指摘した「術」の読みをさらに深め、生き方と感覚の比較社会学という枠組みを明確にしている。

その枠組みは明晰であり、当時の柳田論の水準を頭ひとつ抜けでていたように思う。とりわけ、この作品のなかの「主語のおき方＝研究における主体のあり方」〔定本見田集Ⅳ：三〇〇頁〕に焦点をあわせた分析はまさに圧巻で、あざやかだった。[208]

ここで、見田は『世相篇』第一章「眼に映ずる世相」の「我々は色に貧しかったというよりも、強いて富もうとしなかった形跡がある」〔柳田国男「明治大正史世相篇」『柳田国男全集』第五巻、筑摩書房：三四六頁〕という一節から、柳田国男のメタ方法論をささえる主体のありようを考察している。

> 「まずこの文章を形式の上からみると、「我々は」という主語のおき方が注目される。第二章「食物の個人自由」では「我々は共同の飲食ということを、温かいということよりも尚重んじた」とあり、第三章「家と住心地」では「我々は、外を住居の一部分のごとく考えて育ってきた国民であった」とあるように、本書の主語は「我々」である。いうまでもなくそれはこの列島の

207　ここで私は、いささか不謹慎ながら、思想の科学研究会での若き日の見田の「あだ名」が、「幸福の王子」であったという告白〔「楽しい思想の科学と私」20060831：二二六頁〕を思い出している。そこにあるいは、大学闘争の時期に学生たちからたてまつられた「あだ名」が「恐怖の全肯定男」〔「時代の文脈」20040423／「想像力の振り幅を拡げる」20130200〕であったという事実を、重ねあわせて考えてもおもしろいのではないか、と思ったりするのである。

208　私がこの論点に「あざやかさ」を感じるのは、一方で「価値空間と行動決定」〔19720801〕が論じた、社会的選択論における主体の分析と重ねうる問題提起になっているからである。そこにおいて、見田はアロウらの社会的選択の理論における、個人的価値の「線形性」と社会的選択の「非線形性」の設定に注目している。それは、「個々の成員に対しては超越的な観察者として立ち、社会の選択に対しては内在的な主体として立つ」という位置に無意識のうちに立ってしまっているからではないか。すなわち理論にインストールされた「主体自身の視座のとり方」の反映にほかならない〔定本見田集Ⅶ：七五頁〕と論じている。

民族を全体として指している。それはときには「上代は我々も他の島々の土人と同じく、鹿や兎の乾した肉をかじったことがあった」等とあるように、この一人称複数形は、個としての柳田国男自身を含まぬ祖先たちをさえ指すことがあった。さらにたとえば第四章のおわりのところでは、近代化社会におけるある種の鳥やけものたちの運命について、「我々の敵意が強くなった」ということをのべている。柳田自身はこれらの鳥やけものたちとの友情をくりかえし愛惜しているのであるから、柳田は自分のいわば対立者たちの感覚の消息すらも、「我々」の変質として発想していることがわかる。」〔19780725→定本見田集Ⅳ：三〇〇頁〕

この一節が、サルトル『弁証法的理性批判』の真木悠介による解読を踏まえていることは、6章以降を書いたいまならよくわかる。

この解説は、さらに「昂奮の細片化ないし感動の微分化」〔同前：三〇五頁〕、また「自然の抽象化」としての近代世界の反省的把握〔同前：三〇七頁〕、あるいは「常民のこの自発性と感覚性への信頼」〔同前：三〇五頁〕という主体性の論点を増補することで、その枠組みを豊かにしている。それは『人間解放の理論のために』や『現代社会の存立構造』での理論構築と対応する主題でもあった。

そして、朝顔や木綿をつうじて色彩の解放を論じ、食物の温かさや障子紙の導入に「火の分裂」を論ずるような、具体的かつ普遍的な記述の戦略の分厚さを高く評価する。柳田はこの『世相篇』の実験において、そうした感覚の変容の事実のむこうに「ひとつの社会構造の解体とその再編成、これと相即するひとつの生き方の解体とその再編成」〔同前：二九九頁〕を浮かびあがらせることに挑んだのだ、というのが、見田の釈義のポイントだった。

この総括は、やや奇妙ないい方になるが、やはり『気流の鳴る音』をじっくりと読み、その翼に導かれた読者のものである。そしてそれは、見田が一九六五年前後のさまざまな「社会心理学」の実践および遠大な「社会心理史」のしごとの準備において、柳田国男の著作から読みとった洞察と霊感の、たしかな成熟でもあった。

余談だが、眼にみえた事実から背後にひそむものを読みとるといえば、この書物の基本的なコンセプトの誤読をとりあげた、あるときの批判を思い出す。

たぶん、この批判はこれまで文章にされたことはなく、私の学生時代の記憶のなかにしかのこっていないかもしれない。おそらく、駒場の教室で聴いたのだと思う。一九七六年六月に出たばかりの講談社学術文庫版の『世相篇』について、その表紙のデザインを見田が批判した。

デザイナーの平野甲賀は、川上音二郎の書生芝居姿を描いた永島春暁筆の錦絵のチラシを、素材に使っていた（図10－2）。このイメージは、柳田の「世相」概念が、新奇な風俗への注目であるかのようにミスリードしている。しかしながら、『世相篇』本文の主題は、けっして明治開化の風俗や大正のモダニズムのものめずらしさの開陳ではない。柳田が対象化しようとする「世相」は、それとは水準をまったく異にする、いわば「ひとつの世界の相貌の歴史」〔定本見田集Ⅳ：三〇八頁〕であり、そうしたテーマの具体的な普遍性[209]なのに、そのことをデザイナーや出版社の編集部がまったくとらえていない、というのが見田の批判のポイントであった。

▼「新しい望郷の歌」

『世相篇』は、やはり特別な一冊であった。

見田宗介のいくつかの論文での柳田国男のテクストの引用も、圧倒的にこの本からが多い。独立にとりあげて論じ、解説まで書いた柳田国男の著作は、この作品だけである。

図10-2　講談社学術文庫・表紙

それならば、見田宗介はいつ、この作品を読んだのだろうか。

さきほどすこし触れたように、やや乱暴な推定だが、おそらく『現代日本の精神構造』を刊行したあとの一九六五年の後半、たぶん一〇月までのあいだではないかと思う。研究の必要と関連づけるならば、明治近代の運動と変動をめぐる、社会心理史のさまざまな主題への本格的な取り組み[210]のなかで、である。このときはまだ、東洋文庫版の復刻は出されていない。朝日新聞社のシリーズの一冊として出された初版を読んだ可能性もないわけではないが、おそらく手に取りやすい『定本柳田国男集』の第二四巻に収録された『世相篇』であっただろう。

この時期の推測は、引用をデータにしている。柳田の『世相篇』のテクストが直接に引用される、最初の論考が、「新しい望郷の歌」〔19651101→定本見田集Ⅵ〕であったからだ。一九六五年一一月号の『展望』に載せられた。

この論考の冒頭で、見田は「一家心中」という現象をとりあげている。

そのなかで『世相篇』第九章「家永続の願い」から、「自分が死にたいために、まず最愛の者を殺さねばならぬような、聴くも無惨なる必要を生じた」〔定本見田集Ⅵ：六七頁〕という、鮮烈な一

209　これもたぶん学生時代の演習の配布物の残欠なのだと思うが、「柳田国男ノート：個体性と共同性」という見田自身の手書きの一枚だけの構想レジュメが手元にある。そのなかに「〈類の自己史〉としての「世相史」」という章がたてられていて、内容項目のひとつに「世界の相貌の歴史」とある。あるいはこの配布物にもとづいた報告の記憶だったのかもしれない。

210　戦後の「主体の変革」をめぐる問題意識は、『現代日本の精神構造』の刊行のあと、見田のしごとのうえでは、にわかに歴史性の厚みを増すように思える。

たとえば、植木枝盛・北村透谷から森崎和江までの近代日本の恋愛論・結婚論・家庭論のさわりをあつめた一冊の編集・解説〔徳間書店、一九六六〕があらわれ、自由民権運動の在地指導者すなわち「変革の主体」の群像を発掘するという目的でアンソロジー〔三一書房、一九六八〕が編まれる。論文でみても、一九六〇年代の社会心理状況を「家郷」の変貌ととらえた「新しい望郷の歌」〔19651101〕における「アカシアの雨がやむとき」や「こんにちは赤ちゃん」などの戦後流行歌の解釈は、さらにひろがって明治期の壮士節にまでさかのぼっていく。そうして『近代日本の心情の歴史』〔19671125→定本見田集Ⅳ〕の流行歌分析が一冊の著書としてまとめられた。

戦後史や戦後世代への関心が、じつは明治期における民衆の主体形成の歴史と、どこかで積極的に重ねあわせられている。その点は、見田の二〇代のしごとのひとつの特質と論じてもいいだろう。安田常雄との対談で、見田は安田が参加していた一九六六年のゼミのテーマが「近代日本史」であり、神島二郎や藤田省三の書物をテクストに、近代日本の民衆の意識の歴史をやろうとしたと回想している〔「同時代をどう叙述するか」20121101：三頁〕。ここにはおそらく『日本の百年』〔筑摩書房、一九六一―六四〕の、時代を遡上する巻構成という斬新な編集の同時代的な影響がありそうにも思うけれども、この章の主題からすれば、一九六六年に編集された『恋愛・結婚・家庭論』の冒頭の一編として、柳田国男の『世相篇』の第八章「恋愛技術の消長」が再録されていることが気になる。

節が引用された。親子心中という「近代が生みだした新しい伝統」すなわち「伝統の発明」の一例として、である。エゴイズムのまきぞえというか、身勝手な選択において必然化される、あどけない他者の死の理不尽さに触れている一文を、見田は鋭く切り取っている。

すこし寄り道だが、柳田の元のテクストにもどって、すこし文脈を補足しながら考えてみよう。

「以前も子があるばかりに死ぬにも死なれぬといって、苦労をしていた女などは多かったようだが、そういう不幸な孤児でも、村では成長しまた再び家を興すことがあった。それが今日では**自分が死にたいために、まず最愛の者を殺さねばならぬような、聴くも無惨なる必要を生じた**というのである。孤児を慰撫してその生活の道を講ずるの施設も急務であるが、一方にはこういう家庭の孤立を促成したはじめの原因、すなわち移動と職業選択と家の分解、およびこれに伴う婚姻方法の自由などの、今日当然のことと認めらるるもののなかに、まだ何ものかの条件の必要なるものが、欠けているのではないかということも考えてみなければならぬ。我々の生活方法には必ずしも深思熟慮して、採択したということのできぬものが多い。それに隠れたる疾（やまい）があっても、すこしも不思議なことはない。問題はいかにすれば夙くこれに心づいて、少しでも早く健全のほうに向かい得るかである。これを人間の智術の外に見棄てることは、現在の程度ではまだあまりに性急である。」〔柳田国男「明治大正史世相篇」『柳田国男全集』第五巻、筑摩書房：五二四頁〕

この文章は、いかにも柳田の論説に特有の曲折に富んでいて、けっして読みやすいとはいえない。とりわけ引用直後の一文など、その一息の長さが見通しをわるくしている。一読しただけではなにを主張したいのか、わかりにくい印象をあたえる。しかしながら、息継ぎの読点で立ち止まりつつ、じっくりと論理をたどって読むと、独自の方法的立場ともいうべきものが埋め込まれていることがわかる。

あえて切り分けていえば、ここでの方法の提案は、次のようになろう。

第一に、問題には対策も重要だが、原因を考えてみることはさらに大切である。

第二に、その原因はつねに単純ではありえない。当然のように語られていて、自明に思われていることだけで説明してはならない。なぜなら、かつての対処には、あまりよく考えずに選択されたものも多い。だから問題の由来を丹念にたどり、諸条件が複合する構造において、とらえ直すように心がけなければならない。

そして第三に、いまは当然と思われている説明は、ある条件が欠けているがゆえに生まれた思いこみ、すなわち欠如の効果であり無知の帰結なのではないか。そうした「隠れた病」にはやく気づき、そこからの回復の方途が真剣に探られることが大切である。

非凡な読者である見田は、その教えを正面から受けとめ、自らの問題設定[211]に活かしていく。

そして、日本の固有の文化現象のように感じられている一家心中の悲劇も、古くからの「伝統」

ではまったくない。じつは「自然村秩序と大家族制の解体への過程」という大きな構造の変動において「日本の近代が生みだした伝統」〔定本見田集Ⅵ：六八頁〕ではなかったかと論じていく。

このような近い時期におこった変動に光をあてるような歴史の構造的な認識が、「望郷」をめぐってあらわれる現代の事象の理解にも応用されていくのである。

▼近代科学の様式＝文体

もうすこし「引用」というデータの分析を続けてみよう。

つづいて柳田国男のテクストを大きく取り上げ、その洞察に学んでいるのが「「文明開化」の社会心理学」〔19651201→定本見田集Ⅲ〕である。『世相篇』の二つの箇所を長く引用している。

ひとつは第一章「眼に映ずる世相」の「九　時代の音」の一節である。鉄道のうえを深夜に狸が音をまねて走ったり、戸口でむじながデンポーと呼ばわったりという「共同の幻覚」をとりあげた部分である。もうひとつは第三章「家と住み心地」の「三　障子紙から板硝子」における「火の分裂」で、柳田自身が、このユニークな概念を解説している。当初はかんたんな技術革新のようにみえた「明かり障子」への改造が、じつは「重大なる変動」の原因となり、家のかたすみで読書をする時間を得たひとびとは、しだいに「家長も知らぬことを知り、また考える」ようになって「心の小座敷」もまた小さく別れたのだという、具体的な現象のなかで進行した日常の大きな変動を印象ぶかく説いている箇所だ。

「文明開化」の分析では、前者の共同の幻覚を「目に映り耳にきこえる新しさ」ととらえ、後者の火の分裂を奥深いところで進行している「真の変動」と、見田はやや限定的に位置づけている。しかしながら、一五年近くあとの「解説」における感覚への注目の基本的な方向性は、すでにあらわれてきているようにも思う。

これ以外にも、「立身出世主義の構造」〔19671101→定本見田集Ⅲ〕では、第一〇章「生産と職業」から、いわゆる共進会の競争が老農精農のとらえ方をいかに変化させてしまったかの変動の認識を抽出し、「テレビドラマの二律背反」〔19680601→定本見田集Ⅴ〕では、第一章「眼に映ずる世相」から、家々の仏に供えるための花を手折るときの感覚の変化に言及した一節が、エピグラフとして引用された。

かなり後の『宮沢賢治』〔19840229→定本見田集Ⅸ〕にも、銀河の鉄道を考察する章に、第四章「風光推移」の鉄道がもたらしたものをただ殺風景と評するのは多数民衆の感覚を無視した話で、人びとはこの「平和の攪乱者、煤と騒音の放散者」に感嘆の声を惜しまず、その黒く光る鉄の軌道

211　見田は山名正太郎『日本自殺情死紀：思想・文献』〔増訂版、大同館書店、一九三二〕などを参照しながら、「全家族心中の流行」という表現に象徴されるように、それが新しい流行現象と認識されていたことに注目している。一九二六（大正一五）年に、北海道の開拓農場にはじめての一家心中の事件が起こり、その報道をつうじて同じ年に全国で同様の家族そろっての心中事件が起こったことを伝えている。9章でとりあげた柳田国男の『明治大正史世相篇』も、それを書くにあたって、じつは中道等・桜田勝徳らが手分けして集めた全国の新聞記事を資料にしており、「聴くも無惨なる必要」に言及した柳田が、見田が読んだものと同じ記事を目にしていた可能性は高い。

は霞むほど遠くまで「果てもなく人の想像を導いていくもの」〔柳田国男「明治大正史世相篇」前掲：四一九頁〕だったとの一節が引用された。

こう探ってならべてみると、『世相篇』のテクストの引用は、思いのほか多彩で多側面におよんでいる。きっといろいろな箇所に線を引きながら読んだにちがいない。「読み返すたびに新しい洞察と示唆」〔19990314〕をあたえ、「つきることのない霊感の源泉となりうる実質の密度」〔19780725→定本見田集Ⅳ：二九九頁〕をもつというのは実感でもあっただろう。[212]

そして見田の基本的な主張の中核にあるのが、歴史のとらえかたを大きく変革する必要があるという、『世相篇』の認識との共鳴である。

見田は「歴史は他人の家の事蹟を説くものだ、という考えを止めなければなるまい」〔「幾千の眼をもって歴史をみる視座」19680212／「私の一冊」19680601／「解説」19780725→定本見田集Ⅳ：三〇一頁〕というフレーズを、「書評」と「私の一冊」と「解説」の三回にわたって引用している。「眼に見、耳に聞いたもの」を重んじるという態度を、歴史の研究においてどう展開させるか。

柳田が次のように論じている個所から、この一句が切り出された。

> 「次には我々の実験を、特にいずれの方面に向かって進めようかが問題になってくるが、それには必然的に、**歴史は他人の家の事蹟を説くものだ、という考えを止めなければなるまい**。人は問題によっては他人にもなれば、また仲間の一人にもなるので、しかも疑惑と好奇心とが

我々に属するかぎり、純然たる彼らの事件というものは、実際は非常に少ないのである。時代が現世に接近するとともに、この問題の共同はひろくなりまた濃厚になってくる。そうしてその関係のもっとも密なる部分に、国民としての我々の生き方が、どう変化したのかの問題があるのである」〔柳田国男「明治大正史世相篇」前掲：三四二頁＝定本見田集Ⅳ：三〇一頁〕

歴史のとらえかたの変革以上に注目すべきは、主体と対象との関係性についての認識である。世の中には、純然たる第三者の事件というものは少ない。問題によって、われわれは自分にとどまらず「他人」にもなれば「仲間の一人」にもなる。9章で論じた真木悠介の「コミューン構想」

212　そもそも『明治大正史世相篇』は、明治末の『遠野物語』と同じく、昭和初年の柳田が力をこめた書き下ろしの一冊で、成立事情も諸論考を編集してつくった他の本とだいぶ異なる。しかしながら管見のかぎり、刊行当初から高く評価されていたかどうかは、あやしい。最初の評価は刊行一〇年後の『民間伝承』誌〔第六巻第五号、一九四一年二月〕掲載のもので、それも『世相篇』の執筆を手伝った橋浦泰雄による仲間うちへの紹介である。柳田を先生として熱心に読んできたお仲間に、旧著だがあらためて開けと注意を喚起しているのだから、それ以外の領域での理解者はさらに少なかったのではないかと思う。橋浦は「当時名著の声の高かった」と書いているが、昭和六年の刊行当時の評価の高さを裏づけるものを見たことがない。柳田が再版で誤植や不十分を直したいと願っていたにもかかわらず、再版はされなかった。

たしかに周到に計画され、丹念につくりこまれた名著である。しかし、益田勝実はその後の民俗学のすべてを見渡してみても、「現代の学」〔「解説」東洋文庫版『明治大正史世相編』一九六七〕という点でほとんどただひとつだけ高くそびえ立つと、その孤絶を惜しんだ。桜田勝徳もまた、郷党の調査に埋没していったその後の民俗学が見失った「一つの極」なのだと論じ〔「解説」『明治大正史世相編』下、講談社、一九七六〕、守屋毅は「柳田国男の全部の仕事のなかで、同書の位置づけはいまだしの感が深い」〔朝日新聞夕刊、一九七四年八月二八日〕と嘆いた。そうしたなかで、見田の新編柳田国男集の解説は、まさに群を抜いたものであった。

の現代社会論を念頭に置きつつ、見田はこの実験の提案を次のように受ける。

「それは研究の主体と客体とのア・プリオリな峻別を前提として要求する近代科学の様式（スタイル）＝文体とはまったく異質の歴史研究の方法論の構想である。」〔「解説」19780725→定本見田集Ⅳ：三〇一頁〕

そこで追求される、新しい研究のスタイルとはなにか。

すでに本文で指摘した「我々」という主語の立ちあげ方であり[213]、想像力の内側からの他者との共存・公共性の構築である。すなわち、最初の書評にもあらわれる「幾千の目をもって物事を見、幾万の心をもって歴史を思う」という実践である。

▼「幾千の目」と「幾万の心」をもつ想像力

「幾千の目」や「幾万の心」で歴史を思うという表現は、いささか特徴的であるが、強調の修辞とのみとらえてはなるまい。この表現は、見田のこれまでのテクストにおいて、孤立した奇抜なことばの飾りではなかった。

たとえば、1章で引用した「戦後世代の可能性」にも、すでに「数百万人のおれ」〔19630120：五頁〕という感覚への言及がある。あるいは、3章の素材であった「現代における不幸の諸類型」の分析には「日本社会の基底を構成する数千万の欲望」〔19631220：六四頁→定本見田集Ⅴ：六六―七頁〕という表現を見つけだせる。また一九六六年一〇月の恋愛論のアンソロジーの解説でも、いまだ空白のままであるこの本の終章となる結論を、読者みずからの生活のことばによって構成してほしいという。その問題を「幾百幾千のやりかたで完結させてほしい」〔『恋愛・結婚・家庭論』19661020：七〇頁〕と呼びかけている。

見田はこうした視点を、「ひとびとの哲学」探索の実践などをふくむ、鶴見俊輔の戦争体験の研究に学んだのではないか。

たとえば「一人の命と百万人の命」〔19721113→『青春 朱夏 白秋 玄冬』収録時に「歴史意識の除法と乗法」と改題〕のなかで、見田は安田武と鶴見俊輔の論争を思い出している。書かれた一九七二年からみて「十年ほど前の話」とあるのだから、一九六二年前後のことである。

なにが争点であり、どんな心情と論理が、論争を構成していたのか。

自己の世代の戦争体験の固有性にあくまで固執する安田に対し、鶴見はそこをいっぺん突き放

213　ここで述べられているような文体論的な戦略にまで踏みこんだものではないが、すでに一九六〇年代末の社会意識論の定式化のなかで、ここにつながる主体化の課題を押さえている。綿貫・松原編『社会学研究入門』の「社会意識論」のなかで、社会意識の研究は、「民衆自身の自己認識の科学」でなければならず、そこでの変革は民衆自身のたゆまぬ「主体化の困難な道程」なしには、空転するだけなのだと述べている〔19680625：二一九頁〕。ここで見田が傍点を打って強調した「民衆自身の自己認識の科学」が、その一〇年後の『世相篇』の「解説」における「共同体の自己史」「民族の自伝史的反省」「民衆の類の自己史」という表現と呼応していることを指摘すべきだろう。

さないとダメなのではないか、と批判したのだそうだ。関ヶ原の戦いでもペロポネソス戦争でも大勢が殺された、人間のそういう歴史のなかに一度置きなおしてみる必要がある、という意味のことをいったという。

これに対して安田は、そういう言い方は個々の体験のもつ深みをうすめてしまう。失恋して泣いている娘にむかって、くよくよしたってはじまらない、世の中なんてそんなもんだと言いながら働かせようとしている、芸者屋のおかみのような言い分だ、と応じた。

このやりとりをみていた見田は、次のように考える。

たしかにかけがえのない一人の悲劇を、歴史の同じような悲劇の幾百万ものうちの「一つにすぎない」［「歴史意識の除法と乗法」：一四二頁］と見なし、一般化してなぐさめているだけなのであれば、その体験のかけがえのなさは失われ、その固有の意味は風化しかねない。事実そんなふうに多くの日本人たちはやりすごしてきた。戦後になって自分たちの戦争の経験を、だれもがおなじように被った「天災」のような不幸とあきらめ、あらためて論ずることなく忘れようとしてきた。その意味で、安田の率直な反発には一定の理と根拠がある。

しかしながら、と見田は次のように書いた。

「しかし鶴見氏の構想はじつは逆のことを言いたかったのではないか。つまり一人の人間の生や死の重さに固執したままで、幾百万人の悲劇の方を、このように重い「一人」たちの悲劇の総体としてとらえる想像力。このときは、その一人の悲劇が軽くなるのではなく、反対に歴史の全体が、想像を絶する重さをもってあらわれる。われわれはこのような歴史への想像力をもたなければならないだろう。」［「歴史意識の除法と乗法」『青春 朱夏 白秋 玄冬』19790901：一四二―三頁］

この「歴史への想像力」を、一九八五年四月の論壇時評「井の中の蛙の解放」［定本見田集Ⅴ：二七二―二七六頁］と交差させてみたら、この修辞の意味はさらに深まるだろう。

見田はここで「井の中」に住む「幾千万」の蛙の同胞の解放にとって、「井の外の幾億という大衆」のもつ歓びや苦悩はかけがえがない意味と価値とをもつ。そして「幾千万対幾億という規模で、〈大衆〉自身の生活利害と生活感覚を引き裂く」現代資本制社会の「地殻変動」ともいうべき情況にむすびつけていく。(214)

214　これが一九八五年から二年間にわたる朝日新聞の論壇時評のなかで書かれたことは、現代社会論のノートとしての意味を感じさせる。ただし、たんに「井の中の蛙」における限られた空間としての井戸の比喩を出しても、その現代社会論としての意味はうまく伝わらないだろう。この主題が本格的に論じられるのは、一九九六年の『現代社会の理論』［19961021］においてである。加藤典洋の秀逸な書評［「二つの視野の統合」『明治学院大学論叢国際学研究』一七号、一九九八：一―一九頁］の要約を踏まえていえば、近代社会における恐慌の根拠でもあった「市場の有限性」という外部を「欲望の無限性」を媒介に内部化した現代社会は、さらなる外部としての「資源と環境」の有限性と向かいあわざるをえない。そして現代社会は、資本制システムの内部の消費化・情報化を特徴とする「豊かな社会」と、その外部としての「環境と公害」「資源とエネルギー」そして「多くの大陸の過半の人びとの貧困と飢餓」の問題との、厳しく深刻な「対面・共存」のなかにある。この事態こそが、見田がここでいう「幾千万対幾億という規模」の内実である。「どうすれば、この数十億人の人口を地球が養い、しかも、資源、環境との関係を破綻せずにすむ形で、未来社会を構想できるか」［同前：四頁］が、見田の『現代社会の理論』の本願だったのだ、と加藤は紹介している。

そのとき、歴史への想像力は現代社会論につながっていく。

そしてもし、だれかが『日本現代史世相篇』を書く用意をととのえるのであれば、もういちど存立構造論の分析力と、人間解放論の想像力において、柳田国男の「メタ方法論」を鍛えなおす気概が必要になる。

▼見田宗介の歴史社会学

ただここでは、『世相篇』評価のためにもちだされた見田宗介の「幾千」や「幾万」の修辞が、あるいは「歴史意識の除法と乗法」の「幾百万」、「井の中の蛙の解放」の「幾千万」「幾億」が、たんなる大数や多様性や普遍性の平板な比喩ではないことを、あらためて指摘しておくにとどめる。そして、たんなる量の形容ではなく、眼で見ることや、耳で聴くこと、心で感じることの複数性や複合性の強調だったことに注目したい。であればこそむしろ、それぞれの固有性どうしの通底や他者との交響の奥行きをやどしていることを確認しておきたい。

そこに、現代社会の構造を見とおそうとする覚悟と、知ろうとすることの可能性がやどる。

見田宗介の「歴史社会学」というジャンルの主張は、読者たちにどう受けとめられるか。「比較社会学」の旗のもとで、一九七〇年代の後半から一九八〇年代の前半にかけての交流に学んできた私など[215]が想像するほどには、二〇二〇年代の定本著作集の読者には、あるいは思いのほかの展開ではないものなのかもしれない。

彼らは、人類史的な変動のパースペクティブを有する『社会学入門』や『現代社会の理論』から読みはじめているからである。さらに定本著作集で新たに編集された『近代化日本の精神構造』の一冊は、そうした展開の必然性をふりかえり、ある意味で断片のままにのこされた歴史研究の萌芽的な考察に新たな文脈をあたえている。

215　この感覚は、すこし力点と含意とを異にしているが、江原由美子「前期見田社会学を男性学として読む」[『現代思想』四三巻一九号、二〇一五：二二四―三五頁]の歴史研究にたいする「驚き」と共振する部分がある。江原は私よりすこし先輩の世代に属していて、学部時代からもぐりこませてもらっていた大学院の演習で一時期、席を同じくしていた。この論考のなかで、一九六〇年代の見田に、明治期の社会意識研究があり、「立身出世主義」と「家郷喪失」の分析が重要であったことに、『定本見田集』第Ⅲ巻を読んで気づき、「驚いた」と書いている。

私の理解では、『現代日本の精神構造』がまとめられた直後から、見田の仕事はにわかに歴史性の厚みを増していく。「不幸の諸類型」の論文にはむすびつけられなかったが、すでに「明治、大正、昭和期の身上相談」[19640201]の分析がはじまっていた。今回の再検討の作業で、学生時代に読んだ『現代日本の精神構造』(これは[13版、一九七四年七月一〇日発行]であった)だけではなく、初版[19650411]の奥付や函も確認したが、そこに「専攻テーマは、明治・大正・昭和期の民衆意識の歴史的研究」と明記してあるのをみて、すこし驚いた。たしかに植木枝盛や北村透谷らの恋愛論・結婚論・家庭論のさわりをあつめた『近代日本の名著』というシリーズの編集本[19661020]や、自由民権運動の在地指導者の群像発掘のアンソロジー[19681011]なども、あまり知られていない歴史資料の領域での仕事である。そうした流れのなかで、「新しい望郷の歌」[19651101]や「明治維新の社会心理学」[19651001]や「「文明開化」の社会心理学」[19651201]が書かれるという理解は、一般的ではなかった。じっさい『変動期における社会心理』[19670315]のためにまとめられた論考は、成田龍一などの近代民衆史の研究者に影響をあたえながらも、単行本としてまとめられることなく、一九八〇年代には埋もれていた。

見田自身は『戦後の学問』[図書新聞社、一九六七]の社会学分野の座談会のなかで「日本社会の歴史的な分析というものが今後重要だと思います。戦前の日本社会とか、明治、大正期の日本社会、それから古代以来の日本社会というものを、現代の社会学、社会心理学の方法を用いて、トータルに解明するような研究が、志されてもいいころではないかと思います」[「社会学」19670915：二八五頁]と述べ、日本社会の歴史的分析をやることで、社会学の概念や図式や理論が試され、鍛え上げられていくだろうと主張している。

しかし、くりかえしになるが定本以前にまとめられた単行本を中心に、見田宗介のテクスト空間に親しんできた私のような研究者からすると、「歴史社会学」は、真木悠介の華やかな「比較社会学」ほどにはめだたない、むしろ隠された可能性であった。

そうしたなかで一九六〇年代の後半に読んだ『明治大正史世相篇』の暗示は、あるいはこの本の読者としての見田宗介の想像力は、歴史社会学の未来を切りひらくひとつの啓示であったように思う。[216] それは、比較社会学と歴史社会学とをつなぐ環の、重要な役割とその展開を予言するものだったのである。

216 であればこそ、この『明治大正史世相篇』に盛り込まれたさまざまな素材は、二〇〇六年にまとめられた『社会学入門』においても、「〈魔〉のない世界——「近代社会」の比較社会学」として再論される。まさしく、いつも霊感をあたえてくれる作品だったのである。さらに『現代社会はどこに向かうか』のなかにある、「近代合理主義の後の時代の、精神の骨格を形成するもの」としての「〈メタ合理性〉」[20180620:四一頁]の論点が、柳田の仕事に言及しつつ出されたこととも呼応する。見田は、『鏡花全集』[全一五巻、春陽堂]の刊行を意識しつつ柳田国男が泉鏡花について書いた「這箇鏡花観」[『柳田国男全集』第二六巻]を、柳田自身に重ねうつして論じている。

結の章　未来構想の夢よりも深く——自我の起源と現代社会のゆくえ

結びの章として、これまでの本文に、なにを付けくわえるのがふさわしいだろうか。

ここまでの私的な解説と書誌学者としての解題と脱線の多い注釈は、いわばテクストの表面を這いまわる虫の実感にもとづくものであった。最後にほんのすこしだけ、上空を飛行する鳥の眼を借りて、この森のフィールドワークがあたえてくれた見通しをまとめておこう。

▼〈死とニヒリズムの問題系〉と〈愛とエゴイズムの問題系〉

1章のデビュー論文の背後にある「戦後」を論じていくうちに、具体的な時代としての第二次世界大戦後の社会を抜けだし、「ポスト総力戦」の地球社会へと、この概念は移動していった。そして見田自身の戦争の体験にさかのぼることで、「明るさ」に込められた多重の意味がみえてきた。と同時に、後年に自分の研究を貫く主題のひとつだったとふりかえる、「〈死とニヒリズムの問題系〉」が浮かび上がってきた。私自身はあまり予測していなかった接続だったが、そうつなげてみると、自然で必然的な論点の配置のようにも思った。

見田の、この子どものころからの「ほんとうに切実な問題」については、本書の五〇頁の「越境する知」〔定本見田集Ⅷ：八頁〕の引用を参照していただきたい。

＊

その二つの大切な問題は、けっして抽象的な理念の難問にとどまるものではなかった。それが、このテクストの森の豊かな風景をつくりあげている。むしろ実感として逃れがたく、身体にいすわる具体的な困難として、まさに「原問題」であったのだろう。

つまり〈死とニヒリズムの問題系〉と〈愛とエゴイズムの問題系〉である。

「死」は、人間としての個人に必ずおとずれる不可避の運命であって、それぞれの未来構想に対する絶対的な限界として、自我を呪縛しつづける。種としての人類もいつか消滅するという、置き換えのきかない恐怖を核に、人間から主体化する力を奪う。そこに「ニヒリズム」が生まれる。

一方で、「エゴイズム」はそれぞれの自分をいわば世界の中心におく。その原理を当然として疑おうとしない意識は、他者との関係において、あるいはその集合である社会との関係において、容易には解きがたい困難をさまざまに生みだす。とりわけ、争ったり殺したり支配したり抑圧されたりという、背反・相剋の悲劇を根本から克服できていない虚しさが、さらに人間から主体化する力を奪う。

もちろん、他方において人間という動物は、7章で論じたような欲求の、固有の人間的特質を駆動力としている。たがいに競争し対立する反面、集団において協力したり助けあったり、ことばを媒体とした交信や共鳴や共存の可能性をも欲求しうる。

その解放を駆動する「極限＝未来」すなわちユートピアを、見田は「死」の闇に抗する希望として、「愛」ということばの明るさにおいて指さした。

＊

この問題の基本図式は、一面では3章が主題化した「疎外」された意識の分析の基底にもある。「不幸」の対極に浮かびあがる「幸福」は、それぞれの「愛」の追求であった。あるいは、2章でとりあげた、比較文化論の外皮をかぶった「ヒューマニズム」論、あるいは「主体の変革」論におけるさまざまな現状批判における、主体化の主題とも重ねあわせることができる。

この「愛」という共存の様態をめぐる構想が、のちに「相剋性／相乗性」という原理の理論枠組みを用意し、それぞれの自由に社会の原理的基礎をおいた小さな共生のネットワークとしての「交響するコミューン」という未来構想の理念を創出していく。

そのプロセスもまた、けっして抽象的・哲学的・理念的な個別の問題ではなかった。むしろ具体的・社会学的・実践的に解くべき普遍の問題だったのである。

見田宗介の社会学を、掘り下げていくと「二つの原問題」すなわち〈死とニヒリズムの問題系〉と〈愛とエゴイズムの問題系〉にとらわれた「個」につきあたる。そして「個」がかかえこんだ問題の解決、すなわち現在にしばられた「私」の解放を原点とするものであったことがわかる。このことは、見田宗介＝真木悠介のことばが、分野をこえて多くの人びとを感動させる力をもったのはなぜかという、その秘密に触れている。

このテクストの森を訪れる読者たちのそれぞれの耳に、解放を願い、求める「他の〈私〉」の声として響いたからである。

具体的かつ普遍的な実践としての解放を要請する「問題系」であればこそ、それをささえる理論枠組みの根源性と総体性とが問われる。

*

6章および7章で論じた『人間解放の理論のために』の「アドレナリンが高すぎ」〔20160122〕の運動論と、『現代社会の存立構造』における現代資本主義の法則性の冷徹な分析が要請されるのは、まさにそこにおいてであった。

そうした一九七〇年代への転位が、全共闘運動との対話を契機とするものであることまでは、あらかじめ予定されてはいなかったと思う。しかしながら、「態度表明」〔19690403〕というビラの発掘や「解放の主体的根拠について」〔19690801〕の再評価も含め、私自身は『人間解放の理論のために』の構築のプロセスにおいて、真木悠介が誕生してくることは見田にとっても重要な意味をもつと思う。

▼存立構造論と人間解放論

存立構造論が分析しているのは、現代社会の資本主義の「展開」である。その展開は、素朴かつ直接的なイメージにおける、進歩や発展の意味ではない。むしろ、存在する立体の対象を、切り開いて一つの平面上にひろげるという、幾何学的な解体の操作のイメージで受けとめてもらったほうが正確かもしれない。そこに、存立構造論の本質があるからである。

『現代社会の存立構造』の単行本がまとめられた一九七七年の五月、真木悠介は『日本読書新聞』の「著者に聞く」というインタビュー［19770502］に応じている。

そこで「存立構造論」と「解放の理論」の二つが、それぞれに課題としたものの違いを説明している。簡単にいえば、前者が対象としたのは、乗りこえるべき疎外・物象化のメカニズムであり、後者はその克服をいかに生みだすかという未来構想である。解読・解体と、生産・構築である。だからこの二つの課題を、「社会と人間」あるいは「構造と主体」などという要約に還元してしまうと、その本質的なちがいの把握に、重大で深刻な誤差が生じる。そのようなかたちで、分析対象を分担しているわけではない。また「理論」と「実践」に割り当ててしまうのも、尺たらずの単純化である。それなら『人間解放の理論のために』という題名は必要でない。

二つの理論は、大きな意味で「相補的」であるとは思うが、その相補の意味を慎重に見分け、ていねいに設定する必要がある。

そこに、ある種の「関係の絶対性」に対する転回・逆立の契機が含まれているからである。

*

真木は、さきほどのインタビューにおいて、社会学の名のもとでの研究が実践的に向かいあう苦境を、物象化のメカニズムが情況に生みだした、次のような二つの側面から述べている。

すなわち第一に「理論的には」、物象化された「社会」の客観性と疎外された「人間」の主観性のそれぞれの分析という「分裂」があるために、その現実的な総体の把握がおきざりにされている。

それは第二に「実践的には」、社会「構造」の変革がまるでモノの破壊・建設のようにイメージされる結果、経済主義や政治主義の綱領や政策ばかりが重視され、人間「主体」の変革の問題は「せいぜい倫理的要請として外的に接合されるしかなくなってしまう」〔19770502：一頁〕ことと、深く呼応している。

だからこそ、「第三に」という私の念押しをつけくわえるが、「理論」と「実践」との分離・分裂もまた、物象化の根源的な苦境のひとつとしてくわえるべきだろう。

つまり、現代の資本主義社会やそこに生きる人間たちの現在の形態の「生成」の根拠と論理とを問う存立構造の理論化は、そのままその「変革」の根拠と論理を問う人間解放の理論化にはならないのである。ある種の「反転」が必要になる。

それゆえに、存立構造論という「現代社会論」の生成の法則性の分析のあと、いったん比較社会学のまなざしのもとで、集められた異文化としての現実を素材とした、主体の変革の理論化にとりくんでいく。それは、人間解放の理論をもう一段階上に、押し進めていくことでもあった。

＊

その記念碑的な作品が、9章で論じた『気流の鳴る音』であることは、贅言を要しない。

これは、前述の「二つの原問題」すなわちニヒリズムとエゴイズムの絶対性を、克服・解決の方向に動かす仕事であった。

『気流の鳴る音』は、見田自身が「つかんだイメージを息もつがずに書きつけただけのもの」であると限定づけているとはいえ、二つの原問題に対する「自分なりに納得のできる解決の見通しを手にいれた」〔『社会学入門』2006O420：一一頁〕の作品であった。そしてその克服への転回が、通常の社会学が論ずる社会問題の「解決」や組織原理の「改革」とは異なり、転生といえるようなイメージと表現をともなっていたことが、いくつもの要らざる誤解を生んだ。

しかし冷静に読めば、そこにおける「解放」が、社会的なるものの認識の「変革」や、他者たちとの向かいあい方の「革命」なしにはもたらされないことが、道をそれずに説かれている。(217)

*

一九七〇年代後半からの比較社会学の展開は、従来の社会学界での論文のスタイルとあまりにも異なる、まさしく異文化ともいうべき様式＝文体によって担われていた。

217 雑談になるが、今回の小さな本を書きおろしてみて、そこで見えてきた「意外」に、私自身が驚いたことがいくつかある。そのひとつは、8章の「まなざしの地獄」である。この代表作が『現代社会の存立構造』の構想と不可分の関係にあることは、すでに初出の「後記」に明らかであった。しかしながら、全共闘運動の問題提起に対する応答として書かれた『人間解放の理論のために』の光が、これほどまでにつよく、都市のまなざしの囚われびとに当てられているのかは、かつて読んだときにはわからなかった。

その意味では、この作品が時期的にも、存立構造論および人間解放論と、比較社会学の旅との境目の一九七三年に書かれていることは興味ぶかい。

そうであったがゆえに、若い世代を中心に新しい読者をひきつける力をもった。その一方で、実証の通常科学としての社会学のまなざしにおいては、スキャンダルとして、宗教として、狂気として異端視され、あるいは詩として、文学として敬遠された傾向もないわけではない。

4章の「質的データ分析」とおなじく、またしても「名人芸」のゲットーに追いやられたのは、その試みが10章で論じたように「研究の主体と客体とのア・プリオリな峻別を前提として要求する近代科学の様式＝文体とはまったく異質の歴史研究の方法論」〔定本見田集Ⅳ：三〇一頁〕の試行であったからである。

もちろん、この本を手に取って開くほどの関心をもつ読者にならば、それが「反近代主義」でないことを追記する必要もあるまい。

ただ9章でたどたどしく論じているように、そのコミューン概念の位相は、コントロールがなかなかにむずかしい。『人間解放の理論のために』が提示したように、未来のたちあげのためには、実現の「蓋然性」という手段性における「現実性」を切断し、その実現がほんとうに望ましいかという価値判断そのものの検討を「現実性」として組織し、共有しなければならないからである。

未来構想という局面であればこそ、現状分析の局面での「予測」とは異なる、論理や様式での検討が、分析の実践に求められている。その創出という課題を含めて、理論のバトンはすでに次なる世代の社会学に手わたされているのである。

＊

『現代社会の存立構造』の「あとがき」〔19770315〕がいいのこした「現代社会の理論の完成という課題にたちもどるのは、何年かあとになるだろう」の予言も、当分は現代社会論の追求は「その論理と事実とをたくわえておくこと」にならざるをえないとのインタビュー〔19770502〕での弁明も、単なる先延ばしではなかったというべきだろう。この存立を問う「生成」論と、解放を問う「変革」論の課題が異なり、どこかでの反転を必要とするがゆえに、深く関連しつつも同時に追求するのはむずかしいということの自覚にもとづく。

そして、一九九六年の『現代社会の理論』以降の一連の著作は、まさしく人類史的な現代社会論へのふたたびの回帰であった。

もちろんそれは、突然の転進ではない。

まだ私が学部生だった頃、『思想の科学』の近況報告のコラム欄に、見田が登場し「仕事の予定」を語っている。その中味は人類史的な観点からの現代社会論で、「いまぼくがやりたいと思っているし、すこしやりはじめていることは、〈新石器革命〉以来の人類の全文明を総括することをとおして、〈近代〉のかなたに、人類史の次の段階の文化・社会のあり方を構想するということです」〔「青春・朱夏・白秋・玄冬」19790901：五八頁〕と述べていた。

それは、二一世紀の『現代社会はどこに向かうか』の登場を予言するものであった。

▼個の起源と現代社会の未来

そうした現代社会論への、回帰と還流を可能にした回路として、位置づけられる作品を忘れてはならない。

この書物では本格的にとりあげなかった『時間の比較社会学』と、『宮沢賢治』という作品を経由しつつ深められた『自我の起源』である。

この二つの作品でのそれぞれの達成が、やはり冒頭にあげた〈死とニヒリズムの問題系〉と〈愛とエゴイズムの問題系〉という「二つの原問題」に対応していることを確認すべきだろう。

すなわち、その時間の比較社会学は、存在の絶対的な外枠だと思われている、時間の観念そのものを社会学の対象としていく。具体的には、個のあるいは種の「死の恐怖」という実存的実感を、空間・歴史の枠を越境する比較のなかで相対化していくのである。そして、ニヒリズムを根拠づける無力感・無能感の自明性を解体する。

『気流の鳴る音』でいえば、われわれがあたりまえだと思っている時間のあり方も、近代という〈トナール〉がつくりだした時間観念であったと知ることで、「世界を止める」。「死とニヒリズム」からの解放をもたらす反転の実践が、そこで理論化されている。

もう一方の『自我の起源』は、「ほんとうはダーウィンの『種の起源』の向こうをはったタイトル」〔『社会学入門』前掲：一二頁〕であった、という。「個の起源」とでもすれば、種との対比が効いてすぐに気づいたかもしれない。人間という動物における「個」の起源とその絶対化のメカニズムを探り、「自我」とか「エゴイズム」という概念で語られる現象が、生命の流れのなかでいかなる根拠と必然性とをもってあらわれるのかを論じている。

とりわけ『自我の起源』は、主体化という主題をめぐる比較の視野を、生物としての基盤にまで拡げ、「個」の自我の思想を遺伝子の理解にまで敷衍し、人間という動物の「死」と「愛」とを論じなおす。人間存在を、身体にやどる自然の基礎からとらえなおすという視点の徹底である。その論理はじつは表面的なかたちこそ違え、7章で論じた、人間的欲求の構造をささえている自然の重層的・立体的な解読のバージョンの高次化である。

ここでの反転は、たとえば真核細胞がいくつかの原核細胞の「共生体」であることを基礎においてなされた、多細胞「個体」のとらえかえしによってもたらされる。また、愛と性という交流の意味が「遺伝子」という生成子のレベルでの交通から考察される。「「個体」という共同体」〔定本真木集Ⅲ：四一頁〕が「自己裂開的な構造」すなわち「じぶんの身体の中心部分に自己を超越する力を装置してしまっている」〔定本真木集Ⅲ：一四八頁〕ことの自由として論じられることとなる。

＊

こうした「二つの原問題」に解決としてあたえられた「解放」と「自由」とを踏まえて、一九九〇年代後半からの、スケールの大きな現代社会論が展開していく。

そこにおいて、たとえば情報化において見えてきた稀少性問題へのオルターナティブな解や、人間という生物の「大爆発期」としての近代の見直しと「ロジスティック曲線」の示唆、あるいは「軸の時代」における貨幣経済や都市や宗教や哲学が機動した契機の再考などの、さまざまな論点が展開していく。

いっけんすると時代も千年の規模で異なっていて、ときに遺伝子や宇宙のミクロ・マクロな時間におよび、局面も「生命性」から「人間性」「文明性」「近代性」「現代性」の五層にわたって、多様なあらわれをともなう「問題」があつかわれている。それがすべて「現代社会論」という場のなかで固有の位置をしめ、しかも抽象的にではなく普遍的な意味を帯びて検討されていくのは、やはりこの現代社会論が、人間解放の比較＝歴史社会学ともいうべき骨格のうえになりたっているからである。

＊

ひとつだけ、小さな補足をくわえる。

この現代社会論への大いなる回帰[218]と、人間解放の理論のバージョンアップは、真木悠介の「散開」ともいうべき現象を含んでいた。

書誌にあきらかなように、一九七〇年代から八〇年代にかけての真木悠介の活躍に比して、『現代社会の理論』以降の大きな仕事がほとんど見田宗介名でなされた。じっさい真木悠介は、『旅のノートから』をまとめて以降、『気流の鳴る音』につながる比較社会学の仕事も見田宗介にまかせ、たとえば短歌を論ずるというような芸術の領域へと移動しているようにもみえる。

もちろん、人間的欲求の検討のための覚書きの表7－2に記されるように、「芸術」も「愛」も「生き甲斐」も解放理論の重要な課題領域であり、「相剋性／相乗性」のあらわれを固有に論じうる場である。意識形態の存立構造のような仕事は、まだ先駆けのいくつかの分析にとどまっていることを考えるなら、真木悠介にまかされた領域がなくなったわけではない。

しかしながら、この変化は補足的に指摘するだけで十分であろう。あえて「人格としての再統合」とか「理論と実践の止揚」などという、大げさな解釈は必要ではない。序の章に述べたように、この名前の使い分けにおける、結果としての（不）整合性にはそれほど大きな意味がない。

真木悠介の名が、一九七〇年代後半から八〇年代にかけて果たしてきた「家出」の役割が変わり、見田宗介の実感のなかでの位置も自然に変化してきたのだろうという一点を指摘するにとどめる。

▼未来構想の夢に

最後に、やがてあらわれる本格的な見田宗介＝真木悠介研究者のために、定本集にあまりうまく盛り込まれていないテクストや、あるいはその可能性がない断片の重要性を指摘しておく。

それは見田＝真木自身の「未来構想」、あるいは「全体構想」である。未来において展開する

218　現代社会論は『自我の起源』がまとめられた一九九三年の年末から本格的に始まっていることが、『みすず』の読者アンケートに記されている［19940110］。その二年後の同じアンケートに、レスター・ブラウンの『ワールドウォッチ地球白書』［ダイヤモンド社］をあげ、「昨年は現代社会論の一環として、環境問題、福祉問題を勉強しましたが、この仕事で一番役に立ちました。「アメリカ的」な調査スタイルのすぐれた面を再認識しました」［19960110］と書く。

表 11-1　ユートピアの会・研究計画［19631101：70 頁］

Ⅰ	日本ユートピアの原像　（1963 年 10 月～ 12 月） 古事記。好色一代男。〈極楽〉のイメージなど。
Ⅱ	近代日本のユートピア　（1964 年 1 月～ 7 月） ええじゃないか。自由民権。新しき村。日本改造法案。三二テーゼ。アプレゲールなど。
Ⅲ	現代日本のユートピア　（1964 年 8 月～ 12 月） 創価学会。山岸会。平和運動。子供たちの夢。大衆映画の世界。 ホーム・ドラマの「幸福な家庭」など。
Ⅳ	世界のユートピア　（1965 年 1 月～ 7 月） 社会主義。キブツ。福祉国家など。
Ⅴ	ユートピアの極限像　（1965 年 8 月～ 12 月） サド。精神病者のユートピアなど。
Ⅵ	ユートピアの理論　（1966 年 1 月～ 7 月） ユートピアのパトスとロゴス。イデオロギーとユートピア。逆ユートピア。 地獄。エゴイズムのゆくえ。ユートピアのパラドックスなど。
Ⅶ	私のユートピア　（1966 年 8 月～ 12 月） 日本や世界の理想像。サークルや家庭や恋愛のユートピア。

研究の全体をどのように見通しているかをあらわす、著者自身によるテクストである。この本では、そのときどきの分析で、個別に利用しただけである。もうすこし深く踏みこんで、たとえば構想されながらものこされた未来の痕跡をつなげながら考えてみることもおもしろかろうと夢想していたが、準備が足りなかった。

＊

この本での活用の例をあげるなら、7章の「人間解放の理論のために」の全体構想をあらわす表7－3や表7－4は、そうした素材となるテクスト資料の一例である。また5章の表5－2の「近体日本社会心理史」の目次構想もそうした系列でとりあげうるし、8章の「まなざしの地獄」の後記として記された表8－1「物と実存（現代社会の実存構造）」も力の入った構想のひとつだろう。あとで掲げる図11－2も、その系譜に属する。

論文そのものとは別に、その論考を位置づける文脈となる「全体」を、いわば鳥瞰するまなざしとして描きだす。(219)

こうした計画は、ときに大学での演習のシラバスともなった。

大学での学生たちとの演習は、『人間解放の理論のために』以降の見田宗介にとって、ひとつの実験の共同空間であったからだ。「問題の全体についての基本的な把握を全員が共有しつつ、同時にその前線的な諸課題の一つあるいは数個を各人が分担して集中的に追求し、その成果を再び全員が共有してゆく」〔『人間解放の理論のために』前掲:二二二頁〕という理想でむすばれた有機的な「共同探求者の集団」となることを夢見ていた。

たしか一九七九年度の演習の主題は「比較社会学の構想」であった。

「CSN-7941-M」という見田自身の謎めいた整理番号が付された、そのときのレジュメの断片が残欠としてたまたま手元にある。私自身の汚い文字での書き込みがあることから考えて、四月の演習開始時に配られたもので、CSNはおそらくComparative Sociology Note の略記、数字は年号や月日の整理ではないかと思う。図11－2にあげておこう。一〇項目の比較社会学の研究主

219　こうした研究への計画的な取り組みのスタイルそれ自体は、早くからないわけではなかった。たとえば、一九六三年に思想の科学研究会の「ユートピアの会」のためにつくった表11－1の三年計画など、自分だけの研究のためではないが、ユートピア研究という、当時とりくんでいた主題のための未来構想であろう。

図 11-2　比較社会学の構想（1979）

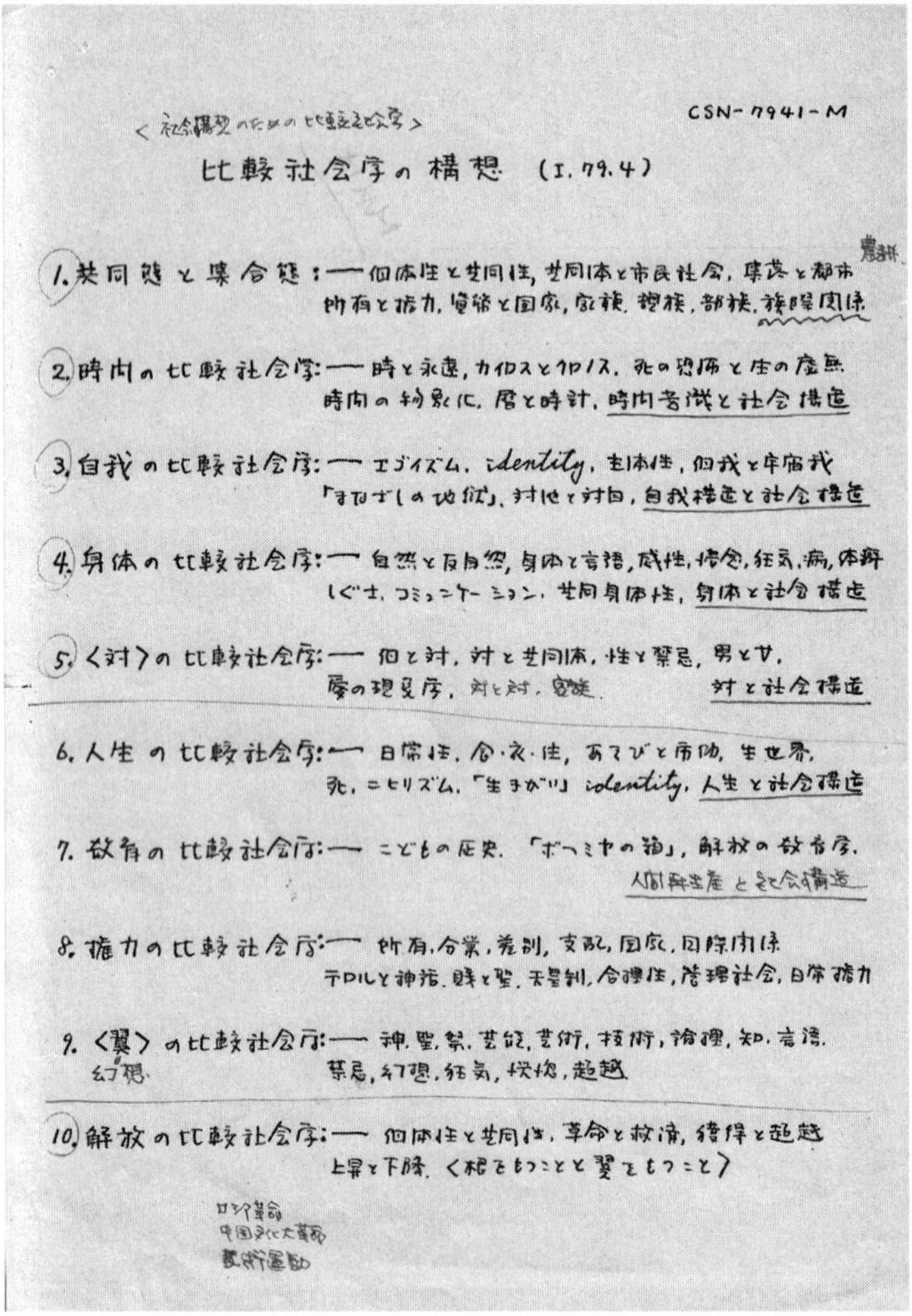

〈社会構想のための比較社会学〉　CSN-7941-M

比較社会学の構想　(I. 79. 4)

農耕

1. 共同態と集合態：―― 個体性と共同性，共同体と市民社会，集落と都市
所有と権力，貨幣と国家，家族，親族，部族，族際関係

2. 時間の比較社会学：―― 時と永遠，カイロスとクロノス，死の恐怖と生の虚無
時間の物象化，暦と時計，時間意識と社会構造

3. 自我の比較社会学：―― エゴイズム，identity，主体性，個我と宇宙我
「まなざしの地獄」，対他と対自，自我構造と社会構造

4. 身体の比較社会学：―― 自然と反自然，身体と言語，感性，情念，狂気，病，体癖
しぐさ，コミュニケーション，共同身体性，身体と社会構造

5. 〈対〉の比較社会学：―― 個と対，対と共同体，性と禁忌，男と女，
愛の現象学，対と対，家族　対と社会構造

6. 人生の比較社会学：―― 日常性，食・衣・住，あそびと労働，生世界，
死，ニヒリズム，「生きがい」identity，人生と社会構造

7. 教育の比較社会学：―― こどもの歴史，「ボヘミヤの箱」，解放の教育学，
人間再生産と社会構造

8. 権力の比較社会学：―― 所有，分業，差別，支配，国家，国際関係
テロルと神話，賤と聖，天皇制，合理性，管理社会，日常権力

9. 〈翼〉の比較社会学：―― 神，聖，祭，芸能，芸術，技術，論理，知，言語，
幻想　禁忌，幻想，狂気，快楽，超越

10. 解放の比較社会学：―― 個体性と共同性，革命と救済，彼岸と超越
上昇と下降，〈根をもつことと翼をもつこと〉

ロシア革命
中国文化大革命
芸術運動

題が列挙され、そのもとで展開する予定の具体的な論点項目があげられている。[220] これをいまみると、『時間の比較社会学』と『自我の起源』が占める位置の見当がつく。[221]

少人数の演習だけではない。一九八〇年前後から見田は、四〇〇人近くが受講する大教室での一般講義でも、真木悠介の比較社会学や、存立構造論の主題を積極的に取りあげて、広く学生たちに問いかけていったように思う。

今回の原稿を書くために所蔵書類等をひっくりかえし、もうひとつ興味ぶかい資料に遭遇した。

＊

一九八四年度の見田の社会学の講義の「期末レポート問題」[222] である。

当時世の中でも職場でもワープロが普及しはじめたころで、たぶん配布用のコピーをつくるための下書きを、当時助手であった私が受けとったものであろう。せっかくなのでそのままお目にかけるが、最初の主題項目が「感覚の比較社会学」であることや、[223] あとにつづく「共同体の〈転回〉」や「〈本源的市民社会〉の矛盾」等々の展開が、真木悠介の人間解放や存立構造の理論が生

220　多少の異同はあるのだが、基本的におなじ構想が、おなじ年の『思想の科学』九月号に掲載されている［19790901］。

221　そして『時間の比較社会学』の「あとがき」［19811127→定本真木集Ⅱ：三二七―九頁］において、この「全体的なイメージ」は、一〇の柱はそのままに「問題意識の結節点」となる項目をわずかに増補するかたちで再びかかげられる。さらに「岩波現代文庫版への後記」［20030819→定本真木集Ⅱ：三三〇頁］では、そうした柱の達成が自己評価されている。

222　私は偶然のめぐりあわせから、一九八三年四月に東京大学教養学部の助手となり、社会科学科の社会学教室に配属された。あるていど自由に研究ができる、ありがたいポジションだったが、もちろん教育の補佐も任務のひとつであった。この資料は、その業務にかかわる残欠であろう。

図 11-3　期末レポート問題（1984）

問題

講義でのべられた下記のいずれか（一つ、または複数）の理論的主題について、オリジナルな事例を（一つ、または複数）とりあげながら、具体的に展開しなさい。

~~主題（および参考著書）~~

11. 感覚の比較社会学
 （とくに、近代社会と非近代社会の）
12. 〈火の分裂〉と日本の近代化
13. 異人歓待と移住排斥
14. 見る。見られる。見せる。（関係論として）
15. 演技の陥穽（or.「まなざしの地獄」）

21. 生の手段化
22. 〈目的〉への疎外
23. 〈価値〉への疎外
24. 媒介するものの主体化
25. 労働の抽象化／結果への執着
26. 所有欲求の抽象的な無限化
27. 自然性からの〈人間性〉の自立と疎外
28. 共同性からの〈個体性〉の自立と疎外
29. 「人生の目的」という問いの存立の基盤（社会的）

31. 共同体の〈転回〉
32. 共同利害の自己外化
33. 虚偽の共同性
34. 共同体論の現代的意味
35. 物象的依存関係と人格的依存関係

41. 〈本源的市民社会〉の矛盾
42. 人間関係としての貨幣
43. 商品化された疎外―収奪関係
44. 市民社会の「不安と欺瞞」
45. 〈近代的自我〉の逆説
46. 自己神格化と自己物象化
47. 市民社会における「社会法則」の物象化の機制

51. 「人間性」の歴史性
52. 近代労働者像の成形
53. 競争社会と自己抑圧
54. 労働の有機的統一性の解体
55. 「動機づけの危機」
56. 「労働の特定種類への無関心」
57. 生活時間と生活空間の解体・再編成
58. 〈あらかじめのりこえられたのりこえ〉
59. 「自由な意思」をとおして貫徹する法則性

61. システム内矛盾のシステム外矛盾への転化による、矛盾の階梯的な「高次化」
62. 国内矛盾の国外矛盾への転化、（および、国内再転化）
63. 〈外なるプロレタリアート〉としての第三世界
64. 人間と自然の〈擬制資本化〉
65. 1960年代の日本社会の構造変動
66. 1970年代以降の日本における雇用形態の変容と生活構造の変質

71. ホワイトカラーの分解と意識
72. 現代ホワイトカラーの意識における自己物象化
73. 社会意識の多次元的な決定の機制
74. 社会意識の「同層化」(Einschichtung)
75. anticipatory socialization.
76. 現代社会の時間意識

この形で左右の欄に

みだしたものであることなどが、容易に読みとれるだろう。

この図11－3のレポート課題には、「アフター・ミーティング」と名づけられた場の設定のしらせが付されていた。希望者に「質的コメント」を返し、評価に対する質疑に応え、今後の研究にアドバイスをおこなう会をひらくので、出席希望の学生はレポートの右上隅に「A・M」と書いてほしいとの注記がある。さらに、一回かぎりの応答ではなく、毎年のレポートを蓄積し、共有する仕組みにまで構想は及んでいる。

すぐに成果をむすびつくとは考えていなかっただろうけれども、「共同探求者の集団」となりうる開かれた場として、大学の演習や講義の時間を使おうという意図は、この本の6章のテーマとも呼応する。細かくはたどらなかったが、こうした主体化への期待も大学闘争期からつづく〔「異説・日本学生史」19690429〕。

『自我の起源』の「補論1」には、表11－4のような「〈自我の比較社会学〉ノート」の全体構想が、見通しとして載せられている。それによれば、ここで論じた「個の起源」は「I」にあたる考察にすぎない。(224)

223　たまたま気づいた符合だが、「読まずにためる楽しみも」〔19811123〕という読売新聞の「しおり」というコラムに寄せた一文で、「昨年から新しく編成しなおしたばかりの、大学での「社会学概論」の講義のなかでは、はじめに「序」として「日本人の感覚の歴史」という話をすることにしたのだけれども」〔定本見田集X：一四八頁〕とあって、この内容構成は一九八〇年からだったらしい。その前については、私も記憶にあるが、東大出版会教材部が発行した『見田宗介先生 社会学概論 講義資料集』という三五頁ばかりの小冊子がテクストにした、かなりオーソドックスな構成の社会意識論であった。

表 11-4 〈自我の社会学〉ノート［19930927: 159 頁］

Ⅰ	動物社会における個体と個体間関係
Ⅱ	原始共同体における個我と個我間関係
Ⅲ	文明諸社会における個我と個我間関係
Ⅳ	近代社会における自我と自我間関係
Ⅴ	現代社会における自我と自我間関係

さきほどの図11－2の比較社会学にしても表11－4自我論にしても、いずれの構想も、その課題を「わたしと共に、あるいは独自に、これらの課題のいくつかを完成してくれる若い研究者たち」〔『時間の比較社会学』：三〇七頁→定本真木集Ⅱ：三二九頁〕や「私より先に遂行してくれる研究者」〔『自我の起源』：一五九頁→定本真木集Ⅲ：一五八頁〕に向けた、共闘のメッセージが添えられている。

ここで私は7章の一六六頁で引用した「一つの未来をもつことなしに人は自立することができない。そして一つの未来を共有することなしに、人と人とは連帯することはできない」という、「未来構想の理論」の一節を思い浮かべる。

＊

テクスト空間のフィールドワークにおいては、存在しないテクスト、すなわち書かれなかったテクストもまた重要な役割をはたす。

『宮沢賢治』の「あとがき」は、この作品の大部分が一九八三年度の教養学部での演習と、朝日カルチャーセンターでの講義にもとづくものだと述べている。

このセンターでの講義の綱領が、「宮沢賢治を読む：自我の比較社会学6」として、個人雑誌『野帖から』の第四号〔19830101〕に載せられていて、これと実際に一年後に刊行された『宮沢賢治』

の目次構成と比較したのが、表11－5である。

一瞥でも、いくつかの動きがわかる。

単行本の「序章」において、当初の綱領ではなかった「りんご」の考察が付け加わり、最初の計画では「V」として予定していた「主体の変換」が書かれないままに刊行された。もちろん、このことの意味を本格的に探るのも、ここでの課題ではない。しかしながら、書こうと欲していた「主体の変換」は、1章の戦後論が論じた「主体の変革」と、時代をこえてどこかでつながっていたのではないか。

テクスト空間の歴史の奥行きを探る、そうした空想はたのしい。

*

これも初出の『アエラムック』にしか痕跡をのこしていないが、「越境する知」〔19960210〕の回想のなかに、『αの探究』というまぼろしのノートの話がでてくる。

それは、学部生時代の見田が、自分にとっていちばん大切な「原問題」をめぐる思索の断片を書きとめていたものだった、という。最初、この「α」は「幸福の理論」だったのだそうだが、人間には不幸をあえて選ぶという選択もあるので、見田が求めているなにかをあらわす表現とし

224 そして、この全体構想をかかげるのは、自我の比較社会学が「生物社会学的」な発想であるとの「誤認」を防ぐためだと述べる。こうした計画は、『現代社会の理論』と『社会学入門』で「自己準拠系」の軸を貫いての〈自由な社会〉の執筆の構想につながるなど、さまざまな展開を示している。

表 11-5　宮沢賢治論の構想

「宮沢賢治を読む：自我の比較社会学 6」[19830101]	『宮沢賢治：存在の祭りの中へ』[19840229]
	序章　銀河と鉄道
	一　りんごの中を走る汽車
	二　標本と模型
	三　銀河の鉄道
	四　『銀河鉄道の夜』の構造
Ⅰ　自我という罪	第一章　自我という罪
1. 「わたくしという現象は」	一　黒い男と黒い雲 自我はひとつの現象である
2. カルマの花びら	二　目の赤い鷺 自我はひとつの関係である
3. 家の業	三　家の業 自我はひとつの矛盾である
4. 修羅	四　修羅 明晰な論理
Ⅱ　焼身幻想	第二章　焼身幻想
1. ZYPRESSEN つきぬけるもの	一　ZYPRESSEN つきぬけるもの 世界にたいして垂直に立つ
2. よだかの星とさそりの火	二　よだかの星とさそりの火 存在のカタルシス
3. 存在の罪／存在の罰	三　マジェラン星雲 さそりの火はなにを照らすか
4. 火としての雪	四　梢の鳴る場所 自己犠牲の彼方
Ⅲ　存在の祭の中へ	第三章　存在の祭りの中へ
1. 修羅と春	一　修羅と春 存在という新鮮な奇跡
2. HO! HO! HO!	二　向うの祭り 自我の口笛
3. 異邦人	三　〈にんげんのこわれるとき〉 ナワールとトナール
4. 〈にんげんの壊れる時〉	四　銀河という自己 いちめんの生
Ⅳ　舞い下りる翼	第四章　舞い下りる翼
1. さそりの火とブドリの火山	一　法華経・国柱会・農学校・地人協会 詩のかなたの詩へ
2. 生活の鑢／生活の罠	二　百万疋のねずみたち 生活の鑢／生活の罠
3. 身体と技術	三　十一月三日の手帳 装備目録
4. マグノリアの谷	四　マグノリアの谷 現在が永遠である
Ⅴ　主体の変換	
1. 〈語る主体〉とその変換	
2. 〈見る主体〉とその交錯	
3. 〈喰う主体〉とその転回	
4. 〈創る主体〉とその解放	

ては「幸福」も「理論」も不十分に感じられた。

そこで、どんなことばでも代入できるように「α」で指ししめされるようになった。序の章でふれた見田自身の「卒論の失敗」の自覚を受けとめて、「誰にも評価されなくても、そのことについて探究したということそれ自体が、自分にとって意味のある、充実した年月であったと思えるような仕事だけをやろう」〔19960210：七頁〕という思いで記されたノートだったという。

もちろん、私は見たこともない。訊ねたこともない。その内容は空想するしかない。

もうすでに、高校時代の同人雑誌『Ω』〔19680328／20120202〕と同じく、見田の手元にもあるかどうかもわからない。ただ、もし私が探しだして読むことができたとして、なにかとてつもない秘密のカギが手にはいるとは思っていない。

そう思うのは、私が評伝を志向していないからだろう。

しかしながら私のここでのフィールドワークは、この「α」として指ししめされたかもしれないものの中味を、別な方法であれこれと探る作業だったのかもしれない。そして同行（どうぎょう）のもうひとりである「真木悠介の誕生」というできごとを、結果として浮かびあがらせたのだと思う。

その誕生の道程は、外側の他者からみると、思いのほかまっすぐにみえる。

起点となるターミナルは、『人間解放の理論のために』だった。

そしてその行方は、かすむほど遠くまで、近代の鉄路のようにつながっている。その道をゆっくりと歩む、たゆまぬ社会学の探究の実践につけた「人間解放の比較＝歴史社会学」という名もまた、このテクストの森がみせてくれた空想のまぼろしかもしれない。

*

しかしながら、その「まぼろし」の意味を、はかなくて実在しない、一瞬の幻影の虚しさと解してはならないだろう。柳田国男の『明治大正史世相篇』の目次の拡がりのなかに「まぼろしを現実に」という、それだけ取りだせば、なんということもない一項目がある。

このフレーズに、見田は演習の場で魅力的な解釈をくわえた。

柳田国男がこの書物でほんとうに言いたかったのは、たんなる「空想の実現」ではなかったのではないか〔「解説」19780725：三六二頁〕。だからこれを「夢想から現実へ」「空想から科学へ」などと、現実化を急くスローガンのように説きたててはならない。空想は空想のままに、あるいは理想はそのまぼろしのままに立ちあげることで、人間が現実を動かしていく力こそ大切だ。柳田は、そうした人間という動物の宿命を語っていたのではないか。

たしかそのとき見田は、一八九五（明治二八）年に『文学界』に載せた、柳田の最初の新体詩「夕ぐれに眠のさめたるとき」を引用した。

うたて此世は　をぐらきに
何しにわれは　さめつらむ
いざ今いちど　かへらばや

美くしかりし　ゆめの世に　〔『柳田国男全集』第二三巻：七五頁〕

のちに見田が提示し気に入ってなんどか使った「夢よりも深い覚醒」〔19850730→定本見田集Ⅴ：二九七頁／19861226→定本見田集Ⅴ：四〇〇頁／19900404→定本見田集Ⅹ：一六六頁など〕という主題は、おそらくここで得たイメージの変奏であろう。

あのとき聞いたのは、美しくあったという柳田の夕暮れの「ゆめ」に、石牟礼道子『天の魚』〔講談社文庫、一九八〇〕が掲げた序詩の「まぼろし」をからめた解説だった。石牟礼がとなえた「おん身の勤行に殉ずるにあらず　ひとえにわたくしのかなしみに殉ずるにあれば　道行のえにしはまぼろしふかくして一期の闇のなかなりし」〔「『天の魚』覚え書き」19800415／定本真木集Ⅱ：三一八頁〕という縁が、柳田が目覚めて感じていたこの世のほの暗さに重ね描きされていた。

人間は、まぼろしを見ることができる。そうした力をもつ動物である。ただひとりそれを目の前の対象として知覚するだけでなく、その実感をときに疑い、あるいはその存在をともに信じることができる。そして「おん身」の他者の「此世」も、「われ」「私」の自己の「かなしみ」も「ゆめの世」も、実感のなかのまぼろしであるという、たしかさと自由とを有する。

そんなふうに拡がっていく解釈を聞いたのが、あの一九七五年に偶然に出会い、七年近くにわたって行き来した「比較社会学」の演習であったことを、私はなつかしく思い出すのである。

書誌篇 地図としての著作論文目録

単行本著作（日本語）篇

A 『現代日本の精神構造』弘文堂，1965年4月11日発行
B 『価値意識の理論：欲望と道徳の社会学』弘文堂，1966年8月5日発行
C 『近代日本の心情の歴史：流行歌の社会心理史』講談社ミリオンブックス，1967年11月25日発行
D 『現代の青年像』講談社現代新書，1968年3月16日発行
E 『現代の生きがい：変わる日本人の人生観』日経新書，1970年9月25日発行
F 『現代日本の心情と論理』筑摩書房，1971年5月31日発行
G 〈真木悠介〉『人間解放の理論のために』筑摩書房，1971年10月20日発行
H 〈真木悠介〉『現代社会の存立構造』筑摩書房，1977年3月15日発行
I 〈真木悠介〉『気流の鳴る音：交響するコミューン』筑摩書房，1977年5月30日発行
Cx 『近代日本の心情の歴史：流行歌の社会心理史』講談社学術文庫，1978年4月10日発行
J 『現代社会の社会意識』弘文堂，1979年4月25日発行
K 『青春・朱夏・白秋・玄冬：時の彩り・88章』人文書院，1979年9月1日発行
L 〈真木悠介〉『時間の比較社会学』岩波書店，1981年11月27日発行
M 『宮沢賢治：存在の祭りの中へ』20世紀思想家文庫12，岩波書店，1984年2月29日発行
Ax 『新版 現代日本の精神構造』弘文堂，1984年5月10日発行
Ix 『気流の鳴る音：交響するコミューン』ちくま文庫，1986年8月26日発行
N 『白いお城と花咲く野原：現代日本の思想の全景』朝日新聞社，1987年4月29日発行
Mx1 『宮沢賢治：存在の祭りの中へ』同時代ライブラリー，岩波書店，1991年8月12日発行
O 〈真木悠介〉『自我の起源：愛とエゴイズムの動物社会学』岩波書店，1993年5月27日発行
P 〈真木悠介〉『旅のノートから』岩波書店，1994年6月7日発行
Nx 『現代日本の感覚と思想』講談社学術文庫，1995年4月10日発行
Q 『現代社会の理論：情報化・消費化社会の現在と未来』岩波新書，1996年10月21日発行
Mx2 『宮沢賢治：存在の祭りの中へ』岩波現代文庫，2001年6月15日発行
Lx 〈真木悠介〉『時間の比較社会学』岩波現代文庫，2003年8月19日発行
R 『社会学入門：人間と社会の未来』岩波新書，2006年4月20日発行
S 『まなざしの地獄：尽きなく生きることの社会学』河出書房新社，2008年11月30日発行
T 『現代社会はどこに向かうか：生きるリアリティの崩壊と再生』弦書房，2012年6月20日発行
Hx 〈真木悠介〉『現代社会の存立構造／大澤真幸『現代社会の存立構造』を読む』朝日出版社，2014年9月30日発行
Rx 『社会学入門：人間と社会の未来』改訂版，岩波新書，2017年
U 『現代社会はどこに向かうか：高原の見晴らしを切り開くこと』岩波新書，2018年6月28日発行
V 『超高層のバベル：見田宗介対話集』講談社選書メチエ，2019年12月10日発行

論文篇

凡例：論文冒頭の日付は発行の月日を意味し、本文中の引用出典略記と対応している。不明および未確認は0。〈　〉内は筆名、（　）は対談者等の情報。「→」のあとの収録単行本情報は、単行本篇著作冒頭の記号（xは改訂版を意味する）と対応し、二桁の数字は当該書内の目次順をあらわす。項目末の「見01」「真04」等は、各定本集の該当巻への収録を意味する。

1960年（昭和35）

4.23「純粋戦后派の意識構造」思想の科学会報,26号:5-8.

5.1「コミュニケーション諸技術の効率比較表」放送文化,15巻5号:59-60.

10.1（翻訳）「日本人とアメリカ人の職業観」（チャールズ・E・ラムゼイ, ロバート・J・スミス共著）アメリカーナ,6巻10号:96-106.

1961年（昭和36）

8.1（翻訳）「態度調査に対する比較文化的研究の寄与」（ユージン・ジャコブソン, ヒデヤ・クマタ, ジャンヌ・E・ガラホーン共著）アメリカーナ,7巻8号:66-88, 102.

11.10「総会の感想」思想の科学会報,31号:23.

1962年（昭和37）

8.30「価値意識の構造と機能：価値の社会学への序説」社会学評論,13巻2号（50号）:38-52, 115-113.→A12

8.30「書評・統計数理研究所『日本人の国民性』」社会学評論,13巻2号（50号）:101-105.

1963年（昭和38）

1.1「死者との対話：日本文化の前提とその可能性」思想の科学,10号（46号）:43-51.→A09, Ax 見10

1.20「戦後世代の可能性」思想の科学会報,38号:2-5.→A08

4.1「日本人の革命意識　調査記録：日常性と「革命」のあいだ」思想の科学,13号（49号）:68-77.→A04, Ax

5.10「社会心理と社会意識」福武直編『社会学新事典：現代人の社会学』河出書房新社:251-256.

7.15「価値意識論の構想：人間の〈目的〉ないし〈幸福〉の問題に関する経験科学的諸アプローチの統合のために」思想,469号:78-91.→A12 見08

9.1「ベストセラーの戦後日本史：社会心理史の時期区分」思想の科学,18号:86-92.→A03, Ax 見05

9.2（本田秋五・いいだもも と）「"戦後史の遺産"の継承：思想の科学研究会の討論から」週刊読書人,9月2日号:7.→A08, Ax

11.1（本田秋五・いいだもも と）「戦後史の遺産（公開討論会記録）」思想の科学会報,41号:4-23.→A08, Ax

11.1「ユートピアの会」思想の科学, 20号 :70.

12.1「貧困のなかの繁栄」現代の眼, 4巻12号（12月号）:46-53. → A06, Ax 見05

12.20「現代における不幸の諸類型：疎外――〈日常性〉の底にあるもの」北川隆吉編『疎外の社会学』現代社会学講座第六巻, 有斐閣 :21-72. → A01, Ax 見05

1964年（昭和39）

2.1「明治、大正、昭和期の身上相談：回答内容の変遷」月刊婦人展望, 113号 :9-11.

4.27「戦後精神は成熟しうるか：歴史と日常性への挑戦について（論壇時評・5月号）」日本読書新聞, 4月27日号 :3.

5.1「編集後記」思想の科学, 26号 :120.

5.23「「質的」なデータ分析の方法論」城戸賞授賞式における報告【現物未見】→ A11

5.25「未開拓な"比較戦後論"：一枚の写真がしめす倒錯した状況（論壇時評・6月号）」日本読書新聞, 5月25日号 :3.

6.1「編集後記」思想の科学, 27号 :120.

6.22「信仰・革命・そして生活：教団倫理から内心倫理へ？（論壇時評・7月号）」日本読書新聞, 6月22日号 :3.

7.1「イメージの近代日本史」現代の眼, 5巻8号 :143-151. → A07, Ax 見04

8.1「編集後記」思想の科学, 29号 :120.

8.1（高橋徹と）「日本人の理想的人物像」中央公論, 922号 :146-160. → A02, Ax

10.1「定年退職はサラリーマンになぜ必要か」文藝春秋, 42巻10号 :130-136. → A05, Ax

1965年（昭和40）

3.30「「質的」なデータ分析の方法論的な諸問題」社会学評論, 15巻4号 :79-91. 見08

4.11『現代日本の精神構造』弘文堂, 3+240p. =A

4.11「まえがき」『現代日本の精神構造』弘文堂 :1-3. → A00, Ax

6.1「わが著書を語る『現代日本の精神構造』出版ニュース, 659号 :22.

8.15（加藤周一・日高普・江藤淳・判沢弘と）「座談会・戦後思想とはなにか」朝日ジャーナル, 8月15日号 :12-22.

9.20「文化の理論と価値意識」尾高邦雄・福武直編『二〇世紀の社会学』ダイヤモンド社 :79-94.

9.20「先生を返えせ」教養学部報, 133号 :5.

10.1「明治維新の社会心理学：民衆意識の昂揚と屈折」思想の科学, 43号 :2-17. 見03

10.30（北川隆吉・綿貫譲治と）「戦後の社会学：回顧と展望」図書新聞, 832号 :1-3.

11.1「新しい望郷の歌：1960年代の社会心理情況」日本, 8巻11号 :214-219. → F01 見06

12.1「「文明開化」の社会心理学」展望, 84号 :78-91. 見03

12.1「紅白歌合戦の社会学」放送文化, 20巻12号 :45-47.

1966年（昭和41）

1.31「義経·太閤·赤穂浪士:日本人の英雄像」朝日新聞（夕刊）, 1月31日 :5. → F08

5.1（加藤秀俊ほかとの記念シンポジウム）「思想の科学の二十年」思想の科学, 通巻86号 :121-151.

6.1「人生観の社会学」潮, 72号 :114-127. → K12-16

8.1（高橋徹·中野卓·新川正美と）「座談会 現代アメリカ社会と社会学（その1）」書斎の窓, 145号 :2-10.

8.5『価値意識の理論：欲望と道徳の社会学』弘文堂, 3+379+46p. =B, → J04 見08*

9.1「わが著書を語る『価値意識の理論』」出版ニュース, 703号: 22.

10.1（高橋徹·中野卓·新川正美と）「座談会 現代アメリカ社会と社会学（その2）」書斎の窓, 146号 :7-18.

10.20（見田瑛子と）「解説 恋愛・結婚・家庭の思想史」同編 解説『恋愛・結婚・家庭論』近代日本の名著14, 徳間書店 :7-70.

11.1「日本の高校生は紅衛兵をどう見るか」中央公論, 81年11号 :204-213.

12.25「河野実・大島みち子「愛と死をみつめて」: ささやかな心の灯」朝日ジャーナル, 8巻53号 :35-40. → F06 見06

1967年（昭和42）

1.1「近代日本社会心理史の構想：三十代の事業を」図書新聞, 1月1日号 :4.

2.1「世論調査に見る指導者像」中央公論, 82年2号 :150-157.

3.15「明治維新の社会心理学：民衆の対応様式の諸類型」辻村明・塩原勉・見田宗介『変動期における社会心理』今日の社会心理学6, 培風館 :147-249. 見03

4.1「高校生の現代職業観」中央公論, 82年5号 :198-207. → F05

4.1「現代日本100人の生活と意見（アンケート回答）」文藝春秋, 4月号 :99.

4.1（吉田潤と）「視聴にみられる理念と行動のずれ：教養番組視聴の構造」放送文化, 22巻4号 :6-11.

9.15（北川隆吉·綿貫譲治と）「社会学」『座談会·戦後の学問』図書新聞社 :267-289. [19651030の再録]

11.1「「市民」意識の根と方向」思想の科学, 通巻104号 :88-89.

11.1「日本人の立身出世主義」潮, 11月号 :262-283. → F15 見03

11.25『近代日本の心情の歴史』光文社, 245+xviii p. =C 見04

12.0 "Patterns of Alienation in Contemporary Japan," *Journal of Social and Political Ideas in Japan,* Vol.5, No.2-3, The Center for Japanese Social and Political Studies: 139-178.

1968年（昭和43）

2.12「幾千の眼をもって歴史を見る視座：柳田国男著『明治大正史・世相編』（復刻版）にふれて」日本読書新聞, 2月12日号 :4. → K74

3.16『現代の青年像』講談社現代新書, 202p. =D

3.28「私の高校時代」読売新聞 , 3 月 28 日 :20.

5.1「著者との対話 蛍雪の労を求めて :「現代の青年像」の著者」週刊言論 , 5 月 1 日号 :65.

5.19（篠原一・高橋徹と）「座談会・七〇年闘争のなかの群衆」朝日ジャーナル , 10 巻 20 号 :38-45.

6.1「テレビドラマの二律背反 : テレビのドラマかドラマのテレビか」放送文化 , 23 巻 6 号 :23-29. → F07 見 05

6.1「私の一冊　柳田国男著・昭和六年『明治大正史・世相篇』」展望 , 114 号 :277.

6.16（作田啓一・小田島雄志と）「座談会・学園の活動家と盛り場のヒッピー : ノン・フィクション的青春論」朝日ジャーナル , 10 巻 25 号 :10-16.

6.25「社会意識論」綿貫譲治・松原治郎編『社会学研究入門』東京大学出版会 :189-220. → F16, J03

7.1「職業と家庭の彼方に」婦人公論 , 53 巻 7 号（626 号）:80-89.

7.15「タレント候補考」朝日新聞夕刊 , 7 月 15 日 :9. → F09

7.28「ベスト・セラーと時代」読売新聞 , 7 月 28 日 :18.

8.16「プロセスを楽しむ精神」週刊朝日 , 8 月 16 日号 :102.

8.30「残され子と一家心中」週刊朝日 , 8 月 30 日号 :37.

9.13「モスクワのアングラ」週刊朝日 , 9 月 13 日号 :55.

9.20「快談・人造身体時代」週刊朝日 , 9 月 20 日号 :86.

9.25「〔調査〕現代サラリーマンの意欲と不安 :「第二の学歴」を獲得する思想」別冊中央公論 , 24 号 (秋季特大号):336-347. → F03 見 05

10.1「ホワイトカラーの分解と意識 : 農本主義のモダニズム的転生」（特集 労働者の不安と不満）月刊労働問題 , 126 号 :37-46. → F02 見 05

10.1「報告 核心家族化の影響」婦人公論, 53 巻 10 号（629 号）:98-102.

10.1（神田悦子・有田弦子・白崎冷美・松尾文代・中里登代子と）「討論 新しい生き甲斐の創造」婦人公論, 53 巻 10 号（629 号）:103-109.

10.1（長田 弘・安田 武と）「戦争中の暮しの記録 : 暮しの手帖 96 号」展望 , 118 号 :101-111.

10.1（宮本忠雄と）「不安は人間にどういう意味を持つか　不安によく対処しうるために」薬局の友 , 93 号 :12-17.

10.4「超マルサス的宇宙論」週刊朝日 , 10 月 4 日号 :42.

10.11「総論 : 自由民権運動を支えた人たち」見田宗介編『明治の群像 5 自由と民権』三一書房 :7-12.

10.18「対話編　怒りの発見」週刊朝日 , 10 月 18 日号 :42.

11.1「フロイトと更級日記」週刊朝日 , 11 月 1 日号 :48.

11.8「カメレオンとストレス」週刊朝日 , 11 月 8 日号 :39.

11.15「正論・現代組織学」週刊朝日 , 11 月 15 日号 :43.

12.0 "Political Attitudes: Social Discontent and Party Support," *The Developing Economies,* VI-4:544-565.

12.6「現代青年の意識と行動」労働法学研究会報, 788 号 :1-25.

1969年（昭和44）

1.4〈未〉「正月の孤独」毎日新聞夕刊「視点」欄 :4.→F10

1.7〈鉱〉「文明の倒錯」朝日新聞夕刊「標的」欄 :6.

1.14〈鉱〉「山谷は冬」朝日新聞夕刊「標的」欄 :6.

1.17〈未〉「英雄ワクチン説」毎日新聞夕刊「視点」欄 :5.

1.21〈鉱〉「人間地図」朝日新聞夕刊「標的」欄 :6.

1.22〈未〉「間尺に合わない」毎日新聞夕刊「視点」欄 :3.

1.24〈未〉「蒸発の会」毎日新聞夕刊「視点」欄 :6.

1.28〈鉱〉「里親の記録」朝日新聞夕刊「標的」欄 :6.→F11

1.31〈未〉「騒音中毒」毎日新聞夕刊「視点」欄 :6.

2.1「失われた言葉を求めて：想像力の陣地と奪還」世界, 279 号 :64-72.→F14

2.4〈鉱〉「高校生の言語状況」朝日新聞夕刊「標的」欄 :6.

2.6〈未〉「ハレンチ考」毎日新聞夕刊「視点」欄 :5.

2.11〈鉱〉「核家族と建具職人」朝日新聞夕刊「標的」欄 :6.→F11

2.14〈未〉「ヒップとスクエア」毎日新聞夕刊「視点」欄 :5.→F10

2.18〈鉱〉「経営者としての労組」朝日新聞夕刊「標的」欄 :7.

2.20〈未〉「世代の方言」毎日新聞夕刊「視点」欄 :5.→F10

2.25〈鉱〉「幸福への軟禁」朝日新聞夕刊「標的」欄 :7.→F11

2.28〈未〉「陰惨な世界」毎日新聞夕刊「視点」欄 :3.→F10

3.4〈鉱〉「特権からの解放」朝日新聞夕刊「標的」欄 :7.

3.4〈未〉「ピアノとギター」毎日新聞夕刊「視点」欄 :3.

3.11〈鉱〉「色の支配者」朝日新聞夕刊「標的」欄 :7.→F11

3.13〈未〉「地獄への郷愁」毎日新聞夕刊「視点」欄 :5.

3.14「東大闘争の現段階と教官の主体的課題」（公表形態不明。後出「態度表明」[19690402] の「付録」として付された。駒場共闘事務局発行の『授業拒否宣言』(B4 謄写版両面刷 5 枚）というビラ［発行年月日不詳］に、「態度表明」ともども全文が引用されていることで、内容が把握できる。）

3.18〈鉱〉「「反博」の訴え」朝日新聞夕刊「標的」欄 :7.

3.20〈未〉「生きがいと政治」毎日新聞夕刊「視点」欄 :5.

3.25〈鉱〉「民謡と GS の間」朝日新聞夕刊「標的」欄 :7.→F11

3.29〈未〉「禁欲からの解放」毎日新聞夕刊「視点」欄 :5.

4.1〈鉱〉「年功型人生の動揺」朝日新聞夕刊「標的」欄 :7.

4.2「態度表明」(駒場キャンパスで配られたと思われるビラ。ただし一部か)【歴史民俗博物館蔵】

4.7〈未〉「エスキモーの憂うつ」毎日新聞夕刊「視点」欄 :5.

4.8〈鉱〉「鬼になること」朝日新聞夕刊「標的」欄 :7. → F11

4.9〈未〉「集団のなかの孤独」毎日新聞夕刊「視点」欄 :5. → F10

4.15〈鉱〉「美談のようでなく」朝日新聞夕刊「標的」欄 :7.

4.18〈未〉「自己批判の系譜」毎日新聞夕刊「視点」欄 :5. → F10

4.22〈鉱〉「音のないテレビ」朝日新聞夕刊「標的」欄 :7.

4.23〈未〉「芸と人柄」毎日新聞夕刊「視点」欄 :5. → F10

4.28〈未〉「18 歳から選挙権を」毎日新聞夕刊「視点」欄 :5.

4.29〈鉱〉「異説・日本学生史」朝日新聞夕刊「標的」欄 :7. → F11

5.6〈鉱〉「カナリヤの歌」朝日新聞夕刊「標的」欄 :7. → F11

5.13〈鉱〉「幻想の異国」朝日新聞夕刊「標的」欄 :7. → F11

5.20〈鉱〉「空間の思想」朝日新聞夕刊「標的」欄 :7.

5.27〈鉱〉「ベ平連四回忌を悼む」朝日新聞夕刊「標的」欄 :7.

6.3〈鉱〉「鶴とバリケード」朝日新聞夕刊「標的」欄 :7. → F11

6.6「空間の思想・時間の思想」朝日新聞夕刊 :7. → F12　見 10

6.10〈鉱〉「自由と合理性」朝日新聞夕刊「標的」欄 :7. → F11

6.11(佃実夫・大野力ほかと)「思想の科学研究会 シンポジウム　いま何が問われているか：暴力と、言論の有効性について」思想の科学, 169 号 :38-93.

6.17〈鉱〉「共感の広さと深さ」朝日新聞夕刊「標的」欄 :7.

6.20「社会意識とその形成」久野収・鶴見俊輔編『思想の科学事典』勁草書房 :121-122.

6.20〈杉田英次〉「序説」「価値体系と信念体系」「同調と逸脱」久野収・鶴見俊輔編『思想の科学事典』勁草書房 :111, 122-124, 124-126.

6.24〈鉱〉「恋歌としての非行」朝日新聞夕刊「標的」欄 :7.

8.1〈真木悠介〉「解放の主体的根拠について：根底的解放の理論のために」展望, 128 号 :16-29.

9.1〈真木悠介〉(矢部基晴・ひできこうの・山口豊・小畑峯雄・筒井英敬と)「被害の論理と加担の論理」月刊労働問題, 137 号 :23-31.

9.1〈真木悠介〉(石田雄・大沢真一郎と)「戦後民主主義と青年労働者」月刊労働問題, 137 号 :39-53.

9.1(坂本二郎・石原舜介と)「意識の変革と地域開発の理念」地域開発, 60 号 :16-44.

9.16「求心的な目標の不在：アンチテーゼの自己目的化のなかで」週刊読書人, 9月16日号 :1.

9.25〈結城一郎〉「現代欲望論：幸福の背理」（第2特集 現代サラリーマンの欲求）別冊中央公論 経営問題, 8巻3号 :278-286. → F04 見05

11.1〈真木悠介〉「人間的欲求の理論：価値の根拠とその両義性」展望, 131号 :16-45. → G03

12.25（三川喜一と）「アンケート調査 新職人時代：大卒ホワイトカラーの独立と転進」別冊中央公論 経営問題, 8巻4号 :351-355.

1970年（昭和45）

1.1「現代日本の精神構造」現代のエスプリ, 41号 :33-69.［19631220の再録］

1.11〈真木悠介〉「解放のための〈全体理論〉をめざして」朝日ジャーナル, 12巻2号 :13-20. → G01

1.12〈真木悠介〉「ファシズム断章：われらの内なる〈自警団〉」週刊アンポ, 5号 :ページ数ナシ. → F13

3.0「「のりこえる」とはどういうことか？」『「明治の柩」』劇団東演23回公演創立十周年記念公演）:16.

5.21（青地晨・清水英夫と）「座談会 マスプロ・マスセールの曲り角：光文社神吉社長退陣にあたって考える」出版ニュース, 833号 :6-15.

6.1〈真木悠介〉「未来構想の理論：創造的実践の論理」展望, 138号 :41-75. → G02

6.21〈無署名〉「ハーシュ『ソンミ』」朝日新聞朝刊, 6月21日 :19. → K52

6.30「付記」社会学評論, 21巻1号 :85.

7.14「＊ありあまる才能を……」城戸浩太郎『社会意識の構造』新曜社：帯.

8.15「ドグマからの解放」読売新聞朝刊 :9.

9.25『現代の生きがい：変わる日本人の人生観』日経新書, 202p. =E

11.24「人間の幸福とは何か⑬」読売新聞朝刊 :17. → K17

11.25「人間の幸福とは何か⑭」読売新聞朝刊 :17. → K17

12.14〈無署名〉「カイヨワ『遊びと人間』」朝日新聞朝刊 :11. → K54

1971年（昭和46）

1.1（大沢正道・松本三之介と）「座談会・大衆狂気状況の基礎構造：合理主義と反合理主義との相克」朝日ジャーナル, 1月1-8日号（新年合併増大号）:28-35.

1.1「何に生きがいを感じるか：1仕事, 2ホーム, 3レジャー」日本経済研究センター会報, 143号 :50-55.

1.1「職業と家庭の彼方に」婦人公論, 56巻1号（656号）:448-454.［19680701の再録］

1.5〈破魔弓〉「虚像のヒバクシャ」朝日新聞夕刊「標的」欄 :5. → K28

1.12〈破魔弓〉「箱の外の箱の外の箱」朝日新聞夕刊「標的」欄 :5. → K35

1.19〈破魔弓〉「「繁栄」の棄民」朝日新聞夕刊「標的」欄 :5.

1.26 〈破魔弓〉「技術のゆくえ」朝日新聞夕刊「標的」欄 :5.
2.1 〈真木悠介〉「コミューンと最適社会：人間的未来の構想」展望，146 号 :10-42. → G04 見 07
2.2 〈破魔弓〉「歴史の怨霊」朝日新聞夕刊「標的」欄 :5.
2.8 〈無署名〉「映画の社会心理史：S. クラカウアー『カリガリからヒトラーへ』」朝日新聞朝刊 :11. → K53 見 10
2.9 〈破魔弓〉「バカのすすめ」朝日新聞夕刊「標的」欄 :5.
2.15 （作田 啓一と）「職業におけるエロスとタナトス」別冊経済評論，4 号 :19-30.
2.16 〈破魔弓〉「音楽がない」朝日新聞夕刊「標的」欄 :5.
2.25 〈破魔弓〉「源氏物語二題」朝日新聞夕刊「標的」欄 :5. → K31
3.2 〈破魔弓〉「東海の小島」朝日新聞夕刊「標的」欄 :5. → K30
3.8 〈破魔弓〉「動かない思想」朝日新聞夕刊「標的」欄 :7.
3.16 〈破魔弓〉「いじわるばあさん」朝日新聞夕刊「標的」欄 :7.
3.23 〈破魔弓〉「よみがえる仏教」朝日新聞夕刊「標的」欄 :7. → K33
3.25「刊行に寄せて」『調査から見た親と子の考え方』富山県教育研究所 : ナシ .
3.30 〈破魔弓〉「共同体の共同体」朝日新聞夕刊「標的」欄 :7.
4.1 （黒井千次と）「市民たちの空虚な思い：ニヒルと熱中のはざまで」展望，148 号 :67-81. → V06
4.6 〈破魔弓〉「青竹のきずな」朝日新聞夕刊「標的」欄 :7. → K27
4.12 〈無署名〉「社会への報復の一石：永山則夫『無知の涙』」朝日新聞朝刊 :13. → K51 見 10
4.13 〈破魔弓〉「泡沫文化論」朝日新聞夕刊「標的」欄 :7.
4.15「人々の意識の変化と世代の断層：大人をおびやかす率直さ」日本経済研究センター会報，150 号 :34-40.
4.20 〈破魔弓〉「両眼の石松」朝日新聞夕刊「標的」欄 :5. → K32
4.27 〈破魔弓〉「美しい日本の今日」朝日新聞夕刊「標的」欄 :7. → K36
5.6 〈破魔弓〉「経済の赤紙」朝日新聞夕刊「標的」欄 :7.
5.11 〈破魔弓〉「横丁哲学」朝日新聞夕刊「標的」欄 :5. → K36
5.18 〈破魔弓〉「日曜良心」朝日新聞夕刊「標的」欄 :5. → K41
5.25 〈破魔弓〉「序の力」朝日新聞夕刊「標的」欄 :5. → K39
5.31『現代日本の心情と論理』筑摩書房，236p. =F
5.31「あとがき」『現代日本の心情と論理』筑摩書房 :233-235. → F13
6.0 〈破魔弓〉「脱走兵と日本人」朝日新聞夕刊「標的」欄【掲載日不明，現物未見。『青春 朱夏 白秋 玄冬』所収】→ K40
6.1 〈破魔弓〉「はるかなる男」朝日新聞夕刊「標的」欄 :7.

6.7〈破魔弓〉「Qすれば通ず」朝日新聞夕刊「標的」欄 :5. → K37

6.15〈破魔弓〉「職業の未来」朝日新聞夕刊「標的」欄 :7. → K34

6.22〈破魔弓〉「支配の常習的手口」朝日新聞夕刊「標的」欄 :7.

6.29〈破魔弓〉「からっぽの箱」朝日新聞夕刊「標的」欄 :7. → K29

7.1「わが著書を語る『現代日本の心情と論理』」出版ニュース, 872 号 :41.

8.15（中岡哲郎と）「変革の客観的根拠:現代ホワイトカラーの情況」別冊経済評論, 6 号 :74-86.

10.20〈真木悠介〉『人間解放の理論のために』筑摩書房, 224p. =G

10.20「付　現代社会の理論の構成（ノート）」真木悠介『人間解放の理論のために』:217-219. → G05

10.20〈真木悠介〉「あとがき」『人間解放の理論のために』:221-223. → G06

10.20〈真木悠介〉「＊お元気のことと」真木悠介『人間解放の理論のために』投げ込み謹呈カード.

12.1〈真木悠介〉「わが著書を語る『人間解放の理論のために』」出版ニュース, 886 号 :40.

12.4「首相も連帯責任免れぬ」朝日新聞朝刊 :2.

12.10「〈書評〉というひとつの読みかた」学校図書館, 254 号 :29-33.

12.15（加藤正明・小田晋・祖父江孝男・逸見武光・飯田真と）「座談会　社会変動と精神障害」精神医学, 13 巻 12 号 :60-76.

1972年（昭和47）

1.1（多田道太郎・徳永功と）「都市人間の不安と連帯」市民, 6 号 :34-45.

1.15「明治体制の価値体系と信念体系：第Ⅱ期国定教科書の内容分析」福武直・青井和夫編『尾高邦雄教授還暦記念論文集』第三巻「集団と社会心理」:125-162. 見03

1.21「アンケート・私の書きたいもの」出版ニュース, 890 号 :18.

1.30（城塚登・大森荘蔵・村上嘉隆と）「シンポジウム コミューンと最適社会」学園（東京大学教養学部学友会）, 46 号 :2-22.

2.0「磁場と弾道」「劇団ひまわり」パンフレット【現物未見】→ K72

2.5「辺境文化にっぽん 1 :文化移入の二段の流れ／「ライ麦畑」と「夕空はれて」」読売新聞朝刊 :17.

2.6「辺境文化にっぽん 2 :地動説的な感覚を養う／中心を「外」に自己は周辺に」読売新聞朝刊 :17.

2.8「辺境文化にっぽん 3 ：文明の「幕の内弁当」／るつぼの中で断片味わう」読売新聞朝刊 :17.

2.10「辺境文化にっぽん 4 ：“国栄えて山河なし”／狂気の文明をどう克服」読売新聞朝刊 :17.

2.12「辺境文化にっぽん 5 ：未来を開く可能性／“能力文化”の告発の中に」読売新聞朝刊 :17.

2.18「水俣からの問い」（三社連合四紙／北海道新聞・東京新聞・中日新聞・西日本新聞）中日新聞 :3. → K22

3.0「文明の罠」（三社連合四紙／北海道新聞・東京新聞・中日新聞・西日本新聞）【現物未見】→ K24

3.1〈真木悠介〉（市井三郎・作田啓一と）「人間の未来を問う」展望 , 159 号 :52-72.

4.14（菊地昌典・なだいなだ・前田俊彦・森恭三と）「座談会・人間・革命・粛清」朝日ジャーナル , 4 月 14 日号 :4-17.

4.15「現代人の欲望と不満」中日新聞 :3.

5.1（伊東光晴・多田道太郎・なだいなだと）「座談会・錯覚:現代日本社会考」世界 , 318 号 :209-223.

5.15〈無署名〉「高取正男『民俗のこころ』」朝日新聞朝刊 :11. → K60

5.19「『沖縄の声』と日本人」（三社連合四紙／北海道新聞・東京新聞・中日新聞・西日本新聞）北海道新聞 :5. → K23

5.20「解説」『草の陰刻』松本清張全集 8 , 文藝春秋 :435-443. → K73

5.29〈無署名〉「平岡正明『日本人は中国で何をしたか』」朝日新聞朝刊 :11. → K62

6.5〈無署名〉「ライヒ『性道徳の出現』」朝日新聞朝刊 :11. → K64 見 10

6.25「「根こぎ」の悲哀」（三社連合四紙／北海道新聞・東京新聞・中日新聞・西日本新聞）中日新聞 :2. → K19

7.1（作田啓一と）「対談・未来構想 コミューンに希望 多様な個性の「交響型」を」朝日新聞朝刊 :4.

7.3〈無署名〉「富村順一『わんがうまりあ沖縄』」朝日新聞朝刊 :11. → K56

7.5「〈意識のそとの日本〉を問う」日高六郎編『シンポジウム・意識のなかの日本』朝日新聞社 :12-19.

7.5（日高六郎他と）「討論」日高六郎編『シンポジウム・意識のなかの日本』朝日新聞社 :41-64, 78-124, 165-208, 247-286.

7.10〈無署名〉「石牟礼道子『わが死民』」朝日新聞朝刊 :11. → K57

8.1「価値空間と行動決定」思想 , 578 号 :1-16. → J06 見 07

8.1（伊東光晴・多田道太郎・なだいなだと）「座談会・第三者：現代日本社会考」世界 , 321 号 :326-339.

8.21〈無署名〉「メルロ・ポンティ『弁証法の冒険』」朝日新聞朝刊 :11. → K65

9.1「“義理人情” 再考」（三社連合四紙／北海道新聞・東京新聞・中日新聞・西日本新聞）北海道新聞 :5. → K18 見 10

10.16〈無署名〉「鶴見俊輔『ひとが生まれる』」朝日新聞朝刊 :11. → K58

11.1（ヘンリー スミス・日高六郎と）「日本的「市民社会」を問う」市民 , 11 号 :7-12.

11.13「一人の命と百万人の命」（三社連合四紙／北海道新聞・東京新聞・中日新聞・西日本新聞）中日新聞 :5.（→「歴史意識の除法と乗法」）→ K25

11.15（寺田任・逢沢利晃と）「鼎談・牆壁なき世界に向けて」ヤマギシズムの本質を探る第 4 回 , ボロと水 , 第 4 号 :10-36.

11.20 〈無署名〉「吉田禎吾『日本の憑きもの』」朝日新聞朝刊 :11.→ K59

11.27 〈無署名〉「「祖先水棲説」を論証：エレン・モーガン『女の由来』」朝日新聞朝刊 :11.→ K61 見 10

12.4 〈無署名〉「トレス『カシアス・クレイ』」朝日新聞朝刊 :11.→ K63

12.18「"大国" 日本の選択」中日新聞 :7.

1973年（昭和48）

0.0 "Das Ideal-Menschenbild der Japaner", Wittig, Horst E. (Hrsg.) *Menschenbildung in Japan:Beiträge aus der pädagogischen und bildungspolitischen Diskussion der Gegenwart,* München, Ernst Reinhardt Verlag: 30-43.

1.5 真木悠介「欲求と解放とコミューン」朝日ジャーナル, 15巻1号 :18-24.→ I07 真 01

1.15 〈無署名〉「西部開拓　虐殺の記録：ブラウン『わが魂を聖地に埋めよ』」朝日新聞朝刊 :11.→ K55 見 10

1.29 〈無署名〉「野本三吉『いのちの群れ』」朝日新聞朝刊 :11.→ K69

2.5 〈無署名〉「フォナー『ブラック・パンサーは語る』」朝日新聞朝刊 :11.→ K67

3.5 〈無署名〉「講座おんな1『なぜおんなか』」朝日新聞朝刊 :11.→ K68

4.2 〈無署名〉「「水俣」生む日本の因縁：石牟礼道子『流民の都』」朝日新聞朝刊 :11.→ K70 見 10

4.23 〈無署名〉「大熊一夫『ルポ・精神病棟』」朝日新聞朝刊 :11.→ K66

5.1「まなざしの地獄：都市社会学への試論」展望, 173号 :98-115.→ J01 見 06

5.5 真木悠介「現代社会の存立構造―物象化・物神化・自己疎外」思想, 587号 :2-30.→ H01

7.1（廣松渉と）「物象化・存立構造論としての『資本論』：近代社会観の超克に向けて」情況, 7月号 :116-133.→ V05

7.1（北沢恒彦・黒井千次と）「仕事の構造：仕事と遊び」思想の科学, 19号 :62-79.

7.20（石牟礼道子と）「対談・呼応するエロス：男の解放・女の解放」『講座おんな6　そしておんなは…』筑摩書房 :251-275.→ K76-85

8.1「新しい望郷の歌：現代日本の精神状況」宮本忠雄編『現代人の精神構造』現代のエスプリ No.73 :130-137.［19651101 の再録］

12.25（田中仁彦と）「不安の中でワク組みを模索：論壇 1973 年社会・思想」エコノミスト, 51巻54号 :87-91.

1974年（昭和49）

1.1（なだいなだ・半谷高久・正村公宏と）「モノへの "おごり" 捨てもう一つの豊かさを」読売新聞朝刊 :28-29.

1.10「1973年読書アンケート」みすず, 170号 :22.

3.1「時間のない大陸：インドのひとり旅」朝日新聞夕刊 :5.→ I06, P01 真 01, 04

3.11（松本清張・結城昌治と）「小野田さんをどう迎える（識者座談会）」朝日新聞夕刊 :2.

5.5 真木悠介「外化をとおしての内化：労働の回路と交通の回路」思想，599号：35-51. → H02

7.1「一人の旅と集団の旅」思想の科学，33号（通巻241号）：46-48.（→「方法としての旅」）→ K01, P13　真 04

7.5 真木悠介「階級の論理と物象化の論理：経済形態の存立構造」思想，601号：124-148. → H03

7.8「開票に見る有権者の意識：力石・見田・白鳥三氏の分析」朝日新聞夕刊：3

8.5「疎外と内化の基礎理論：経済形態の存立構造③」思想，602号：81-95. → H04

10.10「政治を内化する：「野坂選挙」私考」吟遊社編『野坂昭如トポロジー』吟遊社：14-15.

1975年（昭和50）

2.28「世代形成の二重構造」日本放送協会放送世論調査所編『日本人の意識：NHK世論調査』至誠堂：145-163. → Ax　見 05

10.3「骨とまぼろし：メキシコ文化の二重構造」朝日新聞夕刊：7. → I04, P02　真 01, 04

11.1「管理の思想（特集・どこからくる管理の意識）」看護，27巻11号：4-10.

11.10「メキシコの社会と文化」国際交流，2巻3号（7号）：13-23. → K04-06, P19　真 04

12.26「双生児と鳥（論壇時評・下）」読売新聞夕刊：5. → K42

1976年（昭和51）

1.15「現代社会の社会意識」見田宗介編『社会意識論』社会学講座12巻，東京大学出版会：1-26. → J02

1.31「管理社会強化への反発（論壇時評・下）」読売新聞夕刊：5. → K43

2.16「メキシコ雑感：〈生の形式〉の二律背反をめぐって」教養学部報，221号：1. → K07, P20　真 04

2.28「"近代日本"を掘り下げ（論壇時評・下）」読売新聞夕刊：5. → K44

3.25「ユートピアの理論」『知識社会学』社会学講座第11巻，東京大学出版会：203-220. → J05　見 07

3.31「"国家"から自立の機運（論壇時評・下）」読売新聞夕刊：4. → K03, P07　真 04

4.28「死を抱く社会（論壇時評・下）」読売新聞夕刊：7. → K45

5.17「至るところの土着」（三社連合四紙／北海道新聞・東京新聞・中日新聞・西日本新聞）北海道新聞夕刊：4. → K21　見 10

5.17「ファベーラの薔薇：ガンジスの朝とリオの夜」朝日新聞夕刊：5. → I05, P03　真 01, 04

5.31「脱領域の時代（論壇時評・下）」読売新聞夕刊：5. → K46

8.23「全体的な人間形成について：大学の理念を考える」東京新聞夕刊：4.

9.1〈真木悠介〉「「共同体」のかなたへ：コミューン構想のための比較社会学・序説」展望，213号：57-68. → I01　真 01

9.28「左の人間学」（三社連合四紙／北海道新聞・東京新聞・中日新聞・西日本新聞）北海道新聞夕刊：7. → K20

10.1〈真木悠介〉「気流の鳴る音」展望, 214 号 :14-48. → I02 真 01

10.16「見返り期待は明らか」読売新聞朝刊 :23.

10.18「インタビュー：面白すぎたらマユにツバを」朝日新聞夕刊 :3.

10.20「ロッキード選挙　田中角栄出馬宣言」毎日新聞 :23.

10.25「福武先生のこと」福武直著作集月報, 11 号 :9-11.

10.27「現代見直す三つの流れ：開かれた土着の思想へ（読書特集）」読売新聞朝刊 :14. → K71

11.22「論争国費負担化をめぐって：見田氏の主張」東京大学新聞, 11 月 22 日号 :3.

12.0「歴史と風穴」（三社連合四紙／北海道新聞・東京新聞・中日新聞・西日本新聞）【現物未見】→ K26

12.1〈真木悠介〉「気流の鳴る音（後篇）」展望, 216 号 :55-79. → I03 真 01

12.21「雑誌論文・ことしのベスト３」読売新聞夕刊 :5.

1977 年（昭和 52）

1.4（大内 秀明・花崎 皋平と）「崩れる中央直結型の民主主義：新時代は何を求めているか」エコノミスト, 55 巻 1 号 :40-50.

1.7「清潔幻想による変装ゲーム」朝日ジャーナル, 19 巻 1 号 :24-27. → K47, Ax

3.15〈真木悠介〉『現代社会の存立構造』筑摩書房, 190p. =H

3.15〈真木悠介〉「あとがき」『現代社会の存立構造』筑摩書房 :189-190. → H05

4.15（廣松渉・吉田民人と）「分類の思想：社会科学の分類と分類の社会科学」知の考古学, 11 号 :36-59.

5.2「『現代社会の存立構造』の著者真木悠介氏に聞く」日本読書新聞 :1.

5.30〈真木悠介〉『気流の鳴る音：交響するコミューン』筑摩書房, 192p. = I 真 01

5.30「あとがき」『気流の鳴る音：交響するコミューン』筑摩書房 :191-192. → I08 真 01

7.22（河合秀和・今津弘と）「座談会・"自民勝利" の貧しい現実」参院選総点検特集, 朝日ジャーナル, 19 巻 30 号 :6-13.

8.22（岸本重陳・富永健一・村上泰亮・高畠通敏と）「討論・新中間階層」上, 朝日新聞夕刊 :5.

8.23（岸本重陳・富永健一・村上泰亮・高畠通敏と）「討論・新中間階層」中, 朝日新聞夕刊 :5.

8.24（岸本重陳・富永健一・村上泰亮・高畠通敏と）「討論・新中間階層」下, 朝日新聞夕刊 :5.

9.1（花崎皋平・真木悠介）「対談・〈心ある道〉は勝ちうるか」展望, 225 号 :32-53.

1978 年（昭和 53）

1.1「文明の幕の内弁当：日本文化の特質と可能性」Voice, 1 号 :190-196. → K08 見 10

2.1（鶴見良行と）「対談 同時代から 23」Graphication, 第 12 巻第 2 号（通巻 140 号）, 富士ゼロックス社 :3-7.

3.1「狂気としての近代：時間の比較社会学」世界, 388 号: 323-330. → K09-11, P21 真 04

3.20「人間の全体性回復の理論」農村文化運動, 69 号 :42-48.

4.10『近代日本の心情の歴史：流行歌の社会心理史』講談社学術文庫, 258p. =Cx

4.10「学術文庫版のためのあとがき」『近代日本の心情の歴史：流行歌の社会心理史』講談社学術文庫 :231-233. → Cx

4.18「＊ヨーロッパをその故地とする」『人類の知的遺産・世界思想大系（全 80 巻）』内容見本 :15.

5.22「マドラスの白い敷道」朝日新聞夕刊 :5. → K02, P04 真 04

7.1（竹内敏晴と）「身体の科学（その 4）からだと時間」看護展望, 3 巻 7 号 :61-71.

7.25「柳田国男『明治大正史・世相篇』解説」『新編 柳田国男集第四巻　明治大正史・世相篇』筑摩書房 :254-263. → K79 見 04

12.1「現代史の構造のドラマ」朝日新聞夕刊 :5. → K49, Ax

1979 年（昭和 54）

1.0「イカム族の諺」心のある道（個人誌）, 第 1 号【現物未見】 真 04

1.0「埋もれ蟹」心のある道（個人誌）, 第 1 号【現物未見】→ K86

1.0「天と地と海を」心のある道（個人誌）, 第 1 号【現物未見】→ K87, P12

1.5「七〇年代の精神状況・上」読売新聞夕刊 :5. → K48, Ax

1.6「七〇年代の精神状況・下」読売新聞夕刊 :6. → K48, Ax

2.1「歴史の奥行き」『高校通信東書　日本史・世界史』43 号 :1. 見 10

2.13「国際主義から民際主義へ：国連大学アジア・シンポジウム」教養学部報, 248 号 :1.

3.0「ことばとからだ」『野草社通信』第 1 号【現物未見】 見 10

4.25『現代社会の社会意識』弘文堂, 249p. =J 見 08*

4.25「あとがき」見田宗介『現代社会の社会意識』弘文堂 :243-247.

5.1「生き方を解き放つ本を十冊」思想の科学, 105 号（通巻 303 号）:34. → K50

7.2「一犯一語」教養学部報, 297 号 :1.

9.1『青春・朱夏・白秋・玄冬：時の彩り・88 章』人文書院, 295p. =K

9.1「青春 朱夏 白秋 玄冬：あとがきにかえて」『青春・朱夏・白秋・玄冬：時の彩り・88 章』人文書院 :294-295. → K88

9.1「青春 朱夏 白秋 玄冬」思想の科学, 109 号（317 号）:58-59.

10.1「人間関係のなかの言葉」就職ジャーナル, 12 巻 10 号（146 号）:95. 見 10

10.14「私と古典 霧のシェークスピア」週刊読売, 10 月 14 日号 :103.

1980 年（昭和 55）

1.1 真木悠介「野草（比較社会学ノート・第一回）」80 年代, 1 号 :114-115.

2.4「日記から：「ブルガリア人の仕事」」朝日新聞夕刊 :5. → P09 真 04

2.5「日記から：天までとどく射精」朝日新聞夕刊 :5. → P09 真 04

2.6「日記から：生きているマヤ」朝日新聞夕刊 :5. → P09 真 04

2.7「日記から：蝶の舞う場所」朝日新聞夕刊 :5. → P09 真 04

2.8「日記から：クエルナバカの日」朝日新聞夕刊 :5. → P09 真 04

2.9「日記から：ある 80 歳」朝日新聞夕刊 :5. → P09 真 04

2.12「日記から：アンデスの風」朝日新聞夕刊 :5. → P09 真 04

2.13「日記から：のれないヒコーキ」朝日新聞夕刊 :5. → P09 真 04

2.14「日記から：帰っていく旅」朝日新聞夕刊 :5. → P09 真 04

2.15「日記から：さよならマルクーゼ」朝日新聞夕刊 :5.

2.16「日記から：木の舟」朝日新聞夕刊 :5.

4.15「『天の魚』覚え書き」石牟礼道子『天の魚―続・苦海浄土』講談社 :436-444. 見 02

5.1〈真木悠介〉「翼のある牛（比較社会学ノート・第二回）」80 年代, 3 号 :112.

7.1〈真木悠介〉「都会:幻影の荒野（比較社会学ノート・第三回）」80 年代, 4 号 :118.

7.25「70 年代における青年像の変貌」日本放送協会放送世論調査所編『第 2 日本人の意識：ＮＨＫ世論調査』至誠堂 :73-93. → Ax 見 05

9.1〈真木悠介〉「生きている色（比較社会学ノート・第四回）」80 年代, 5 号 :120-121.

9.5〈真木悠介〉「時間意識と社会構造：時間の比較社会学 序」思想, 675 号 :85-105. → L01 真 02

10.5〈真木悠介〉「原始共同体の時間意識:時間の比較社会学 1」思想, 676 号 :85-105. → L02 真 02

10.9〈真木悠介〉「時間という共同幻想」朝日新聞夕刊 :5.

11.1〈真木悠介〉「地下水へ（比較社会学ノート）」80 年代, 6 号 :118-119. → P18

11.5〈真木悠介〉「古代日本の時間意識：時間の比較社会学 2」思想, 677 号 :88-101. → L03 真 02

11.25「現代人の社会意識」竹内啓編『学問における価値と目的』東京大学教養講座 2, 東京大学出版会 :295-321.

12.5〈真木悠介〉「時間意識の四つの形態：時間の比較社会学 3」思想, 679 号 :134-151. → L04 真 02

1981 年（昭和 56）

1.1〈真木悠介〉「竹の歌（野帖から 1）」80 年代, 7 号 :126.

1.1〈真木悠介〉「竹の歌」野帖から, 1 号, 1p.（＋送り状）

1.5〈真木悠介〉「近代社会の時間意識・上：時間の比較社会学 4」思想, 679 号 :62-74. → L05 真 02

2.5〈真木悠介〉「近代社会の時間意識・中：時間の比較社会学 5」思想, 680 号 :115-133. → L06 真 02

3.1〈真木悠介〉「曜日のうた（野帖から２）」80 年代, 8 号 :142.

3.5〈真木悠介〉「近代社会の時間意識・下：時間の比較社会学（完）」思想, 681 号 :88-106. → L07　**真 02**

3.25「古代インドの時間意識」村上陽一郎編『時間と人間』東京大学教養講座 3, 東京大学出版会 :159-173.

4.1〈真木悠介〉「虹の歌／別れについて。／「自分を変える」ということについて。／宮本常一さんのこと／曜日のうた」野帖から, 2 号, 4p.

5.1〈真木悠介〉「コーラムの謎（野帖から 3)」80 年代, 9 号 :138-139. → P17　**真 04**

7.1〈真木悠介〉「ことばについて（Ⅰ）／「自分を変える」ということについて（野帖から４)」80 年代, 10 号 :138-139.

7.2「チッソの社名削除文部省に復活要望書を提出　教科書著作の助教授」朝日新聞夕刊 :18.

7.20「教科書に穿たれた窓：教材としての検定の爪痕」朝日新聞夕刊 :5.

8.18「玄米３合と砂糖 50 瓦：教科書をゆがめる政治」毎日新聞夕刊 :4.

8.25「時代の危機としての身体の危機」エコノミスト, 59 巻 33 号 :98-99.

9.1〈真木悠介〉「虹の歌（野帖から５)」80 年代, 11 号 :124.

10.1「高級な背広の生地の人柄」『松島静雄先生 人と業績』:86-87.

11.1〈真木悠介〉「彼を孤独にさせた夢（野帖から６)」80 年代, 12 号 :142-143.

11.2「道を伝ふる薔薇門の」読売新聞朝刊 :8.　**見 10**

11.10「夕日を追って西へ西へと」読売新聞朝刊 :10.　**見 10**

11.16「舞姫を消した映像の残酷」読売新聞朝刊 :8.　**見 10**

11.23「読まずにためる楽しみも」読売新聞朝刊 :8.　**見 10**

11.27〈真木悠介〉『時間の比較社会学』筑摩書房, 308p.=L

11.27「神話の時間と歴史の時間」真木悠介『時間の比較社会学』筑摩書房 :94-116. → L03

11.27「あとがき」真木悠介『時間の比較社会学』筑摩書房 :302-308. → L08

12.22「山尾三省の生き方の意味：現代日本思想史の基底」エコノミスト, 59 巻 53 号 :62-65.

1982 年（昭和 57）

1.1〈真木悠介〉「たんぽぽの絮厳然と時を待つ／勝ったあとのさびしさについて／道を伝ふる薔薇門の（転載）／ただ深くそこに在ること：山尾三省『聖老人』を読んで／ぼくは詩を書こうなどと思ったことはない／わたしのこれからの仕事のイメージ」野帖から, 3 号, 8p.

1.15「山尾三省『聖老人』:欲望の質を転回させる不思議の箱を求めて」朝日ジャーナル, 1 月 15 日号 :69-70.

1.18「近代の虚無からの解放：『時間の比較社会学』をめぐって」週刊読書人, 1 月 18 日 :1.

1.28「現代青年の意識の変化 付・現代青年の社会意識（資料）」内田プロジェクト［ワープロ起こし原稿］昭和57年1月28日報告

5.1「自分をのりこえることはできるか」『教育の森』7巻5号 :24-25. 見10

8.1「ところ変われば」文藝春秋, 8月号 :86-87.

8.5「卵を内側から破る：管孝行『関係としての身体』応答」思想, 698号 :50-61.

9.1「"義理人情" 再考：現代管理社会への痛烈な批判象徴」北海道新聞 :5.

9.20〈真木悠介〉「美しい季節はいつ来るか:現代俳句の時間感覚（現代記）」いま、人間として, 2号 :20-21. 見10

11.19〈真木悠介〉「再読味読 『存在の詩』（1977年）」朝日ジャーナル, 11月19日号 :63.

12.18「"大国" 日本の選択」中日新聞 :7.

12.20〈真木悠介〉「銀河と蟷螂：ヒューマニズムの死と再生（現代記第二回）」いま、人間として, 3号 :4-5. 見10

1983年（昭和58）

1.1〈真木悠介〉「新年おめでとうございます／目次／銀河と蟷螂：ヒューマニズムの死と再生（再録）／美しい季節はいつ来るか：現代俳句の時間感覚（再録）／自我について／関係について（1）：夏のエチュード合宿・後記／宮沢賢治を読む：自我の比較社会学6」野帖から, 4号, 8p.

2.1「汽車とバス」GOOD DAY（新幹線車内誌）, 6号 :6-7. → P16

3.20〈真木悠介〉「馬と青葦：「家」について（現代記第三回）」いま、人間として, 4号 :14-15. 見10

4.22「当世人気教授が描く当世学生気質（編集部レポート）」朝日ジャーナル, 25巻17号 :14-17.

9.20〈真木悠介〉「〈自己〉ということ：二つの死によせて（現代記最終回）」いま、人間として, 6号 :4-5. 見10

11.22〈真木悠介〉「呼応」山尾三省『野の道：宮沢賢治随想』野草社 :4-5.

1984年（昭和59）

2.1〈真木悠介〉「自我の口笛：宮沢賢治ノート」現代詩手帖, 27巻2号：14-15. 見09

2.29『宮沢賢治：存在の祭りの中へ』20世紀思想家文庫, 岩波書店, 277p. =M 見09

5.10『新版 現代日本の精神構造』弘文堂, 3+229p. =Ax

5.10「新版まえがき」『新版 現代日本の精神構造』弘文堂 :4-5. → Ax

5.31〈真木悠介〉「ひとつの花：夢の記録1／歌の中の闇／狂女の小箱：夢の記録2」野帖から, 5号, 4p.

5.31〈真木悠介〉「数学問題集／『宮沢賢治』／書評から（斎藤文一・入沢康夫）／大人のおもちゃ箱：手紙1／目次, 野帖から（第5号付録）」5号付録, 4p.

7.25（祖父江孝男・青木保・筑紫哲也と）「異なる文化との出会いを考える」朝日新聞朝刊 :15.

1985年（昭和60）

1.3（大岡昇平と）「新春対談　戦後40年の文化」朝日新聞朝刊 :12.→ V02

1.28「「明るさ」の虚構つく（論壇時評・上）」朝日新聞夕刊 :7.→ N01, Nx　見05

1.29「現代の「死」と「性」（論壇時評・下）」朝日新聞夕刊 :5.→ N02, Nx　見05

2.25「ピラミッドと菩提樹（論壇時評・上）」朝日新聞夕刊 :7.→ N03

2.26「「新しさ」からの解放（論壇時評・下）」朝日新聞夕刊 :5.→ N04, Nx　見05

3.28「窒息しそうな子供たち（論壇時評・上）」朝日新聞夕刊 :7.→ N05

3.29「虚構・その愛と表現（論壇時評・下）」朝日新聞夕刊 :7.→ N06, Nx　見05

4.25「〈大衆社会〉のゆくえ（論壇時評・上）」朝日新聞夕刊 :7.→ N07

4.26「井の中の蛙の解放（論壇時評・下）」朝日新聞夕刊 :7.→ N08, Nx　見05

5.1「狂女の小箱：夢三巻（東京ロンドン長距離電話／六つ目の女／狂女の小箱）」文芸, 24巻5号 :14-15.→ P22　真04

5.10「隣の芝生が青く見えるということは、翼を持つことの欲望に根ざしている。人間のいちばん根本的な欲望、二つのうちの一つです。」クロワッサン, 5月10日号 :68-69.

5.30「強いられた〈旅〉（論壇時評・上）」朝日新聞夕刊 :7.→ N09, Nx　見05

5.31「草たちの静かな祭り（論壇時評・下）」朝日新聞夕刊 :7.→ N10, Nx　見05

5.31〈真木悠介〉「我思う。されど我無し。／自己批判について／道徳主義について／東京ロンドン長距離電話 / 六つ目の女：夢の記録3. 4.（再録）／「新しさ」からの解放（再録）／井の中の蛙の解放（再録）／〈野帖から〉について」野帖から, 6号, 8p.

6.27「戦後日本のメタ権力（論壇時評・上）」朝日新聞夕刊 :7.→ N11

6.28「間身体としての家族（論壇時評・下）」朝日新聞夕刊 :7.→ N12, Nx　見05

7.29「都会の猫の生きる道（論壇時評・上）」朝日新聞夕刊 :7.→ N13, Nx　見05

7.30「夢よりも深い覚醒へ（論壇時評・下）」朝日新聞夕刊 :7.→ N14, Nx　見05

8.29「歴史の鏡・文化の鏡（論壇時評・上）」朝日新聞夕刊 :7.→ N15, Nx　見05

8.30「80年代の自己探究（論壇時評・下）」朝日新聞夕刊 :7.→ N16, Nx　見05

9.26「地球生命圏の経済学（論壇時評・上）」朝日新聞夕刊 :5.→ N17

9.27「新しい科学の冒険（論壇時評・下）」朝日新聞夕刊 :7.→ N18

10.28「〈私〉はどこにあるか（論壇時評・上）」朝日新聞夕刊 :5.→ N19, Nx　見05

10.29「〈私〉はいつ死ぬか（論壇時評・下）」朝日新聞夕刊 :5.→ N20, Nx　見05

11.28「〈透明な人々〉の呼応（論壇時評・上）」朝日新聞夕刊 :5.→ N21

11.29「問題のくずされる時（論壇時評・下）」朝日新聞夕刊 :7.→ N22

12.26「石の降りそそぐ時（論壇時評・上）」朝日新聞夕刊 :5.→ N23, Nx　見05

12.27「〈深い明るさ〉の方へ（論壇時評・下）」朝日新聞夕刊 :5.→ N24

1986年（昭和61）

1.30「世界が手放される時（論壇時評・上）」朝日新聞夕刊 :5. → N25, Nx 見05

1.31「週末のような終末（論壇時評・下）」朝日新聞夕刊 :6. → N26, Nx 見05

2.25（小阪修平と）『〈現在〉との対話5 見田宗介：現代社会批判／〈市民社会〉の彼方へ』作品社 , 210p. 見02

2.25「〈透明〉と〈豊饒〉について」見田宗介・小阪修平『〈現在〉との対話5 見田宗介：現代社会批判／〈市民社会〉の彼方へ』作品社 :188-195. 見10

2.27「抽象化された生命（論壇時評・上）」朝日新聞夕刊 :7. → N27, Nx 見05

2.28「超越を超越すること（論壇時評・下）」朝日新聞夕刊 :7. → N28, Nx 見05

3.27「先進性の空転する時（論壇時評・上）」朝日新聞夕刊 :7. → N29

3.28「言説の鮮度について（論壇時評・下）」朝日新聞夕刊 :7. → N30, Nx 見05

4.24「四つの肌の環の地平（論壇時評・上）」朝日新聞夕刊 :7. → N31

4.25「流れの底に立つ（論壇時評・下）」朝日新聞夕刊 :7.

5.29「非情報化／超情報化（論壇時評・上）」朝日新聞夕刊 :7. → N32, Nx 見05

5.30「差異の銀河へ（論壇時評・下）」朝日新聞夕刊 :7. → N33, Nx 見05

6.26「東京・一九八六年（論壇時評・上）」朝日新聞夕刊 :7. → N34,Nx 見05

6.27「水俣・一九八六年（論壇時評・下）」朝日新聞夕刊 :7. → N35,Nx 見05

7.28「衆参同日選の分析（論壇時評・上）」朝日新聞夕刊 :7.

7.29「白いお城と花咲く野原（論壇時評・下）」朝日新聞夕刊 :7. → N36, Nx 見05

8.28「三醒人経綸問答（論壇時評・上）」朝日新聞夕刊 :7.

8.29「政治を語ることば（論壇時評・下）」朝日新聞夕刊 :7. → N37, Nx 見05

9.29「比較幸福／資源研究（論壇時評・上）」朝日新聞夕刊 :9.

9.30「時間幅を支え合う夢（論壇時評・下）」朝日新聞夕刊 :7.

10.30「メディアのデザイン（論壇時評・上）」朝日新聞夕刊 :7.

10.31「近代の二つの衝迫（論壇時評・下）」朝日新聞夕刊 :7. → N38, Nx 見05

11.27「経済計算という眩惑（論壇時評・上）」朝日新聞夕刊 :7.

11.28「ガラス越しの握手（論壇時評・下）」朝日新聞夕刊 :7. → N39, Nx 見05

12.25「お菓子とねずみ（論壇時評・上）」朝日新聞夕刊 :7.

12.26「明晰による救済（論壇時評・下）」朝日新聞夕刊 :5. → N40, Nx 見05

1987年（昭和62）

4.29『白いお城と花咲く野原』朝日新聞社 , 241p. =N

4.29「あとがき」『白いお城と花咲く野原』朝日新聞社 :238-241.

7.10「緒言」吉見俊哉『都市のドラマトゥルギー』弘文堂 :i-ii.

9.1「日本人の文化水準:社会的規範　異質に思いを致す感性を」読売新聞夕刊 :7.

10.1「歌の中の闇」群像 , 42 巻 1 号 :340-341. 見 10

1988 年（昭和 63）

1.26〈真木悠介〉「解説 劈くもの」竹内敏晴『ことばが劈かれるとき』ちくま文庫 :305-309. 見 10

2.10「共同態／集合態」見田宗介・栗原彬・田中義久編『社会学事典』弘文堂 :213-214.

2.10「コミューン」見田宗介・栗原彬・田中義久編『社会学事典』弘文堂 :319-320.

2.10「時間」見田宗介・栗原彬・田中義久編『社会学事典』弘文堂 :352-353.

2.10「社会」見田宗介・栗原彬・田中義久編『社会学事典』弘文堂 :386-388. → R02

2.10「社会意識」見田宗介・栗原彬・田中義久編『社会学事典』弘文堂 :388-389.

2.10「集列性／集列態」見田宗介・栗原彬・田中義久編『社会学事典』弘文堂 :445.

2.10「相剋的／相乗的」見田宗介・栗原彬・田中義久編『社会学事典』弘文堂 :559.

2.10「存立構造論」見田宗介・栗原彬・田中義久編『社会学事典』弘文堂 :572.

2.10「比較社会学」見田宗介・栗原彬・田中義久編『社会学事典』弘文堂 :734-735.

4.15「中沢新一氏の採用提案について（第 1 文書）／社会科学科科長の辞職について（第 2 文書）」朝日ジャーナル , 4 月 15 日号 :14-17.

4.19「孤独な鳥の条件」朝日新聞夕刊 :7.

6.1「ただひとつの海」世界臨時増刊 , 516 号 :64-65. 見 10

8.1〈真木悠介〉「序：ことづて」山尾三省『自己への旅：地のものとして』聖文社 :3-8. → P10 真 04

9.3〈真木悠介〉「水の黙示録 Apocalypse of Water」杉本博司『SUGIMOTO』リブロポート :頁数ナシ（1 頁分）.

1989 年（昭和 64・平成元）

1.8（伊藤隆・佐伯彰一と）「座談会・昭和を考える」読売新聞 :14-15.

1.25（森崎 和江・加賀 乙彦と）「「昭和」との訣別にあたって言っておきたいこと（総検証 天皇と日本人）：昭和のなかの天皇と民衆」朝日ジャーナル , 31 巻 4 号 :34-41.

3.12「風景が離陸する時：宮沢賢治の気層と地層」太陽 , 27 巻 3 号（331 号）:22-27. → Mx1, 2 見 09

6.9「明るい水の降りそそぐ森で、生死の境界がなくなるあの時に遭う」アサヒグラフ , 6 月 9 日号 :66. → P11 真 04

10.5「思想の身体価（思想の言葉）」思想 , 784 号 :1-3. 見 10

1990 年（平成 2）

3.1「時間の社会学：数量化する精神」数学セミナー , 29 巻 3 号 :44-47.

4.4「解説：夢よりも深い覚醒に」竹田青嗣『陽水の快楽：井上陽水論』河出文庫 :219-226. 見 10

6.1「夢の時代と虚構の時代：戦後日本の社会と意識」東京都写真美術館編『東京 都市の視線』東京都写真美術館 :145-148. → Nx, R06 見 06

6.1 "Reality, Dream and Fiction: Japan, 1945-1990," in *TOKYO: A City Perspective*, Tokyo Metropolitan Museum of Photography:149-150.

7.2「廉直な人格」福武直先生追悼文集刊行会編『回想の福武直』:161-163.

7.12「往復書簡・景色Ⅱ　石牟礼道子様」朝日新聞 :16. → V04

7.26「往復書簡・景色Ⅳ　石牟礼道子様」朝日新聞 :16. → V04

9.20「マジェラン星雲：さそりの火はなにを照らすか」『新文芸読本 宮沢賢治』河出書房新社 :191-196.［19840229 の再録］

10.20「修羅」三木卓ほか『群像日本の作家 12 宮沢賢治』小学館 :23-27.［19840229 の再録］

11.18〈真木悠介〉（廣松渉と）「物象化社会:物象化・存立構造論としての「資本論」」廣松渉ほか『学際対話：知のインターフェース』青土社 :149-177.［19730701 の再録］

1991 年（平成 3）

5.1「社会主義が崩れゆく中で力を持つ「古典」」月刊現代, 1991 年 5 月号 :265. 見 10

6.1（佐藤毅・江原由美子・李相禧・川浦康至と）「21 世紀の日本人の生活を展望する」放送研究と調査, 41 巻 6 号 :2-17.

7.1「〈ふつうの古典〉としての『資本論』」思想の科学, 142 号 :39-40.

8.12『宮沢賢治：存在の祭りの中へ』同時代ライブラリー 77, 岩波書店, 290p. =Mx1 見 09

8.12「補章 風景が離陸するとき：シャイアンの宮沢賢治」『宮沢賢治：存在の祭りの中へ』同時代ライブラリー 77, 岩波書店 :255-279.［19890312］→ Mx1, 2 見 09

8.12「同時代ライブラリー版に寄せて」『宮沢賢治：存在の祭りの中へ』同時代ライブラリー 77, 岩波書店 :289. → Mx1, 2

11.1「海のない国の海軍」Esquire, 5 巻 11 号 :29. → P06 真 04

11.5「それぞれの空ある如く　愛の変容／自我の変容―『朝日歌壇・秀歌選』を読む」朝日新聞夕刊 :9. → Nx, R07 見 06

1992 年（平成 4）

0.0 *Social Psychology of Modern Japan*, Kegan Paul International Ltd., 536p.

0.0 "Preface," in *Social Psychology of Modern Japan*: xv-xviii.

1.22「青光赤光白光黒光」教養学部報, 363 号 :3.

2.1「見田宗介 宮沢賢治を語る」『NHK こころを読む』（印刷テクスト平成 4 年 2 月～3 月）日本放送出版協会 :77-197.

2.28「柳田国男『明治大正史世相篇』解説」『新文芸読本 柳田国男』河出書房新社 :119-125.［19780725 の再録］ 見 04

4.1「ピカソとコロンブス」Esquire, 6 巻 4 号 :29. → P08 真 04

4.1「夢幻歩行論」世界, 556 号 :295.

7.21「野帖」東京大学新聞, 7月21日号 :2. → P14 真04

9.1「自我の起源－愛とエゴイズムの動物社会学・上」思想, 819号 :4-38. → O01 真03

10.1「自我の起源:愛とエゴイズムの動物社会学・中」思想, 820号 :128-141. → O02 真03

10.30「魂の賊」鬼海弘雄撮影『INDIA』みすず書房：頁数ナシ（4頁分）［英訳付 "The Soul Thief" translated by Stephan Suloway］→ P05 真04

12.1「自我の起源:愛とエゴイズムの動物社会学・下」思想, 822号 :141-167. → O03 真03

12.9「教授に訊く 見田宗介（特集 社会学)」Serio, 増進会, 8号 :108-111. 真03

1993年（平成5）

1.11「類の仕掛ける罠：性現象と宗教現象」文学, 4巻1号 :35-47. → O05 真03

2.1「社会意識」森岡清美他編『新社会学辞典』有斐閣 :592-594.

2.5「エローラの像 :「ひと」の新しい出発に贈る」ひと, 21巻2号 :4-7. → P15 真04

7.30「夢の時代と虚構の時代 :「高度成長期」「ポスト高度成長期」の社会と文化」The Journal of Pasific Asia, 1号 :125-139.［19900601の再録］→ Nx, R06 見06

9.20「私のリフレッシュ：“自己流”ヨガ」毎日新聞 :17.

9.27『自我の起原：愛とエゴイズムの動物社会学』岩波書店, 198p. =O 真03

9.27「補論1〈自我の比較社会学〉ノート」『自我の起原：愛とエゴイズムの動物社会学』岩波書店 :159-164. → O04 真03

9.27「あとがき 初形と謝辞」『自我の起原：愛とエゴイズムの動物社会学』岩波書店 :197-198. → O06 真03

10.10「青光赤光白光黒光 : 相関社会科学という都市」樺山紘一・長尾龍一編『ヨーロッパのアイデンティティ』（ライブラリー相関社会科学1）新世社 :1-3.

1994年（平成6）

1.10「1993年読書アンケート」みすず, 394号 :30.

4.6「人間はどこまでチンパンジーか」教養学部報, 383号 :3.

5.1「ZYPRESSENの存在と意味」情況, 5巻5号 :50-51. 見10

5.20「現代社会の方向と大学教育の課題」一般教育学会誌, 第16巻第1号 :25.

6.7〈真木悠介〉『旅のノートから』岩波書店, 213p. =P

6.7「茶色い玉と黒い玉」(1991年1月稿)『旅のノートから』岩波書店 :200-203. → P23 真04

6.7「えそてりかⅠ」(1990年5月稿)『旅のノートから』岩波書店 :207-211. → P24 真04

6.7「漕ぎ人の歌：あとがき」『旅のノートから』岩波書店 :212-213. → P25

8.5「竈の中の火 :「自我の起原」補注」思想, 842号 :55-63. 真03

9.10〈真木悠介〉「付記」相関社会科学, 4号 :109.

1995年（平成7）

4.10『現代日本の感覚と思想』講談社学術文庫, 232p. =Nx

4.10「学術文庫版あとがき」『現代日本の感覚と思想』講談社学術文庫 :218-221. → Nx

4.11「「焼け跡」体験が心の奥に根づく」アコム経済研究所編『私の少年・少女時代』アコム経済研究所 :350-353.

6.20「鶴見俊輔：〈他者の自由〉に敏感な思想」東京新聞夕刊 :10. 見 10

8.7（山田太一と）「オウムを生んだ母子関係の力学」大航海 , 5 号 :72-87. → V07

12.4「序 自我・主体・アイデンティティ」『自我・主体・アイデンティティ』岩波講座現代社会学第 2 巻 :1-11. 見 08

12.30（廣松渉・吉田民人と）「分類の思想：社会科学の分類と分類の社会科学」『廣松渉コレクション』第六巻 , 情況出版 :87-120.［19770415 の再録］

1996 年（平成 8）

0.0 *Psicologîa Social del Japón Moderno,* El Colegio de Mexiko, 671p.【現物未見】

1.10「1995 年読書アンケート」みすず , 418 号 :49.

1.17「静謐の日々を：折原浩先生を送る」教養学部報 , 399 号 :7.

1.10（天沢退二郎・栗原敦・高橋世織と）「座談会・可能態としての宮沢賢治」文学 , 7 巻 1 号 :2-22.

2.1「宮沢賢治を語る」『NHK こころを読む 千葉徳爾 柳田國男を語る／見田宗介 宮沢賢治を語る』日本放送出版協会 :77-197.

2.7「統合する知。歴史と未来：精神の三半規管について」教養学部報 , 400 号 :1.

2.9「序 時間と空間の社会学」『時間と空間の社会学』岩波講座現代社会学第 6 巻 :1-14. 見 08

2.10「越境する知：社会学への誘い」アエラ編集部編『社会学がわかる。』AERA MOOK12 :4-8. → R01 見 08

3.5「奇蹟ではないもののように：大学で 1965/1998」朝日新聞夕刊 :11.

3.18「切り離す方が特殊」朝日新聞朝刊（名古屋）:28.

3.29「折原先生を送る」社会科学紀要 , 45 号 :1-4.

5.1「火の空間」現代詩手帖 , 39 巻 5 号 :22-24. 見 10

6.7「モダン／ポストモダン／そして」大航海 , 10 号 :6-7.

7.10「ZYPRESSEN の存在と意味」吉田憲夫ほか『廣松渉を読む』情況出版 :8-9.［19940501 の再録］ 見 10

7.20「生成の海」『野本三吉ノンフィクション選集』新宿書房 , 第一巻月報 :1-2. 見 10

8.28「環境社会学の扉に」『環境と生態系の社会学』岩波講座現代社会学 25 巻 :1-12.

9.27「世界の芽吹く場所」『水俣・東京展』水俣・東京展実行委員会 :53.

10.1「色彩の宮沢賢治」潮 , 452 号 :64-66.

10.21『現代社会の理論：情報化・消費化社会の現在と未来』岩波新書 , 192p. =Q 見 01

11.28「交響圏とルール圏：社会構想の重層理論」『社会構想の社会学』岩波講座現代社会学 26 巻 :149-175. → R11 見 07

1997年（平成9）

1.3（吉本隆明と）「対談 世紀末を解く」東京新聞朝刊 :10.→V03

1.4（吉本隆明と）「対論 世紀末を解く 1 世紀の空白から未来を測る」東京新聞夕刊 :5.→V03

1.6（吉本隆明と）「対論 世紀末を解く 2 超越を超越すること」東京新聞夕刊 :7.→V03

1.7（吉本隆明と）「対論 世紀末を解く 3 無意識はどこから来るか」東京新聞夕刊 :7.→V03

1.8（吉本隆明と）「対論 世紀末を解く 4「本当の宗教」という謎」東京新聞夕刊 :9.→V03

1.9（吉本隆明と）「対論 世紀末を解く 5 人間の真ん中にある自然」東京新聞夕刊 :5.→V03

1.10（吉本隆明と）「対論 世紀末を解く 6 絶対感情と他者の関係」東京新聞夕刊 :5.→V03

1.13（吉本隆明と）「対論 世紀末を解く 7 存在の思想と未来の地平」東京新聞夕刊 :7.→V03

3.30「差異の銀河へ:共生の想像力」栗原彬編『共生の方へ』講座差別の社会学4, 弘文堂 :28-32.

4.21（河合隼雄・谷川俊太郎と）『子どもと大人：ことば・からだ・心』岩波書店, 206p.

4.21「あとがき」見田宗介·河合隼雄·谷川俊太郎『子どもと大人:ことば·からだ·心』岩波書店 :205-206.

5.1「情報化・消費化社会の展開と転回」経済人 :39-41.

6.1「「2度目の旅」という快楽」WINDS（日本航空の機内誌）:19. **真04**

6.27「声と耳　現代文化の理論への助走:現代思想の社会学1」『現代社会の社会学』岩波講座現代社会学第1巻 :1-17. **見02**

7.1「精神の考古学の標本の宝庫：白川静『字通』」群像, 52巻7号 :339. **見10**

8.1「現代芸術はなぜ美しくないか：宇佐美圭司『二〇世紀美術』」群像, 52巻8号 :371. **見10**

9.1「マルグリッドの光の中で：内田隆三『テレビCMを読み解く』」群像, 52巻9号 :307. **見10**

10.1（橋爪大三郎と）「情報化／消費化社会に未来はあるか」InterCommunication, 22:130-140.

11.15「方法としての市場経済：『現代社会の理論』をめぐって」社会運動, 212号 :2-11.

12.1「消費社会：情報の力で経済価値を作りだす／人間の自由や幸福を実現する消費に」週刊アエラ, 12月1日号 :67.

12.25「孤独の歴史」『日本の名随筆 別巻82 演歌』作品社 :35-54.

1998年（平成10）

1.14「ジュビラシオン考」教養学部報, 417号 :6. 見10

2.15「真木悠介『時間の比較社会学』」見田宗介他編『社会学文献事典』:192-193.

2.15「真木悠介『現代社会の存立構造』」見田宗介他編『社会学文献事典』:550.

2.15「真木悠介『自我の起源』」見田宗介他編『社会学文献事典』:551.

2.15「見田宗介『現代日本の精神構造』」見田宗介他編『社会学文献事典』:575.

2.15「見田宗介『価値意識の理論』」見田宗介他編『社会学文献事典』:575.

2.15「見田宗介『近代日本の心情の歴史』」見田宗介他編『社会学文献事典』:576.

2.15「見田宗介『現代社会の社会意識』」見田宗介他編『社会学文献事典』:576.

2.15「見田宗介『現代社会の理論』」見田宗介他編『社会学文献事典』:577.

3.5「奇蹟ではないもののように：大学で　一九六五／一九九八」朝日新聞夕刊 :11. 見10

3.25 "Four Patterns of Time Concept: From a Comparative Sociology of Time", *Senri Ethnological Studies*, 45:25-49.

7.31「解説：知の泉」鶴見和子『コレクション鶴見和子曼荼羅Ⅲ　知の巻　社会変動と個人』藤原書店 :589-593.

1999年（平成11）

1.1「「外部」からの「文学」批評（アンケート特集）見田宗介」文学界, 1月号 :219.

2.8「愛の表現／自我の表現」岡井隆編『短歌の創造力と象徴性』『短歌と日本人』第7巻 :159-165. 見10

3.14「[わたしの古典]『明治大正史世相篇』生活文化への明るい視線」読売新聞 :11.

3.24「夢よりも深い覚醒へ」竹田青嗣『陽水の快楽』ちくま文庫 :223-230. [19900404の再録] 見10

4.15（吉福伸逸と）「自己について」吉福伸逸『流体感覚』雲母書房 :107-145.

4.15（吉福伸逸と）「愛とエゴイズム」吉福伸逸『流体感覚』雲母書房 :147-176.

5.1「共同空間と社会空間：社会学からの現代の「都市と建築」を考察する」GA JAPAN, 38号 :4. 見10

5.14「[100人インタビュー 21世紀への視座95] 見田宗介さんと考える 共同体の条件」読売新聞夕刊 :6.

7.29「象の選定、たこの環境」週刊文春, 7月29日号 :117.

11.29「時間コンセプトの4つの形態」長野泰彦編『時間・ことば・認識』ひつじ書房 :33-54.

2000年（平成12）

6.20（福岡賢正と）「本当の消費社会を目指して」福岡賢正『たのしい不便』南方新社 :287-314.

9.30「「立身出世主義」の構造」安田常雄・佐藤能丸『展望日本歴史 24』東京堂書店 :291-308.［19671101 の再録］

2001年（平成13）

4.23（河合隼雄と）「対談「バベルの塔」神話」河合隼雄編『心理療法と現代社会』講座心理療法, 第8巻, 岩波書店 :197-218.→V01

6.5「親密性の構造転換」思想, 925号 :2-6.→R08 見06

6.15『宮沢賢治：存在の祭りの中へ』岩波現代文庫, 300p. =Mx2 見09

6.15「岩波現代文庫版 あとがき」『宮沢賢治：存在の祭りの中へ』岩波現代文庫 :299-300.→Mx2 見09

12.20〈真木悠介〉「静かな死。静かな生」『季刊生命の島』（山尾三省追悼特集号）58号 :131-132.

2002年（平成14）

3.1「思想の危険」群像, 第57巻第3号 :216-217. 見10

2003年（平成15）

1.1「アポカリプス:「関係の絶対性」の向こう側はあるか」論座, 92号 :48-55.→R09

1.25「〈宗教的なるもの〉の核心への道」春秋, 446号 :9-11.

3.10「越境する知：社会学への誘い」『新版 社会学がわかる』AERA MOOK97, 朝日新聞社 :4-8.

6.30「思想の危険」日本文芸家協会編『ベスト・エッセイ 2003 花祭りとバーミヤンの大仏』光村図書出版 :209-212.［20020301 の再録］ 見10

8.19〈真木悠介〉『時間の比較社会学』岩波現代文庫, 331p. =Lx 真02

8.19「岩波現代文庫版への後記」『時間の比較社会学』岩波現代文庫 :329-331.→Lx

9.8「ブーゲンビリア」朝日新聞夕刊 :11. 真04

9.9「自分の中にある湖」朝日新聞夕刊 :12. 真04

9.10「見えるという奇跡」朝日新聞夕刊 :10. 真04

11.12「アポカリプス（シンポジウム 9･11 以後の国家と社会をめぐって）基調発言」国際学研究, 24号 :30-34.→R09

11.12（加藤典洋・橋爪大三郎・宮台真司・竹田青嗣と）「シンポジウム討議と会場との質疑」国際学研究, 24号 :35-72.

2004年（平成16）

2.25「〈医術〉としての作品：『天の魚』を読む」石牟礼道子『不知火：石牟礼道子のコスモロジー』藤原書店 :161-165.［19800415 の再録］ 見02

3.10「越境する知：社会学への誘い」『新版 社会学がわかる。』（AERA Mook 12）, 97号 :4-8.［19960210 の再録］→R01 見08

4.2「晴風万里 技を修めて技を用いず：私の野口晴哉１」朝日新聞夕刊 :6. 見10

4.9「椎骨百万「包括的な合理性」へ：私の野口晴哉２」朝日新聞夕刊 :6. 見10

4.16「絵の中の謎「考える人」と「裸のマハ」：私の野口晴哉３」朝日新聞夕刊 :6. 見10

4.23「時代の文脈 レノンの歌 遙かな呼応：私の野口晴哉４」朝日新聞夕刊 :6. 見 10

4.30「石も花である 一花開いて世界起こる：私の野口晴哉５」朝日新聞夕刊 :6. 見 10

2005 年（平成 17）

3.1「若い父」文藝春秋 , 3 月号 :350.

5.27「あの「悲しみの真珠化」は（視角・戦後 60 年 アカシアの雨がやむとき)」毎日新聞夕刊 :2.

6.25（鶴見良行と）「国際化と土着」鶴見良行『対話集 歩きながら考える』太田出版 :47-67.［19780200 の再録］

8.16「幸福:幸福の無限空間は可能／経済合理性のかなたに」朝日新聞, 8月16日 :9.

2006 年（平成 18）

3.4「見えないもの、測れないもの、言葉にできないもの」スローフード , 7 号：巻頭言 .

4.20『社会学入門：人間と社会の未来』岩波新書 , 215p. =R 見 02* 見 07* [6,5] 見 08* [序 ,c]

4.20「鏡のなかの現代社会：旅のノートから」『社会学入門：人間と社会の未来』岩波新書 :23-41. → R03

4.20「コモリン岬」『社会学入門：人間と社会の未来』岩波新書 :42-48. → R04 真 04

4.20「〈魔のない世界〉:「近代社会」の比較社会学」『社会学入門:人間と社会の未来』岩波新書 :49-68. → R05

4.20「人間と社会の未来：名づけられない革命」『社会学入門：人間と社会の未来』岩波新書 :143-166. → R10

8.31「楽しい思想の科学と私」思想の科学研究会編『「思想の科学」50 年の回想：地域と経験をつなぐ』:226-230.

12.30「呼応するエロス」石牟礼道子『石牟礼道子全集第６巻 不知火』藤原書店 :457-480.

2007 年（平成 19）

1.3（津島佑子と）「人間はどこへゆくのか」東京新聞朝刊 :10-11. → V10

2.10「未来への伝言「水俣」の問いから 1:普遍する「土着」」毎日新聞（西部朝刊）:13.

2.17「未来への伝言「水俣」の問いから 2:死のニヒリズムを超えて」毎日新聞（西部朝刊）:10.

2.24「未来への伝言「水俣」の問いから 3：相剋性のくびきを断つ」毎日新聞（西部朝刊）:15.

3.3「未来への伝言「水俣」の問いから 4:交響圏とルール圏（完)」毎日新聞（西部朝刊）:13.

5.20「コモリン岬」『ちくま評論選：高校生のための現代思想エッセンス』筑摩書房 :200-204.［20060420 の再録］

10.5「近代の矛盾の「解凍」:脱高度成長期の精神変容」思想, 1002 号 :76-90. → U02　見 06

2008 年（平成 20）

1.1「軸の時代Ⅰ／軸の時代Ⅱ」科学, 78 巻 1 号 :1.

3.19（河合隼雄と）「「バベルの塔」神話」河合隼雄編『心理療法対話』岩波書店 :185-206.［20010423 の再録］

3.31「日本人の意識の未来」NHK 放送文化研究所編『現代社会とメディア・家族・世代』新曜社 :277-289. → U02

4.1「美術の人間学 1」全生, 530 号 :14-17.　見 10

5.1「美術の人間学 2」全生, 531 号 :11-14.　見 10

6.3「追憶の風景　ティティカカ湖　関心抑制せぬ､開かれた門」朝日新聞夕刊 :5.

7.1「美術の人間学 3」全生, 533 号 :14-18.

11.30『まなざしの地獄：尽きなく生きることの社会学』河出書房新社, 122p. =S

12.31「リアリティに飢える人々」朝日新聞 :3.

2009 年（平成 21）

3.1「人間と社会の未来」現代と親鸞, 17 号 :180-214.

4.30「現代社会はどこに向かうか」週刊朝日緊急増刊（朝日ジャーナル）, 114 巻 19 号 :6-11. → U01　見 01

6.12「夢みたい：新幸福論・生き方再発見」毎日新聞（大阪夕刊）:3.

7.1（三浦展と）「対談･「進歩」が終わった世界を若者はどう生きるか」中央公論, 124 年 7 号 :148-157. → V08

9.16「祝祭としての生命探求―竹内敏晴氏を悼む」朝日新聞夕刊 :7.　見 10

10.7「平和をたずねて:対話編　社会学者見田宗介さん 1」毎日新聞(西部朝刊) :21.

10.14「平和をたずねて:対話編　社会学者見田宗介さん 2」毎日新聞(西部朝刊) :23.

10.15「幸福感受性が、未来の社会をデザインする。」広告, 50 巻 3 号（通巻 380 号）:89-93.

10.21「平和をたずねて:対話編　社会学者見田宗介さん 3」毎日新聞(西部朝刊) :21.

10.28「平和をたずねて:対話編　社会学者見田宗介さん 4」毎日新聞(西部朝刊) :25.

11.8（大澤真幸と）「名づけられない革命をめぐって：新しい共同性の論理」At プラス, 2 号 :6-31.

11.11「平和をたずねて:対話編　社会学者見田宗介さん 5」毎日新聞(西部朝刊) :25.

11.18「平和をたずねて:対話編　社会学者見田宗介さん 6」毎日新聞(西部朝刊) :23.

11.25「平和をたずねて:対話編　社会学者見田宗介さん 7」毎日新聞(西部朝刊) :25.

12.2「平和をたずねて:対話編　社会学者見田宗介さん 8」毎日新聞(西部朝刊) :21.

12.9「平和をたずねて:対話編　社会学者見田宗介さん 9」毎日新聞(西部朝刊) :23.

12.16「平和をたずねて:対話編　社会学者見田宗介さん 10」毎日新聞(西部朝刊) :23.

12.23「平和をたずねて:対話編　社会学者見田宗介さん11」毎日新聞(西部朝刊):21.

2010年(平成22)

1.6「平和をたずねて:対話編　社会学者見田宗介さん12」毎日新聞(西部朝刊):21.

1.13「平和をたずねて:対話編　社会学者見田宗介さん13」毎日新聞(西部朝刊):23.

1.20「平和をたずねて:対話編　社会学者見田宗介さん14」毎日新聞(西部朝刊):23.

1.27「平和をたずねて:対話編　社会学者見田宗介さん15」毎日新聞(西部朝刊):23.

2.3「私の収穫:森羅万象の空」朝日新聞夕刊:6.　見10

2.3「平和をたずねて:対話編　社会学者見田宗介さん16」毎日新聞(西部朝刊):21.

2.4「私の収穫:シェイクスピア空間」朝日新聞夕刊:6.　見10

2.10「私の収穫:言うに任せよ」朝日新聞夕刊:7.　見10

2.10「平和をたずねて:対話編　社会学者見田宗介さん17」毎日新聞(西部朝刊):23.

2.17「私の収穫:武蔵野」朝日新聞夕刊:6.　見10

2.17「平和をたずねて:対話編　社会学者見田宗介さん18」毎日新聞(西部朝刊):25.

2.18「私の収穫:樹の塾」朝日新聞夕刊:8.　見10

2.24「平和をたずねて:対話編　社会学者見田宗介さん19」毎日新聞(西部朝刊):25.

3.31(藤原帰一と)「巻頭対談 ベルリンの壁崩壊二〇年―世界と日本はどう変わったのか」神奈川大学評論, 65号:5-25.→V09

8.10(福岡賢正と)「合理性で切り開く戦争のない世界」福岡賢正『小さき者として語る平和』南方新社:103-148.

10.30「祝祭としての生命」環, 43号, 藤原書店:45-47.[20090916の再録]

12.0「近代日本の愛の歴史 1868/2010」フランス日本研究学会の講演記録【現物未見】　見04

2011年(平成23)

6.14「時の回廊:見田宗介『現代社会の理論』」朝日新聞夕刊:3.

9.29(インタビュー)「憎しみを超えて、共生へ」松本一弥『55人が語るイラク戦争』岩波書店:234-240.

10.0「現代社会はどこに向かうか:生きるリアリティーの崩壊と再生」Fukuoka UNESCO, 47号:65-98.

11.8「定本解題」『定本見田宗介著作集Ⅰ　現代社会の理論』岩波書店:191-192.　見01

11.8「定本解題」『定本見田宗介著作集Ⅵ　生と死と愛と孤独の社会学』岩波書店:175-183.　見06

11.11(加藤典洋と)「9.11から3.11へ:『定本見田宗介著作集』全10巻『定本真木悠介著作集』全4巻(岩波書店)の刊行開始」週刊読書人, 11月11日号:1-2.

11.21(大澤真幸と)「現代社会の理論と「可能なる革命」」Atプラス, 10号:4-35.

11.23「一編の長編小説のように」朝日新聞:30.

11.30「上野千鶴子の第三側面」現代思想, 39 巻 17 号 :70-71.

12.8「定本解題」『定本見田宗介著作集Ⅱ　現代社会の比較社会学』岩波書店 :175-180. 見 02

12.30「現代社会はどこに向かうか」臨床精神病理, 32 巻 3 号 :195-205.

2012 年（平成 24）

1.11「定本解題」『定本見田宗介著作集Ⅲ　近代化日本の精神構造』岩波書店 :223-225. 見 03

1.19「著者は語る：現代社会の“未来”を見つめて——『定本見田宗介著作集』全十巻」週刊文春, 1 月 19 日号 :126.

2.1「書くことと編集すること」図書, 756 号 :1. 見 10

3.9「定本解題」『定本見田宗介著作集Ⅴ　現代化日本の精神構造』岩波書店 :401-405. 見 05

3.19「インタビュー」週刊プレイボーイ, 3 月 19 日号 :37-39.

4.10「定本解題」『定本見田宗介著作集Ⅶ　未来展望の社会学』岩波書店 :199-203. 見 07

5.0「「現代文化」の形成期をリアルタイムで分析」吉見俊哉 監修『文化社会学基本文献集 第Ⅱ期 戦後編 全 10 巻』内容見本, 日本図書センター.

5.11「定本解題」『定本見田宗介著作集Ⅷ　社会学の主題と方法』岩波書店 :183-187. 見 08

6.7「定本解題」『定本見田宗介著作集Ⅸ　宮沢賢治：存在の祭りの中へ』岩波書店 :309-311. 見 09

6.20『現代社会はどこに向かうか：生きるリアリティの崩壊と再生』弦書房 =T

6.25（加藤典洋と）「吉本隆明を未来へつなぐ」中央公論編集部編『吉本隆明の世界』中央公論新社 :2-15.

6.25（吉本隆明と）「世紀末を解く」中央公論編集部編『吉本隆明の世界』中央公論新社 :62-77.［19970103 ～ 13 の再録］→ V03

7.10「定本解題」『定本見田宗介著作集Ⅹ　晴風万里：短編集』岩波書店 :225-236. 見 10

8.7「定本解題」『定本見田宗介著作集Ⅳ　近代日本の心情の歴史』岩波書店 :331-333. 見 04

10.10「定本解題」『定本真木悠介著作集Ⅰ　気流の鳴る音』岩波書店 :205-207. 真 01

11.1「歴史邂逅インタビュー（35）社会学者 見田宗介さん」歴史読本, 57 巻 11 号 :26-29.

11.1（安田常雄と）「対談 同時代をどう叙述するか」図書, 765 号 :2-11.

11.9「定本解題」『定本真木悠介著作集Ⅱ　時間の比較社会学』岩波書店 :333-334. 真 02

11.30（大澤真幸と）「対談・社会学全体の知を見渡す」週刊読書人 :1-2.

12.11「定本解題」『定本真木悠介著作集Ⅲ　自我の起源』岩波書店 :213-216. 真 03

2013 年（平成 25）

1.11「定本解題」『定本真木悠介著作集Ⅳ　南端まで：旅のノートから』岩波書店 :219-229. 真 04

2.0「想像力の振り幅を拡げる」BOOKSCAN 著者インタビュー（https://www.bookscan.co.jp/interviewarticle/196/all）

6.5「ダニエルの問いの円環」思想, 1070 号 :2-6.

6.10「編集長インタビュー 良心的なジャーナリズムが陥りがちな罠から抜け出そう」Journalism, 277 号 :122-127.

2014年（平成26）

9.30〈真木悠介〉『現代社会の存立構造／大澤真幸『現代社会の存立構造』を読む』朝日出版社, 341p. =Hx

12.1「高原の見晴らしを切開くこと：未来の社会学への助走」現代思想, 42 巻 16 号 :28-33. → U01

2015年（平成27）

5.19「歴史の巨大な曲り角」朝日新聞 :15.

9.1「二〇一五年の終戦の日に」潮, 9 月号 :26-27.

9.6「鶴見俊輔追悼インタビュー：ラディカルであるということは素朴であるということだ」すばる, 10 月号 :248-256.

12.1「時の水平線。あるいは豊穣なる静止:現代アートのトポロジー 杉本博司『海景』覚書」『HIROSHI SUGIMOTO: SEASCAPES』青幻舎, ページ数ナシ.

12.5（栗原彬・吉見俊哉と）「座談会・追悼 鶴見俊輔:「ひとびとの哲学」と戦後日本」思想, 1100 号 :7-33.

12.25（加藤典洋と）「討議・現代社会論／比較社会学を再照射する」現代思想, 43 巻 19 号 :8-28. → V11

12.25「現代社会はどこに向かうか(二〇一五版)」現代思想, 43巻19号 :29-37. → U01

12.25「軸の時代 I, 軸の時代 II　森をめぐる思考の冒険」現代思想, 43 巻 19 号 :279-285.

2016年（平成28）

1.18「人生の贈りもの：私の半生 1」朝日新聞夕刊 :5.

1.19「人生の贈りもの：私の半生 2」朝日新聞夕刊 :5.

1.20「人生の贈りもの：私の半生 3」朝日新聞夕刊 :5.

1.21「人生の贈りもの：私の半生 4」朝日新聞夕刊 :5.

1.22「人生の贈りもの：私の半生 5」朝日新聞夕刊 :5.

1.25「人生の贈りもの：私の半生 6」朝日新聞夕刊 :5.

1.26「人生の贈りもの：私の半生 7」朝日新聞夕刊 :5.

1.27「人生の贈りもの：私の半生 8」朝日新聞夕刊 :5.

1.28「人生の贈りもの：私の半生 9」朝日新聞夕刊 :5.

1.29「人生の贈りもの：私の半生 10」朝日新聞夕刊 :5.

9.1「走れメロス：思考の方法論について」現代思想, 44 巻 17 号 :16-26.

10.31「[インタビュー] 現代社会とファッションの未来」Fashion Talks, 第4号, 京都服飾文化研究財団 :2-7.

11.6「人生と社会 成熟を楽しむ:近代という「青春」経て、幸福を享受する「朱夏」の時代へ」読売新聞朝刊 :17.

2017年（平成29）

1.25『社会学入門：人間と社会の未来』改訂版, 岩波新書, 217p. =Rx

1.25「現代社会はどこに向かうか:高原の見晴らしを切り開くこと」『社会学入門：人間と社会の未来』改訂版, 岩波新書 :143-165. → Rx

1.25「改訂版 あとがき」『社会学入門：人間と社会の未来』改訂版, 岩波新書 :216-217. → Rx

3.0「いきいき暮らす、あの人に会いたい第22回　社会学者 見田宗介さん」ちゅーりっぷ通信（横浜市福祉サービス協会), 3月号.

3.22「時代のしるし　見田宗介さん「まなざしの地獄」:「思う通りに理解されない」苦しみ」朝日新聞夕刊 :3.

11.23（加藤典洋と）「現代社会論／比較社会学を再照射する」加藤典洋『対談：戦後・文学・現在』而立書房 :181-228.

11.23（加藤典洋と）「吉本隆明を未来につなぐ」加藤典洋『対談：戦後・文学・現在』而立書房 :229-251.

2018年（平成30）

1.25「想う 2018　豊かな「高原」歩める時代に」読売新聞朝刊 :13.

6.20『現代社会はどこに向かうか：高原の見晴らしを切り開くこと』岩波新書, 162p. =U

6.20「はじめに」『現代社会はどこに向かうか：高原の見晴らしを切り開くこと』岩波新書 : i-v. → U

6.20「生きるリアリティの解体と再生」『現代社会はどこに向かうか：高原の見晴らしを切り開くこと』岩波新書 :103-111. → U

6.20「ロジスティック曲線について」『現代社会はどこに向かうか：高原の見晴らしを切り開くこと』岩波新書 :113-123. → U

6.20「高原の見晴らしを切り開くこと」『現代社会はどこに向かうか：高原の見晴らしを切り開くこと』岩波新書 :125-141. → U

6.20「世界を変える二つの方法」『現代社会はどこに向かうか：高原の見晴らしを切り開くこと』岩波新書 :143-158. → U

6.20「あとがき」『現代社会はどこに向かうか：高原の見晴らしを切り開くこと』岩波新書 :159-162. → U

8.1「追悼・日高六郎：「含羞の知識人」を見送る」世界, 911号 :232-235.

11.25「コモリン岬」『ちくま評論選：高校生のための現代思想エッセンス』二訂版, 筑摩書房 :185-189.

2019年（平成31・令和元）

11.25（大澤真幸と）「近代の矛盾と人間の未来」『戦後思想の到達点』NHK出版 :126-207.

11.25「近代の矛盾と人間の未来 あとがき」『戦後思想の到達点』NHK 出版 :251-253.

12.10『超高層のバベル：見田宗介対話集』講談社選書メチエ, 308p. =V

12.10「交響空間：あとがきに」『超高層のバベル：見田宗介対話集』講談社選書メチエ :291-303. → V12

2020年（令和2）

1.1「時代を生き合わせることのいくつか」本, 45巻1号（522号）:14-15.

1.7〈真木悠介〉（今福龍太と）「宮沢賢治の気流に吹かれて」新潮, 117巻1号 :263-276.

5.1「邯鄲の夢蝶の夢」群像, 75巻5号 :116-117.

11.15「＊「社会心理学という夢」の主題が……」佐藤健二『真木悠介の誕生：人間解放の歴史＝比較社会学』弘文堂 : 帯.

10章でとりあげた「解説」が書かれた翌年の一九七九年三月、私は東京大学を卒業し、大学院に進学してもうすこし社会学の勉強を続けることにした。

この本は、一九六〇年の「純粋戦后派の精神構造」〔19600423〕という見田の最初の公刊論文の1章にはじまり、10章の「『明治大正史世相篇』解説」〔19780725〕というテクストの一九七八年で終わる。単行本でいうと、見田宗介が東京大学教養学部に専任講師の職を得た一九六五年の『現代日本の精神構造』〔19650411〕から、『現代社会の社会意識』〔19790415〕と『青春・朱夏・白秋・玄冬』〔19790901〕の一九七九年までをカバーしている。

＊

本書のいわゆる「フィールドワーク」を、そのあたりまでで終える理由を、自分の学部卒業の年という偶然に置くのは、もちろん後からのこじつけである。

しかし大学院の時代までを含め、私が学生として学んできた実感があるのは『時間の比較社会学』〔19811127〕までであった。その後に見田が熱中した、モノグラフとしての『宮沢賢治』〔19840229〕

や比較社会学の新たな展開である『自我の起源』〔19930527〕は、まさに「私淑」の距離をへだてて遠くから知った。新書のかたちでの公刊を選んだ『現代社会の理論』〔19961021〕『社会学入門』〔20060420〕『現代社会はどこに向かうか』〔20180628〕の現代社会論もおなじである。

だから、このテクストの森の道案内を「『明治大正史世相篇』解説」で一区切りをつけるのは、そうした私の、いわば学生であった読者気分の反映である。

＊

ところどころあらわれる「師」とか「先生」とかいうことばを、不格好で適切な距離がとれていないのではないか、と怪しむ向きもあろうかと思う。

むかしの仲間たちと話題にするときは、いつも「見田さん」と呼んでいるが、この一冊では、研究書の通常の作法にのっとり、基本的に敬称なしの呼び捨てで論じた。それほど抵抗なく書けたのは、論じているのが対面してきた人格ではなく、テクストの黙読の距離を隔てた社会学者だからだろう。ただ学生としての実感に依拠したため、個人としての私が出てくる場面だと、ときおり「先生」をつけたくなる。これが真木悠介についてとなると、「真木先生」とも「真木さん」とも呼ぶ気が起こらないのだから、人間の実感は正直で不思議なものである。

すでに結の章がまとめの後記のようでもあり、私の個人的な思い出は、いくつも本文や注に織りこんでしまったので、あらためて「あとがき」に記すべきことも少ない。

＊

ほぼすべての単著が自分の手元に揃っていたこともあって、とくに読まずに置いていていただけの定本著作集を、この機会に見かえしてみたのも新しい経験だった。

真木悠介の書物への介入の少なさに比して、見田宗介の書物はかなり大きく「編集」の手が入っていることを感じた。なるほど「全体小説」「長編の物語」というのは、そうかこういう意味か、と思った。その発見もおもしろかった。

あえていえば物語や小説の執筆というより、「編曲」のような試みだな、と思った。もちろん、見田宗介はもともとの作曲者であり、オリジナルな歌い手で、超絶技巧の演奏者でもある。それが作品の組みあわせやつなぎ方を変えた編曲者として、新たなメドレーを自分で指揮している。

この本も、音楽としてみるとやけに原曲の引用が多い、一種のアレンジである。

有名な楽曲のさわりだけを聞かせたり、フィグーラを際立たせて並べてみたりしている。原曲にも傍点の強調符が豊富だが、私のほうはさらに演奏記号を増やしている。もっとも定本著作集のほうは、自分のオリジナル曲のアレンジであるのに対し、私が試みているほうは、解釈が先にたった自己流の変奏の混合なので、こけら落としの名演奏が耳にのこるファンからすると、ひとこと言いたくなるようなカバー・バージョンかもしれない。ただ、初演当時の状況や方法にこだわっているあたりには、いわば古楽の復興にも似た考証がすこしばかり交じっている。

＊

たぶんこの本の献辞は、「真木悠介にささげる」とするのがいいのだろう。

ただ、ほんとうはもうひとり、献呈したかったひとがいる。

加藤典洋さんである。わずかになんどか、それもゆっくりとではなく、立ち話ていどにことばを交わしたことしかない。しかしながら加藤さんは、私が『社会学事典』の項目「常民」に盛りこんだ概念の変革の基本設定を、ただひとり高く評価してくれた〔「ジュネーブでの「常民」」『本郷』吉川弘文館、二巻四号、二〇〇〇〕。そのお礼に、外務省外交史料館が所蔵する柳田国男の国際連盟委任統治委員時代の英文報告のコピーなどをお送りしたのが、淡いおつきあいのはじまりだった。

急逝されたという報に接し、ことばを失った。

しかしながらその二〇一九年五月の驚きより、いまのほうが切なく、やりきれない。できあがりが近づくにつれ、この本を差し上げて、「見田宗介＝真木悠介」のテクストの森の木陰でじっくりと対話してみたかった、という思いが強くなったからである。

加藤さんは、稀代の読み巧者だった。私の、このおそるおそるの力仕事をどう評しただろうか。

＊

新型コロナ感染症拡大のなかでの、オンライン会議やリモート環境での授業による、ほぼ一ヵ月を超える在宅勤務の時間が、皮肉にもこの本の執筆を後押ししてくれた。もし、この非常事態宣言がなかったならば、少なくともあと半年の時間がかかっただろう。

本書のいくつかの章の断片の素材となったのは、序論でも触れた二〇一六年一月の『現代思想』臨時増刊に書いた「見田宗介と柳田国男」という二万字ばかりの論考である。しかし構成も範囲も主題の並びも、ほとんどまったく原型をとどめておらず、書き下ろしというべきものとなった。書誌篇はなるべく幅広く、小冊子やパンフレット、帯の推薦文にいたる雲煙過眼の小品までも網羅しようとしたが、気づかずに漏れてしまったものが多いに違いない。急いでの収集にあたり、東京大学総合図書館などのネットワークやデータベースをはじめ、国立歴史民俗博物館、東京大学文書館等の諸機関、新宿書房、中央公論新社等の出版社、湯浅桂さん、見田朱子さん、矢内賢二さんの協力を得た。

今回も書物にするにあたって、私の最初の本の編集者である、弘文堂の中村憲生さんのお世話になった。その同じ出版社の個性的な編集者が、五五年前に『現代日本の精神構造』を世に出したという故事の偶然を言祝ぎつつ、私のこの一冊を世に送り出してくれたことに、心より感謝したい。

佐藤健二

二〇二〇年六月一日　高崎の自宅の書斎にて

【著者紹介】

佐藤健二（さとう　けんじ）

1957年生まれ。東京大学大学院人文社会系研究科教授。社会学博士。専攻は、歴史社会学、社会意識論、社会調査史、メディア文化など。

主な著書に、柳田国男のテクストの新たな読解や書物論をふくむ『読書空間の近代』（弘文堂、1987）、絵はがき論や風景論の『風景の生産・風景の解放』（講談社、1994）、うわさ話の基礎研究で「クダンの誕生」を収録した『流言蜚語』（有信堂高文社、1995）、歴史社会学の方法意識を論ずるとともに新語論や大衆文化論を展開させ石井研堂を取りあげた『歴史社会学の作法』（岩波書店、2001）、近代日本の社会調査の歴史的展開を多様な切り口で考察した『社会調査史のリテラシー』（新曜社、2011）、ケータイを素材にことばの力と他者認識の変容を論じた『ケータイ化する日本語』（大修館書店、2012）、文化をことばとモノの両面から問うた『文化資源学講義』（東大出版会、2018 ）などがある。

この本の10章とも深く関連する『柳田国男の歴史社会学』（せりか書房、2015）は、弘文堂から出した一冊目の『読書空間の近代』の「方法としての柳田国男」という主題を、全集編纂への参加以降の経験をもとに再論している。二冊目の現代社会学ライブラリー『論文の書きかた』（2014）では、社会学者が問いを立て、観察し調査し、記録を分析し、図にまとめ、文を書くという営みのなかで、いかに想像力を働かすべきかを説き、三冊目の『浅草公園凌雲閣十二階』（2016）では、東京の近代を鳥瞰した忘れられた塔の歴史社会学に挑むとともに、「フィールドとしての個人」の方法を応用した考察を繰り広げている。

真木悠介の誕生——人間解放の比較＝歴史社会学

2020（令和2）年11月15日　初版1刷発行

著　者　佐藤 健二
発行者　鯉渕 友南
発行所　株式会社 弘 文 堂　101-0062 東京都千代田区神田駿河台1の7
TEL 03(3294)4801　振替 00120-6-53909
https://www.koubundou.co.jp

装　丁　笠井亞子
組　版　スタジオトラミーケ
印　刷　大盛印刷
製　本　牧製本印刷

ISBN978-4-335-55202-1